古代歷史文化 研究輯刊

二一編

王明蓀 主編

第 10 冊

拓地降敵：
北宋中葉內臣名將李憲事蹟考述（下）

何冠環 著

國家圖書館出版品預行編目資料

拓地降敵：北宋中葉內臣名將李憲事蹟考述（下）／何冠環
著 — 初版 — 新北市：花木蘭文化事業有限公司，2019〔民
108〕
目 2+210 面；19×26 公分
（古代歷史文化研究輯刊 二一編：第 10 冊）
ISBN 978-986-485-728-9（精裝）
1.（宋）李憲 2.傳記
618   108001500

ISBN-978-986-485-728-9

9 789864 857289

古代歷史文化研究輯刊
二一編　第十冊　　　　　　　ISBN：978-986-485-728-9

拓地降敵：北宋中葉內臣名將李憲事蹟考述（下）

作　　　者　何冠環
主　　　編　王明蓀
總 編 輯　杜潔祥
副總編輯　楊嘉樂
編　　　輯　許郁翎、王筑　美術編輯　陳逸婷
出　　　版　花木蘭文化事業有限公司
發 行 人　高小娟
聯絡地址　235 新北市中和區中安街七二號十三樓
　　　　　　電話：02-2923-1455／傳真：02-2923-1452
網　　　址　http://www.huamulan.tw 信箱 hml810518@gmail.com
印　　　刷　普羅文化出版廣告事業
初　　　版　2019 年 3 月
全書字數　426562 字
定　　　價　二一編 49 冊（精裝）台幣 122,000 元　　　版權所有・請勿翻印

拓地降敵：
北宋中葉內臣名將李憲事蹟考述（下）

何冠環　著

目次

第八章　將軍一去：高太后垂簾前期的
　　　　　李憲與熙河

　　高太后垂簾聽政後，重用舊黨或曾瑞龍稱的政治保守主義者，而盡罷神宗所重用的新黨或支持神宗拓邊政策的人包括李憲。正如曾瑞龍在他那篇精彩而概括的專文〈從妥協退讓到領土擴張：論宋哲宗朝對西夏外交政策的轉變與軍事戰略的兼容性〉所論，當政的元祐文臣從傳統的弭兵思想出發，反對侵略，主張與西夏議和而罷兵，而不惜放棄熙豐時期取得的土地，以示誠意。曾氏把主張與反對棄地的文臣的理由一一列出，並指出不少舊黨的議論盲點：他們常根據過時的資料來作出判斷。曾氏指出「這次爭論終於理性、克制和妥協規範了當時的思維領域」，最後舊黨的主政者總算沒有放棄蘭州。曾氏也指出因宋廷對外的消極防禦戰略，卻令曾經與宋聯合對抗西夏的青唐，在阿里骨掌權後，反過來聯夏攻宋。這種不利於宋的形勢，直至高太后逝世，哲宗親政，復用新黨，重新採用擴張政策，才扭轉過來。〔註1〕

〔註 1〕　早在 1986 年，羅家祥教授一篇談「元祐之政」的專文，除了剖析所謂元祐之政外，在該文的第二節「元祐時期的民族政策」，便一針見血指出「元祐年間所奉行的消極政策，是以司馬光為首的舊黨的一貫主張，也是對國家大事了無所知的高太后主政的必然產物」。羅氏一文析述析論舊黨諸臣首先罷黜熙豐時期積極參與邊事的官員，確立消極防守的政治導向，並對元祐時期委任的邊將進行嚴屬鉗制，另將元豐時期血戰所得的戰略要地拱手送還西夏。羅氏對元祐諸臣的做法嚴屬批評，斥其不智和不成理由。另張勁在 2005 年發表的碩士論文《從更化到紹述──宋哲宗朝的時代與政治》，其中第三章〈元祐困局〉也有兩章節專門探討元祐舊黨諸臣對西夏採妥協退讓政策及其失敗，值得參考。張勁對元祐大臣昧於邊事，作出荒謬的決策有很不客氣的批評。最

　　李憲從元豐八年三月高太后臨朝至元祐七年（1092）他病逝貶所止，一直被投閒置散，毫無作為。宋廷對新得領土應棄應守的大爭論中，以至應採甚麼的對外政策的議論中，李憲只是靠邊站的旁觀者，不但沒被諮詢，還被言官指為黷武窮兵，勞民傷財的罪魁，更被言官斥為神宗朝的內臣四凶之一，而遭到貶官問罪，以致鬱鬱以終。他當年苦心經營的熙河蘭州，在他及其副手知熙州趙濟被罷黜後，宋廷先後以武臣劉昌祚和劉舜卿（1032～1092）為熙河帥，他們改變了李憲所行的許多政策，幸而靠李憲的舊部一力支撐，力拒西夏多番來犯，總算守住得來不易的蘭州，而且在洮州一戰，擒獲青唐大酋鬼章，大大振奮了熙河宋軍的士氣，也以輝煌的戰績顯示了保有熙河蘭州的重要，從而令朝中主張棄守熙河的人少了藉口。當文臣范育（？～1095）在元祐四年七月接任熙河帥後，他恪守並發展李憲所訂的策略，熙河蘭州乃得以保存。

　　本章主要討論從元豐八年三月高太后垂簾，至元祐四年七月范育接任熙河帥前的一段牽涉宋廷新舊黨、熙河邊臣、西夏及青唐蕃部四方糾結不清的歷史。

　　李憲在哲宗繼位之初，並未馬上受到整肅。元豐八年三月壬寅（初九），宋廷還因他在一月率軍渡河大破夏人的功勞，將他復官為武信軍留後。他麾

　　近臺灣大學的方震華教授進一步探討這一問題，他以「和戰與道德」的框架，評論元祐年間棄地爭議的問題。他指出起初舊黨主政者多以道德為考慮，強調朝廷的決策必須基於道德上的正當性，而非現實的利益。但轉捩點是元祐五年到六年，因西夏一再入侵，當初主張棄地的人都改取強硬政策，事實證明主張棄地來與西夏議和的人都是一廂情願。不過，方氏沒有注意，其實司馬光、范純仁的取態也非一面倒的主張棄地，他們都有保留，特別是蘭州，他們並不主張放棄。參見張劭：《從更化到紹述──宋哲宗朝的時代與政治》，載張其凡（1949～2016）主編：《北宋中後期政治探索》（香港：華夏文化藝術出版社，2005 年 7 月），卷四，頁 317～442。有關元祐諸臣對西夏政策的討論，參見頁 377～389；曾瑞龍：《拓邊西北──北宋中後期對夏戰爭研究》，第四章〈從妥協退讓到領土擴張：論宋哲宗朝對西夏外交政策的轉變與軍事戰略的兼容性〉，頁 125～164。有關元祐初年保留與放棄新得領土爭論的考述，見頁 126～138，羅家祥：〈宋哲宗「元祐之政」剖析〉，原刊《華中師範大學學報》1986 年第 5 期，現收入羅家祥：《宋代政治與學術論稿》（香港：華夏文化藝術出版社，2008 年 9 月），頁 331～356。有關元祐舊黨的對外政策，見頁 347～356；方震華：〈和戰與道德──北宋元祐年間棄地論的分析〉，《漢學研究》，第 33 卷第 1 期（2015 年 3 月），頁 67～91，有關元祐棄地論，見第四節〈和談與棄地〉，頁 77～87。

下有功將校也獲陞賞：知蘭州王文郁自四方館使榮州團練使遷引進使，康識自東上閤門使嘉州刺史領榮州團練使，東頭供奉官宋安道（？～1085 後）爲內殿崇班，蕃官皇城使忠州刺史盧稜領康州團練使，皇城使曹令稜領嘉州刺史，皇城使阿克密領昌州刺史。〔註2〕不過，高太后並未恢復李憲入內副都知的省職，三月己未（廿六），詔將他原領的職任，改差入內押班梁從吉（？～1090）接管。因李憲仍管理青唐事務，同日就命李憲選使臣往青唐，以蕃字書連同神宗原本賜西蕃阿里骨的金帶錦衣銀帛茶等賜之。〔註3〕高太后再在四月辛未（初八），將一大批神宗寵信使用的內臣包括宋用臣、劉惟簡以及李憲子李毂調出兩省，出外任職，而改委自己親信的內臣閻安（？～1105 後）、馮宗道（？～1098）、老宗元、梁惟簡接替勾當御藥院、勾當內東門司等重要職務。另張茂則就擢爲寧國軍留後，官位與李憲相當。五月甲午（初二），再授梁從吉自昭宣使昌州刺史提舉皇城司，代替宋用臣。〔註4〕

　　五月戊戌（初六），宋廷主政的文臣爲了討好高太后，將元豐四年五路伐夏的敗將高遵裕復爲右屯衛將軍，管勾西京中嶽廟，任便居住。不過，高遵裕在三個月後便病卒。〔註5〕壬寅（初十），因李憲等築熙州、蘭州、通遠軍

〔註2〕《長編》，卷三百五十三，元豐八年三月壬寅條，頁8460～8461；卷三百六十，元豐八年十月丙子條，頁8606。宋廷再在是年十月丙子（十五），追論蕃官左藏庫副使趙懷義、西頭供奉官劉永淵及西京左藏庫使高遵治在此役渡河進討之功，各加恩轉兩官。

〔註3〕《長編》，卷三百五十三，元豐八年三月己未條，頁8463～8464；《宋會要輯稿》，第三冊，〈禮二十九・歷代大行皇帝喪禮上・神宗〉，頁1353。

〔註4〕《長編》，卷三百五十四，元豐八年四月辛未條，頁8473；乙亥條，頁8474；卷三百五十六，元豐八年五月甲午條，頁8507；卷三百五十九，元豐八年八月丁亥條，頁8586；卷三百六十三，元豐八年十二月甲申條，頁8683；卷三百六十五，元祐元年二月乙丑條，頁8755；《宋史》，卷四百六十七〈宦者傳二・張茂則〉，頁13641。按張茂則的班官延福宮使及省職入內都知均比李憲高，惟有遙領的官利州觀察使要比李憲的武信軍留後低一級。這番擢陞，張茂則在各方面都比李憲高。高太后在八月丁亥（廿六）更下詔表揚張茂則，稱他「宿衛宮省，更歷四朝，清謹忠勤，宜在褒勸。以其子左藏庫副使張巽爲西上閤門副使。」到十二月甲申（廿四），更授他爲入內內侍省都都知。（按：《長編》於十二月甲申條作內侍省都都知，元祐元年二月乙丑條作入內都都知，《宋史・張茂則傳》則作兩省都都知）。在高太后眼中，張茂則比李憲忠誠可靠得多。

〔註5〕《長編》，卷三百五十六，元豐八年五月戊戌條，頁8513；卷三百五十九，元豐八年八月庚午條，頁8581。高遵裕在是年八月庚午（初九）卒，宋廷贈他永州防禦使。

城堡畢功，宋廷賞功，賜李憲銀絹各一百五十疋兩，他的副手趙濟就賜銀絹各一百疋兩，另降詔獎諭。這是李憲最後受到宋廷的獎賞。〔註6〕

同月庚戌（十八），首相王珪病故，戊午（廿六），蔡確繼爲首相，而高太后就特別拜剛回朝的司馬光爲門下侍郎。展開舊黨回朝執政的序幕。〔註7〕

司馬光對李憲等的態度如何？在《司馬光集》收有一篇他原本在元豐五年秋預作，而在這年三月戊戌（初五）神宗崩時留以示子孫的遺表，表文其中一節云：

> 又有姦詐之臣，如种諤、薛向、王韶、李憲、王中正之徒，行險徼幸，懷譎罔上，輕動干戈，妄擾蠻夷。夫兵者，國之大事，廢興存亡，於是乎在。而諤等苟營一身之官賞，不顧百姓之死亡，國家之利病，輕慮淺謀，發於造次，深入自潰，僅同兒戲。使兵夫數十萬，暴骸於曠野，棄捐於異域。昔王恢爲馬邑之謀，單于覺之遁去，時漢軍無所失亡，但無功矣。武帝猶以爲不誅恢，無以謝天下。今潰敗亡失，狼籍如此，而建議行師之人，晏然曾無愧畏，爲更蒙寵任。竊見國家至仁，重惜人命，諸州論囚，有法應流而誤入死者，舉州官吏皆坐停廢。奈何使數十萬人無罪就死，反無所坐乎？此所以使狂躁貪冒之人競爲嘗試之說，而無所懲艾者也。若舉事屢如此，其於國家豈不可憂乎？〔註8〕

這時种諤與王韶已死，王中正已罷廢，惟有李憲尚在，司馬光回朝，肯

〔註6〕《長編》，卷三百五十六，元豐八年五月庚子至壬寅條，頁8514～8515；《宋史》，卷十七〈哲宗紀一〉，頁319。考李憲的舊部霍翔也在同月庚子（初八），自朝奉大夫提舉京東路保馬兼保甲知密州（今山東濰坊市諸城市）。

〔註7〕《長編》，卷三百五十六，元豐八年五月庚戌條，頁8517～8518，8520～8521。關於高太后爲何擢用已離開朝廷多年，身體狀況不佳而從未出任二府大臣的司馬光，而不用健康經驗地位均比司馬光優勝的文彥博，冀小斌的司馬光研究有頗獨到的分析，可以參考。See Xiao-bin Ji, *Politics and Conservatism in Northern Song China: The Career and Thought of Sima Guang(A.D. 1019-1086)*, Hong Kong: The Chinese University Press, 2005, Chap. 8, "The Tragedy of Success: Sima Guang's Last Eighteen Months", pp. 165-171.

〔註8〕《司馬光集》，第二冊，卷五十七〈表·遺表〉，頁1202，1204～1205。據司馬光在這表之序稱，元豐五年秋，他言語澀，疑爲中風之像，他怕早晚會發作而卒，於是預先寫好這篇遺表，放在寢室。並吩咐子弟，若他死了，便將此表給范純仁（堯夫）及范祖禹（夢得），由他們呈上神宗。但神宗卻在元豐八年三月五日駕崩，司馬光以此表無用，就留示其子孫，使之了解其事君之心跡。

定不會放過他斥爲姦詐之臣的李憲。李憲也知幾，一朝天子一朝臣，他很快便以疾乞罷職。宋廷見他識趣，於六月戊寅（十六），將他陞一階班官爲延福宮使，而罷其熙河蘭會路經略安撫制置使的差遣，徙爲永興軍路副都總管，離開他任職多年的西疆。他離去不久，樞密院便收到邊報，說夏軍至河東、涇原及熙河宋境殺害吏民。值得一提的是，與李憲早年有詩文交的著名楚州孝子徐績，因州官表揚其孝道感天而降甘露於其母之墳域及其直舍，宋廷在是月庚午（初八）就特賜他絹三十匹及米三十石。倘李憲仍當權得寵，也許徐績獲賜不止此。〔註9〕

　　神宗另外兩員得寵的內臣石得一與宋用臣，也一樣被投閒置散，高太后在六月戊子（廿六）命石爲神宗的永裕陵使，宋爲副使。回朝的重臣資政殿大學士呂公著在兩天後（庚寅，廿八）上奏言事，即點了李憲及宋用臣的名，說「內臣之生事斂怨，如李憲、宋用臣等，皆從罷去。中外聞之，無不欣喜踴躍。」就爲李憲被黜定了調。御史隨即再向宋用臣開刀，八月丁亥（廿六），殿中侍御史黃降（後改名黃隱，？～1106 後）嚴劾宋用臣營繕私第及別治園池，說他偷盜官物，累贓不少，又說聞知他取洛口金泉法酒販賣獲利。請委官查究其罪。〔註10〕

〔註 9〕　《長編》，卷三百五十七，元豐八年六月庚午條，頁 8530；戊寅條，頁 8537；
　　　　丙戌條，頁 8547～8548；《東都事略》，卷一百二十〈宦者傳・李憲〉，葉六下；
　　　　《宋史》：卷十七〈哲宗紀一〉，頁 319；卷四百六十七〈宦者傳二・李憲〉，
　　　　頁 13640。

〔註10〕　《長編》，卷三百五十七，元豐八年六月戊子至庚寅條，頁 8549～8550；卷三
　　　　百五十九，元豐八年八月癸酉條，頁 8581；丁亥條，頁 8588；卷三百六十九，
　　　　元祐元年閏二月丙午條，頁 8904；《宋朝諸臣奏議》，下冊，卷一百十七〈財
　　　　賦門・新法九・上哲宗論更張新法當須有術〉（呂公著），頁 1285。《宋史》，
　　　　卷十七〈哲宗紀一〉，頁 319。呂公著在七月戊戌（初六）拜尚書左丞，位列
　　　　執政。值得一提的是，當年討好神宗而在斷獄事上幫過李憲的巧宦楊汲，在
　　　　高太后臨朝時，仍左右逢源，他在元豐八年八月癸酉（十二），獲得一份優差，
　　　　自刑部侍郎獲委爲太皇太后的賀遼主生辰使。不過，在元祐元年閏二月丙午
　　　　（十八），監察御史孫升論大理刑獄之長時，就點了他的名，說他與崔台符、
　　　　蹇周輔、王孝先等，都不足見神宗忠厚之意，請高太后罷去他們。另據張曉
　　　　宇的考證，彈劾宋用臣的黃降字仲光，福建興化軍莆田人，治平四年登第。
　　　　他在元豐五年正月任監察御史裡行，四月實任監察御史，元豐八年五月陞殿
　　　　中侍御史。他先後劾奏韓縝與宋用臣。十二月遷國子司業而罷言責。元祐元
　　　　年初，據說他以諱韓絳之名而改名爲黃隱。同年十月言官劉摯、呂陶及上官
　　　　均劾他在太學妄用己意，排斥王安石新學，最後他在元祐二年八月徙爲鴻臚
　　　　少卿，不久再被逐出朝。他以黨附程頤（1033～1107）攻擊蘇軾而被排斥。

　　在是年九月己酉（十八）擢侍御史、對熙豐新進及新法滿腔怨恨而後來
成為元祐朔黨領袖的劉摯，〔註11〕大概在十月初上奏論役法時，便點了李憲
的主要助手趙濟的名。他對於趙濟當年劾富弼不行青苗法，以致亳州大批官
吏貶職之事耿耿於懷。劉指斥「夫賞罰號令，乃陛下所以砥礪天下而鼓動四
方以勸信者。今有人焉，能舞公事以傾勳舊，能興大獄以逐官吏，其事是耶？
乃其職爾，何至超任以為職司耶？趙濟是也。」〔註12〕趙濟當年劾富弼的事
開罪了舊黨臣僚，加上他與李憲的關係，他被舊黨主政者罷斥是早晚的事。

　　宋廷開始算李憲的賬，十月己丑（廿八），詔李憲依赦勿問，特罷其內職，
他因功所除授觀察留後的告令，需繳納於尚書省。以李憲奏事不實，不應引
常赦不原之例。〔註13〕

　　李憲被貶，當在他意料之中，最令他心痛的，是有廷臣隨即提出放棄他
與將士血戰得回來的熙河與蘭州。李憲被罷內職的同日，資政殿大學士兼侍
讀韓維上言，認為宋廷自得熙河之地，歲費緡錢五六百萬，後得蘭州，又費
百萬以上。他以所得的地愈多，所費越廣，拓地之無利亦明矣。他說議者或
以蘭州趨夏人巢穴至近，最為形勝之地。其餘亦是要害之地，可以增置城堡，
棄之不便。韓維卻不同意，他以高太后若要再興師收復靈夏之地，則可存蘭
州等地，若無此意，就不應再勞民傷財，奉空虛之地，就像再添熙河一樣無

　　　　張曉宇指出黃隱事件反映出舊黨在打擊新黨的同時，內部也互相傾軋。參見
　　　　張曉宇：〈從黃隱事件再論元祐初期政局與黨爭〉，《中國文化研究所學報》，
　　　　第六十六期（2018 年 1 月），頁 1～20。

〔註11〕　《長編》，卷三百五十九，元豐八年九月己酉條，頁 8597。關於劉摯的生平事
　　　　蹟、著作與政治立場，特別是他在熙豐及元祐時期的表現，他的《忠肅集》
　　　　點校者陳曉平有一篇很精要的考論。陳氏指出，「劉摯雖不是一個有遠見卓識
　　　　的政治家，但在反新法的政治手段確實比司馬光圓熟。他總在正統儒學中尋
　　　　找一些冠冕堂皇的理論來掩飾自己的真實目的並杜塞反對派藉以攻擊的口
　　　　實。」該文先刊於《忠肅集》的附錄四，稍後再經修訂，再刊於裴汝誠的八
　　　　秩紀念論文集。參見陳曉平：〈論劉摯及其著作〉，載劉摯（撰），裴汝誠、陳
　　　　曉平（點校）：《忠肅集》（北京：中華書局，2002 年 9 月），附錄四，頁 676
　　　　～723；李偉國、顧宏義（主編）：《裴汝誠教授八秩壽慶論文集》（北京：中
　　　　華書局，2011 年 10 月），頁 427～457。

〔註12〕　《忠肅集》，卷三〈奏議‧論助役法分析第二疏〉，頁 58；〈乞慎擇讀官奏〉，
　　　　頁 61～62；《長編》，卷三百六十，元豐八年十月癸未條，頁 8616～8617。考
　　　　劉摯此奏未繫年月，而劉摯集同卷另一疏〈乞慎擇讀官奏〉則置於在此奏之
　　　　後，而〈乞慎擇讀官奏〉一疏，《長編》繫於元豐八年十月癸未（廿二）條，
　　　　而李燾稱劉摯上言在此日前，故推斷此奏當上於十月初或十月中。

〔註13〕　《長編》，卷三百六十，元豐八年十月己丑條，頁 8622。

用之地。〔註14〕

　　處理完李憲後，宋廷到是年十一月也將石得一和宋用臣降職。十一月壬寅（十二）石得一被罷入內副都知，他的所有差遣都由入內押班梁從吉接替。二天後（甲辰，十四），宋用臣也因被言官劾其興利苛細之罪，降職為皇城使出監滁州酒稅務。到此所謂神宗內臣四凶均被貶責。順帶一提的是，李憲熙河麾下首席大將、步軍副都指揮使苗授是時也以疾請罷職求宮觀閒職。宋廷給他病假，不允他罷職。還將他晉為威武軍節度觀察留後，哲宗為神宗修建永裕陵，命他為都護。〔註15〕

　　李憲雖然被投閒置散，幸而以趙濟為首的熙河文武官員沒有放棄鬆懈其職守。另宋廷也沒有即時接受韓維棄熙河蘭州的意見。十二月丙寅（初六），因諜報夏人有入寇之意，宋廷即詔熙河路經略使趙濟派康識前往蘭州，並選將官前往定西城，經畫提防西夏。如夏人來攻城，即堅守應敵，以取全勝，勿被敵誘而輕易出兵，並預為清野之計，等夏軍回兵，就審量追擊。〔註16〕宋廷這時已放棄李憲先前派精騎渡河主動出擊的策略，只被動消極地防守。

　　十二月丙子（十六），趙濟奏上宋廷，稱西蕃阿里骨派首領結廝雞送上蕃字書，譯文稱：「蕃家王子結施攬哥邦彪籛阿里骨文字，送與熙州趙龍圖，探得緬藥家晞點集人馬，告漢家邊上做大準備，早奏知東京阿舅官家著。」趙濟奏稱他亦回信給阿里骨，稱「亦探得緬藥家晞點集，已著將官做了大準備，更體探緬藥家晞待於甚處作過報來。」宋廷即詔趙濟，說他回覆阿里骨文字前，卻不先奏上宋廷而就稱阿里骨為蕃家王子。這次姑且不問罪，命他以後與阿里骨的往回文字即依已回報的稱呼。〔註17〕

　　哲宗於翌年改元元祐，是年（1086）二月壬戌（初三），司馬光繼韓維後，

〔註14〕《長編》，卷三百六十，元豐八年十月己丑條，頁8623～8624。

〔註15〕本書附錄二〈苗授墓誌銘〉，頁383；《長編》，卷三百六十一，元豐八年十一月壬寅至甲辰條，頁8637～8639；卷三百六十四，元祐元年正月癸卯條，頁8710～8711；《宋史》，卷三百五十〈苗授傳〉，頁11068。按中書省在元祐元年正月癸卯（十四）再上奏，稱已點磨得宋用臣在導洛入汴工程與京城所出納違法等事。高太后即詔宋降授皇城使，添差監滁州酒稅，其根究錢物未明的事件，就交由戶部結案，並命本部具合措置的事件聞奏。

〔註16〕《長編》，卷三百六十二，元豐八年十二月丙寅條，頁8662；《皇宋十朝綱要校正》，卷十下〈神宗〉，頁315。按《皇宋十朝綱要》將宋廷收到夏人欲犯蘭州的諜報，而詔趙濟嚴備的事繫於十二月癸酉（十三）條。

〔註17〕《長編》，卷三百六十三，元豐八年十二月丙子條，頁8676。

又上奏論如何處理西夏請求歸還故地的問題。他以神宗在夏主秉常被囚時興兵討伐西夏，諸將取其邊地，建米脂、義合、浮圖、葭蘆、吳堡、安疆等寨，都是藉口，用為己功，都是為其身謀，並非為國計。他說聞知此數寨，都孤懸邊外，難以應援，而田非肥良，不可以耕墾，而地非險要，不足以守禦。朝廷得之，徒分屯兵馬，坐費芻糧，有久戍遠輸之累，無拓土闢境之實。他主張廢米脂諸寨，命延州與慶州將城寨毀撤，將原地歸還西夏。至於定西城與蘭州，並非西夏本土，司馬光認為可以保留以為後圖，俟夏人再請，才議應留或與。他又以經略司現稱熙河蘭會，然會州尚在化外，如此稱呼就會啟敵疑心，他請不如改為熙河岷蘭經略司。比起韓維，司馬光的意見較為務實，他也提到西夏以舉國之眾，攻圍蘭州，期於必取，而賴蘭州的將士堅守，得以保全，以使夏人銳氣小挫，不敢輕易犯邊。他也明白此數寨，中國得之雖無利，但對西夏卻為害頗多，因諸地深入其境，近其腹心之地，西夏常懼中國一朝討襲，就無以抵禦，所以才必欲得之，不肯放棄。他以為既然打算與西夏議和，就宜因其顧慮，歸還數寨。但司馬光認識蘭州的戰略價值，仍主張加以保留。〔註18〕對於司馬光的觀點，曾瑞龍認為他低估了宋軍守禦蘭州

〔註18〕　《長編》，卷三百六十四，元祐元年正月壬戌條，頁8749～8752；《宋史》，卷四百八十六〈外國傳二‧夏國下〉，頁14015；《司馬光集》，第二冊，卷五十〈章奏三五‧論西夏劄子〉，頁1051～1057。李昌憲在1998年所撰的《司馬光評傳》全面肯定司馬光歸還六寨以換取西夏議和的主張。冀小斌在2005年所撰的司馬光研究，則以司馬光與文彥博力排眾議與夏言和，卻以失去多處邊地的高昂代價取得。方誠峰在其專著中，從元祐更化與司馬光的設計的視角，探討宋與西夏關係的問題。方氏認為司馬光是主張與夏息兵議和，以棄地換取和平的主導者。方氏指出，司馬光態度強硬，但未阻止爭論，廷臣中附和司馬光的有蘇轍、蘇軾、王巖叟、劉摯和傅堯俞。劉摯與蘇軾雖同意棄地，卻不同意無條件全部歸還西夏，要看西夏的效順態度而決定。至於安燾就絕不同意司馬光無條件以土地換和平的策略。范純仁和范純粹兄弟就接近司馬光的主張，以土地換取陷蕃人口。與司馬光想法一致的文彥博是使宋廷決議棄地的關鍵。不過，方氏並沒有詳加考析宋廷諸臣的意見，是否合理和接近事實。另外，朱義群近期一篇論元祐之政的專文也析論高太后及以司馬光為首的元祐大臣，「從元豐新政轉向元祐更化的過程中，始終面臨熙豐之人所製造的要求紹述的輿論壓力。司馬光為此先後提出兩種論述以使其全盤否定熙豐之政主張合理化，而最終訴諸神宗遺意的論述成為更化的主要理論基礎」，但如此一來，卻自相矛盾，當司馬光逝世而舊黨內訌後，就被新黨以誹謗先帝之名所攻擊。參見李昌憲：《司馬光評傳》（南京：南京大學出版社，1998年12月），第六章第七節〈力主和戎，以安中國〉，頁256～260；方誠峰：《北宋晚期的政治體制與政治文化》（北京：北京大學出版社，2015年12

的能力，也對蘭州的重大戰略價值認識不足，並且對宋廷開邊而長期佔領的
實力沒有信心，是故司馬光主張以歸還土地予西夏的退讓政策以換取和平。
〔註19〕

　　宋廷對於李憲當年所轄的熙河經制司，得到許多財賦上的特殊優待，認
爲需要有所改變。二月庚午（十一），都大提舉成都府、永興軍路榷茶公事陸
師閔（？～1086 後）上言，稱以往每年撥茶一萬馱與熙河路經制司，充折歲
額錢，請施行。宋廷詔每年依舊供應熙河經制司錢三十萬貫，所有支茶充折
就不行，其他供應經制司錢六十萬貫，就仍依元豐七年九月四日指揮行，宋
廷重申每年支付熙河錢二百萬貫，由戶部及四川、陝西各司分擔。〔註20〕

　　侍御史劉摯就此問題再對李憲批評不已。二月癸酉（十四），他上言論四
川路茶法時，便批評以前的做法不妥，他以問題出於「豈非以蜀之茶法與熙
河蘭會之經制相爲用者歟？蜀茶之利，以給熙河蘭會者天下之三。熙河蘭會
之費不止，而蜀茶之害未可息也。」他認爲熙河蘭會之費用，今昔宜有不同。
他重提舊事，嚴厲批評特別是李憲總攬大權時之弊，他以「昔者事邊之外，
前有王韶，後有李憲，提兵革財用之大權，朝廷捐金帛市租，莫知紀極，聽
其自用，不領於有司，無所會計。非徒私二家也，於是依倚苟合之客，圖功
興事，以利相市之徒，公取公予，莫見其跡。則熙河蘭會大費外，又有以泄
之者如此也。」他認爲現時制之於有司，沒有王、李二人的橫蠹，倘於邊計
外，凡是冗名濫費都大爲節約，則蜀之茶就可以馳禁。〔註21〕

　　當宋廷文臣相繼提出要改李憲熙河之政時，稍令李憲安慰的是，關於應
否放棄新得的城寨的問題，尚書左丞李清臣（1032～1102）在二月乙亥（十六）
上言，他以西夏雖通問使，卻未就貢職，察其深意，實在是緩兵之策，看宋
強弱而定。若朝廷有厭兵之論，則自棄新疆，坐收全勝。若依舊固守，則等
今秋物力稍完，必定左右攻劫，使邊臣應接倉皇。縱使未能襲破城寨，也能

　　　月），第一章第四節〈元祐更化與司馬光的設計〉，頁 31～34；Xiao-bin Ji, op.cit.,
　　　p.178；朱義群：〈「紹述」壓力下的元祐之政——論北宋元祐年間的政治路線
　　　及其合理化論述〉，《中國史研究》，2017 年第 3 期（總 155 期）（2017 年 8 月），
　　　頁 121～140。
〔註19〕Shui-lung Tsang（曾瑞龍），"Song-Tangut Territorial Dispute over Lanzhou: A
　　　Legitimation Issue", pp. 61-63.
〔註20〕《長編》，卷三百六十五，元祐元年二月庚午條，頁 8769～8770。
〔註21〕《長編》，卷三百六十六，元祐元年二月癸酉條，頁 8778～8780；《忠肅集》，
　　　卷五〈奏議‧論川蜀茶法疏〉，頁 107～109。

使宋廷上下恐動，自謀退保。他料夏人計必出於此。他建議詢問久在西邊的呂大防與范純仁的意見，以定新得城寨可守可棄之決策。高太后從其請，遣中使手詔問二人的意見。呂大防因高太后的詔問，於二月丙子（十七）上奏論應否歸還新的土地予西夏，他不同意韓維及司馬光的看法，提出不必放棄已得的城寨，他分析說：

> 又詔問向者所得邊地，雖建立城寨，亦慮孤僻，不易應援。棄之則弱國威，守之則終恐戎人在念。臣竊謂新收疆土，議者多言可棄，蓋思之未熟也。詔旨以爲弱國威而已，又有取侮於四夷之端焉，不可不審計也。況蘭州西使之地，本非夏國封境，又其君長嘗受朝廷祿秩，元昊以來，方盜據其地。延慶城寨則接近漢界，一旦既得而棄之，未見其可。今日措置之宜，只可降詔下本路，將會州一處，更不攻取，改熙河蘭會路爲熙河蘭州路。其蘭州及延慶兩路新建城寨，只據見得地界守禦，亦可以稍安敵情，而爲議和之計矣。議者不過謂戍兵少則不足以戰，多則無力以供饋。臣愚以爲綏、蘭之地並塞美田，其增招民兵墾闢以足食，則供饋之費省，專事守計，少存戰兵，則騎兵可大減矣。其增招民兵，墾闢曠土，分守戰之計，減供饋之費，如以爲可，即乞下臣條析子細利害。……元昊既得甘涼，遂有窺隴蜀之志，後緣喷氏中強，無以進取。今青唐乖亂，其勢漸分，若中國又失洮蘭之土，則他日隴蜀之患，不可不預爲之防。〔註22〕

〔註22〕《長編》，卷三百六十六，元祐元年二月乙亥至丙子條，頁8792～8795。關於呂大防的政治生涯，以及他在神宗哲宗朝新舊黨爭的角色，可參閱朱義群：〈北宋宰相呂大防研究〉，載李華瑞（編）：《宋遼西夏金史青藍集》（北京：中國社會科學出版社，2017年5月），頁463～489。至於他對變法的保守態度，以及他對西夏的態度，包括在元祐時期反對棄地的爭議上的立場，參見頁463～472。該文當是朱氏在2013年首都師範大學本科畢業論文〈北宋宰相呂大防研究〉改寫。朱義群另有一篇研究呂大防的文章，於2017年9月刊出，內容與前引文大致相同。參見朱義群：〈北宋宰相呂大防的政治生涯析論〉，載姜錫東（主編）：《宋史研究論叢》第二十輯（2017年上半年刊）（北京：科學出版社，2017年9月），頁51～77。值得一提的是，呂大防的藍田呂氏家族墓地在2005年冬在陝西省西安市藍田縣西北2.5公里的五里頭村村北一座果園，因一座古墓被盜而被發現，陝西省考古研究所從2006年12月至2009年12月，歷經三年的發掘，共清理呂氏墓葬二十九座，分別屬於呂氏家族自神宗熙寧七年（1074）至徽宗政和七年（1117）五代人的墓塋。出土文物665件，其中包括出土磚石墓誌24合。考古人員確定三號墓主爲呂大防墓（衣冠塚），二號墓主爲呂大臨（1042～1092）。參與這次發掘的陝西省考古研究所

　　至於范純仁的回奏，就乖巧得多，論到棄地可否，他就說不可徒然便與，可以交換陷蕃軍民生口，他坦言所知邊事，只熟知環慶及粗知鄜延，其他路分非他所知。他又說不知神宗舉兵征討因由，及西夏後來乞和請地並答詔阻絕的本末。他主張從長計議。惟據李華瑞的研究，范純仁其實早在元豐八年十月便首倡棄地議和，而得到司馬光和韓維的贊同。惟當高太后再問他意見時，他就提出須有條件下交還四寨。〔註23〕

　　宋廷的文臣無論司馬光或呂大防，都承認當年李憲取蘭州的選擇是明智的，蘭州既非西夏本來的領土，又土地肥美，可供耕作，而地勢險要可扼西夏咽喉，只要委人經略得宜，就可守可攻，沒有理由輕言放棄。

　　宋廷倒沒有改變李憲所奉行的以青唐制西夏的政策，早在二月戊辰（初九），阿里骨進奉使抵京師。辛未（十二），樞密院便上奏，稱已自董氈的遺書及阿里骨的上書，正式獲知董氈已死，阿里骨嗣位的事實。宋廷即詔由阿里骨承襲其職。丁丑（十八），正式授阿里骨爲河西節度使、西蕃邈川首領、寧塞郡公。宋廷文臣雖然不喜李憲，但也得靠他麾下熟悉蕃情的人處置青唐之事。辛巳（廿二），樞密院上言，以所收到青唐蕃字書都是阿里骨自言之辭，青唐在他管事後，蕃情是否順帖，董氈左右親信及內外主兵的酋首，是否服從阿里骨指揮，均未可知，故請令趙濟選派曾往青唐的使臣負責押解入蕃支賜，而密諭使臣入界後就暗中察訪事實以聞。宋廷從之，丁亥（廿八），命所除阿里骨之官誥及每年所支之茶絹及支賜衣帶，等候趙濟奏到後取旨照辦。然

　　研究員張蘊，先後撰寫了六篇相關報告（其中有通俗性的），而文物出版社在2018年9月出版了共四冊的呂氏家族墓園報告，對於研究呂大防家族有重要參考價值。參見張蘊：〈九泉之下的名門望族──陝西藍田北宋呂氏家族墓地〉，《中國文物報》（北京），2009年9月11日，第4版；張蘊、衛峰：〈藍田五里頭：北宋「考古學家」的家族墓地〉，《中國文化遺產》，2010年2期，頁78～85；張蘊、劉思哲：〈陝西藍田縣五里頭北宋呂氏家族墓地〉，《考古》，2010年第8期（總718期），頁46～52，另圖版12～14；張蘊：〈古硯遺芳：記藍田北宋呂氏墓出土文物〉，《收藏家》，2014年9期，頁29～31；張蘊：〈陝西藍田呂氏家族墓園考古：北宋金石學家長眠之地〉，《大眾考古》，2015年第2期，頁27～33；張蘊：〈藍田墓地與北宋藏家呂大臨的《考古圖》〉，《美成在久》，2016年1期，頁6～19；陝西省考古研究院等：《藍田呂氏家族墓園》（北京：文物出版社，2018年9月）。

〔註23〕《長編》，卷三百六十六，元祐元年二月丙子條，頁8795～8797；彭百川：《太平治蹟統類》，卷二十〈哲宗棄四寨〉，葉十九上下（頁362）；李華瑞：〈論宋哲宗元祐時期對西夏的政策〉，《中州學刊》，1998年第6期，頁145～149，後收入李著：《西夏史探賾》（蘭州：甘肅文化出版社，2017年8月），頁76～83。

不知何故，宋廷忽然在同日，徙步軍都虞候雄州團練使劉昌祚知熙州，代替趙濟。〔註24〕

因言官不斷的攻擊，新黨首領首相蔡確自請罷職，高太后從其請，閏二月庚寅（初二），蔡確以正議大夫充觀文殿大學士出知陳州，司馬光授左僕射兼門下侍郎，繼任首相。據時任中書舍人的林希（1034～1101）所記，司馬光就任相職，「頂光帽而坐，氣潔清而瑩，精神康安，卻自言足腫，瘡面大如手掌，黃水出未上止，足弱無力。」司馬光甫登相位，對新黨中人並不放過，新黨大將呂惠卿就在同日自太原府徙知揚州，而知瀛州謝景溫徙知太原府。值得一提的是，李憲的舊部霍翔被三省翻他提舉保馬事務的舊賬，被罷爲管勾太平觀。宋廷在壬辰（初四），擢呂公著爲門下侍郎。同日，宋廷特別恩恤剛過世的監熙州市易務左侍禁李公度，他在任內，市糴場收息，計緡錢十八萬餘，宋廷錄其男李适爲三班差使。李公度可能與李憲的關係不深，故蒙厚恤。〔註25〕

趙濟在劉昌祚未到任前，仍以權管勾熙河蘭會路經略安撫司公事處理青唐事務，他在閏二月丙午（十八）上奏宋廷，稱已譯到阿里骨蕃字乞通和事。宋廷詔趙濟等候阿里骨再來言及緬藥家求通和事時，即令他就鄜延路說諭。〔註26〕

高太后再在閏二月辛亥（廿三）罷章惇樞密使。乙卯（廿七），陞同知樞密院事安燾爲知樞密院事，而以試吏部尚書兼侍講范純仁爲同知樞密院事。

〔註24〕《長編》，卷三百六十四，元祐元年正月甲寅條，頁8728；卷三百六十五，元祐元年正月辛未條，頁8771；卷三百六十六，元祐元年二月丁丑條，頁8798；辛巳條，頁8800；卷三百六十七，元祐元年二月丁亥條，頁8820～8821；《宋會要輯稿》，第十六冊，〈蕃夷六·吐蕃〉，頁9918～9919。阿里骨早在正月甲寅（廿五）遣使入貢，二月戊辰（初九）抵京師。

〔註25〕《長編》，卷三百六十八，元祐元年閏二月庚寅條，頁8854～8855；壬辰條，頁8863，8866；林希（撰），黃寶華（整理）：《林文節元祐日記》，收入戴建國（主編）：《全宋筆記》第八編第十冊（鄭州：大象出版社，2017年7月），頁255。考霍翔在元豐八年五月庚子（初八），自朝奉大夫提舉京東路保馬兼保甲知密州（今山東濰坊市諸城市）（見註6），就在蔡確被罷的同日，被三省劾他與呂公雅提舉保馬不循詔旨，以至減朝廷元立年限之半，而他們督責收買，急圖己功，令兩路慘然，民力困弊。雖然早前已將他們移任，但他們欺罔害民之罪，若不加出黜責，無以懲處。宋廷於是將霍翔罷爲管勾太平觀，呂公雅添差監舒州鹽酒稅務。按林希的《林文節元祐日記》也記霍翔罷爲管勾太平觀，但所記日子有誤，稱霍罷在辛巳日。考元祐元年閏二月庚寅蔡確罷相，林希卻誤寫爲庚辰，而呂惠卿徙知揚州，又訛寫爲辛巳。按閏二月並無庚辰及辛巳日。

〔註26〕《長編》，卷三百六十九，元祐元年閏二月丙午條，頁8905；《宋會要輯稿》，第十六冊，〈蕃夷六·吐蕃〉，頁9919。

安、范二人均不同意放棄蘭州，尤其安燾態度強硬，不少言官對他們的任命並不認同。安燾最後只允留任同知樞密院事。〔註27〕

三月辛未（十四），樞密院上言，稱權通判熙州朱衍奏，蘭州乞招置蕃落廣銳土兵一萬人爲額，並許陝西諸州土兵換養馬一千五百匹，共治田一頃。五千人爲一將，分爲三番。二番在屯，一番在城防守教閱，每旬更休。宋廷詔新知熙州劉昌祚及相度措置熙河蘭會路財用事所的趙濟，各將研究的意見上奏以聞。趙濟很快便曉得這位新的上司對熙河的建制有根本性的更變。〔註28〕

關於蘭州棄留的問題，環慶路經略使范純粹在三月壬申（十五）上奏表示他的意見，他認爲從西夏所得的舊城堡寨，如河東路的葭蘆、吳堡，鄜延路的米脂、義合、浮圖，環慶路的安疆等寨，都是深入夏境，於漢界地利形勢略無所利，而所費芻糧皆是倍價計置，及年年勞煩稅戶遠入運輸，而運送錢帛、器械，置官遣戍都辛苦。他認爲現在放棄它們，實在並無關害，只是鄜延路塞門一寨，平川廣闊，去帥府延州地理甚近。延州別無地理控扼之險，自得塞門寨，就增遠四十里，可爲中路屏蔽，粗爲邊防之門，他認爲值得保留。但他對蘭會之地就認爲耗蠹尤深，不主張保留。〔註29〕

癸酉（十六），戶部上言熙河蘭會路經略司奏，繳到阿里骨奏董氈的遺表進奉，請給他回賜。宋廷詔董已死更不支賜，阿里骨就依元豐元年所降的指揮，賜絹百疋。同日，趙濟上奏青唐軍情，稱他選得奉職高昇負責押送賜物前往青唐，高昇親見阿里骨坐在董氈廳，大首領鬼章與給逋、廝結四等二人並在左右，以往侍奉董氈的人現在盡事阿里骨。高昇又問得首領及蕃部，說董臨死時，召諸族首領赴青唐城，約以阿里骨繼承他。現在首領及蕃部都服從阿里骨。宋廷滿意趙濟的報告，詔依舊除阿里骨節度使，每年支賜茶絹衣帶等，並依二月辛未（十二）的指揮。〔註30〕

〔註27〕《長編》，卷三百六十九，元祐元年閏二月乙卯條，頁8944～8945；卷三百七十二，元祐元年三月壬申條，頁9001；《宋史》，卷十七〈哲宗紀一〉，頁321。

〔註28〕《長編》，卷三百七十一，元祐元年三月辛未條，頁8991。考《長編》記朱衍的職銜是權通判施州，按熙河路沒有施州，當是熙州同音抄寫之訛。

〔註29〕《長編》，卷三百七十二，元祐元年三月壬申條，頁9009～9010。

〔註30〕《長編》，卷三百七十二，元祐元年三月癸酉條，頁9012～9013；《宋會要輯稿》，第十六冊，〈蕃夷六‧吐蕃〉，頁9919。據周密（1232～1298）引述李公麟（1049～1106）《五馬圖》所記，在元祐元年四月庚寅（初三），左騏驥院收到董氈所進的名馬錦膊驄一匹，八歲，四尺六寸。疑這是阿里骨以董氈遺

宋廷在兩天後（乙亥，十八）作出一衝著李憲而來的重大決定，接受劉昌祚的請求，詔罷熙河蘭會路經制財用司，其本路財利職事併入陝西轉運司，如有合需措置的事，就速具奏聞。所有熙河路合得錢物，許兌那應付，即不得將之充別路支費，經制司舊官等候交與轉運司方可離任。另於本路朝廷封樁內支撥三萬貫與劉昌祚，充經略司準備支用。〔註31〕早在神宗在世之時，不少文臣特別是漕臣都反對李憲在熙寧十年八月建立的經制財用司，成為熙河路的獨立王國，不受陝西轉運司的管轄。因神宗容許李憲獨攬熙河軍政財大權，方便他統軍籌餉，才在體制之外成立了這一獨有的統管熙河財賦的機構，並由統領熙河軍政的李憲及其主要助手趙濟兼任。取消此一機構，是否真的是劉昌祚的主意，還是他奉朝命而行？〔註32〕似乎是後者居多。此一番變革，自然是有點拆李憲臺的意味，但人去茶涼，早已失勢的他只能徒呼奈何。宋廷下一步大有可能是放棄李憲辛苦經營的蘭州。

宋廷在三月己卯（廿二），將提議罷熙河經制財用司的新知熙州劉昌祚加馬軍都虞候徙知渭州，接替在三月乙丑（初八）病故的朝議大夫樞密直學士涇原路經略安撫使劉庠（1023～1086），本來宋廷在是月庚午（十三）已委知涇州、環慶路鈐轄、四方館使謝麟（？～1093後）權管勾涇原路經略使司事，但最後仍委任知熙州不到兩月的劉昌祚接任涇原帥。另宋廷以四方館使、英州刺史知雄州劉舜卿，徙知熙州，並加他高州刺史擢龍神衛四廂都指揮使。〔註33〕

命進奉宋廷之物。參見周密（撰），黃寶華（整理）：《雲煙過眼錄》，收入戴建國（主編）：《全宋筆記》第八編第一冊（鄭州：大象出版社，2017年7月），卷上，頁29～30。

〔註31〕《長編》，卷三百七十二，元祐元年三月乙亥條，頁9017；《皇宋十朝綱要校正》，卷十二〈哲宗〉，頁338；《宋史》，卷十七〈哲宗紀一〉，頁321。

〔註32〕《長編》，卷三百八十二，元祐元年七月癸亥條，頁9312。按《長編》引張舜民（？～1103後）所撰〈穆衍墓誌〉的記載，元祐元年穆衍與孫路同往熙河措置邊防財用，當時盛傳朝廷將棄熙河，穆的同僚對他說：「此行有可以自致，不然反為累也。」穆慢慢回答說：「順利害何如耳。王事靡盬，遑為身謀？」據說他還朝後，就請以經制事還漕司，條罷兵為公私害者二十七事，歲減經費一百九十餘萬緡。據張舜民的說法，請罷經制司出於穆衍的建議。此說待考。

〔註33〕《長編》，卷三百七十一，元祐元年三月乙丑條，頁8984；庚午條，頁8990；卷三百七十三，元祐元年三月己卯條，頁9024；呂陶：《淨德集》，卷二十一〈墓誌銘·樞密劉公墓誌銘〉，頁229，236；《宋史》，卷三百四十九〈劉昌祚傳、劉舜卿傳〉，頁11055，11062～11063。考《宋史·劉昌祚傳》沒有記載劉昌祚短暫徙知熙州兼且請罷經制財用司的事。

筆者認為劉昌祚匆匆離開熙河，很有可能是因他主張罷廢經制財用司之舉，開罪了整個熙河的文武官員，宋廷大概認為他很難與趙濟等合作下去，剛好劉庠病逝，渭州缺帥，就將人地相宜的劉昌祚回調涇原，而不讓謝麟真除。

宋廷再在三月乙酉（廿八），詔罷提舉熙河等路弓箭手營田蕃部司。〔註34〕這是李憲當日悉心創立以招納蕃兵的機構，宋廷主政文臣對蕃兵的作用既不認識也沒興趣，故輕易將之廢除。

宋廷的舊黨在四月己丑（初二），再將他們不喜的次相韓縝逐走，韓以光祿大夫觀文殿大學士罷知潁昌府（即許州）。高太后接受司馬光之建議，遣中使召元老重臣文彥博回朝。〔註35〕

李憲眼看他辛苦建立的熙河基業，給宋廷主政文臣逐一罷棄，大概他受不了一連串的打擊，就在是月辛卯（初四）上奏稱病，請以半俸乞求致仕。元祐元年他不過四十五歲，尚在壯年，他求退所稱之病，可能一半是心病。他又請迴避陝西轉運副使路昌衡，大概因路昌衡曾在皇甫旦一案鞫問過他。他不忿，故有此請。宋廷詔差他提舉崇福宮，仍令在西京居住，避開在陝西的路昌衡。巧合的是，李憲致仕之日，卻是討厭他的王安石病逝於江寧府之時。〔註36〕

右司諫蘇轍在新復疆土的問題上主張放棄。四月庚子（十三），他上奏論役法時，指出「聞西邊熙、蘭等州及安疆、米脂等寨，每年費用約三百六十七萬貫，此錢大半出於苗役寬剩，今苗役既罷，故議者欲指坊場、河渡錢以供其費，致使衙前須至並差鄉戶。……臣訪問蘭州等處道路險遠，決為難守，朝廷見議棄捐，以安中國；三年之後，邊境已定，即非久遠不絕之費，所用錢雖多，亦有限量。」〔註37〕

五天後（乙巳，十八），楚州孝子徐績又獲得右正言王覿（？～1103後）

〔註34〕《長編》，卷三百七十三，元祐元年三月乙酉條，頁9041。

〔註35〕《長編》，卷三百七十四，元祐元年四月己丑，頁9053～9054。

〔註36〕《東都事略》，卷一百二十〈宦者傳·李憲〉，葉六下；《宋史》：卷四百六十七〈宦者傳二·李憲〉，頁13640；《長編》，卷三百七十四，元祐元年四月辛卯條，頁9069～9070。

〔註37〕《長編》，卷三百七十五，元祐元年四月庚子條，頁9092～9094；蘇轍（著），曾棗莊、馬德富（校點）：《欒城集》（上海：上海古籍出版社，1987年3月），中冊，卷三十八〈右司諫論時事十四首·乞令戶部役法所會議狀·十三日〉，頁833～835。

及殿中侍御史林旦（？～1096 後）推薦，授揚州司戶參軍充楚州（今江蘇淮安市淮安區）州學教授。然在同日，李憲卻以用兵失利的罪名，降一官為宣州觀察使，令提舉亳州明道宮，另外三名神宗寵信的內臣，王中正降遙郡團練刺史兩官，提舉兗州太極宮，李、王二人仍許本處居住。石得一降為左藏庫使管勾西京崇福宮，宋用臣降為皇城使，差遣如故。三天後（戊申，廿一）宋用臣再被移添差監太平州（今安徽馬鞍山市當塗縣）茶鹽礬酒稅務。四人為何被責降？事緣陞任御史中丞的劉摯及陞任殿中侍御史林旦在較早前嚴劾王中正、李憲、宋用臣及石得一四人，高太后明知四人得寵是神宗之故，但礙於御史的言論，就對四人作出一定的處分。其中劉摯措詞激烈，他不敢批評神宗授李憲大權之非，而只將李憲專領熙河大權歸過於李憲的專權。他對李憲開拓熙河之功隻字不提，反而帶著主觀偏見痛斥李憲：

> 李憲之於熙河，貪功生事，一出欺罔。朝廷之威福柄令持於其手；官吏之廢置用舍出於其口。監司、帥守而下，事憲如父兄，而憲之頤指氣役之也如奴隸。縣官財用聽其取與。內之府庫金帛轉輸萬里，外之生靈膏血漁斂百端。傾之於憲，如委諸壑，出沒吞吐，神鬼莫見，而一切不會於有司。興、靈之役，憲首違戒約，避會師之期，乃頓兵以城蘭州，遺患今日。及永樂之圍，憲又逗留，不急赴援，使十數萬眾肝腦塗地。罪惡貫盈，然不失於總兵一路，此國法不正者二也。……是四人者，權勢烽焰，震灼中外，毒流於民，怨歸於國。宰相、執政知而不以告於上，諫官、御史懼而不敢論其非。……伏乞聖慈以臣章付外議，正四罪，暴之天下而竄殛之，以明國憲，以服天下。

劉摯起初見高太后沒有即時的詔旨處分四人，於是再上一奏，力稱：

> 臣近以內臣王中正、李憲、宋用臣、石得一四人大罪未正，曾具彈劾，未蒙詔旨。謹按中正等罪狀已列前奏，皆古之所謂元惡大憝，流毒至今，內外嘆憤。御史以觸邪怨繩為職，臣而不言，誰肯忤權要，招怨讎，為陛下言哉？夫四人之惡，陛下固已知其詳，今若止於褫奪一二官資或罷差遣，逐人擁高貲大第，志得氣佚，雖使之致仕居家，亦適所以遂其所欲而已。臣見內臣甘承立昨於荊湖擾民，近日陛下睿斷，更不勘結，投之遐荒。遠近人情，莫不忻快。陛下謂中正等殺人傷財，殘民害物，其罪與承立誰為輕重？若不將四人

比類承立行遣，乃是國家大公法獨行之於承立一小官，而屈之於中正等四貴臣也。事繫政體，伏望聖明法舜之治四兇，行流放竄殛之事，以成先朝之志，明國典而謝天下。

有份推薦徐績的林旦，這回也附和他的上司，力言李憲等妄作。〔註38〕

〔註38〕《長編》，卷二百十四，熙寧三年八月癸亥條，頁5199；卷二百十五，熙寧三年九月乙未條，頁5237；卷二百十九，熙寧四年正月丁未條，頁5325～5326；卷二百六十二，熙寧八年四月丁亥條，頁6409；卷三百七十三，元祐元年三月己卯條，頁9025；丙戌條，頁9048；卷三百七十五，元祐元年四月乙巳條，頁9101，9105～9109；卷三百七十六，元祐元年四月戊申條，頁9113；辛亥條，頁9118～9119；《忠肅集》，附錄一〈劉摯奏議・劾王中正等〉，頁506～509；《宋朝諸臣奏議》，上冊，卷六十三〈百官門・內侍下・上哲宗彈奏王中正等四宦官之罪・元祐元年四月上〉，頁697～698；《東都事略》，卷一百二十〈宦者傳・李憲〉，葉六下；《宋會要輯稿》，第八冊，〈職官六十六・黜降官三〉，頁4843；《皇宋十朝綱要校正》，卷十二〈哲宗〉，頁338；《宋史》，卷十七〈哲宗紀一〉，頁322；卷三百四十三〈林希傳附林旦傳〉，頁10913～10915；卷四百六十七〈宦者傳二・李憲、王中正〉，頁13640，13643；趙彥衛（1140～1210）（撰），傅根清（點校）：《雲麓漫鈔》（北京：中華書局，1996年8月），卷十，頁173；劉攽：《彭城集》，卷三十二〈記・象山縣西谷記〉，頁440～441；卷三十六〈墓表・林氏母黃夫人墓表〉，頁487～488；《曾鞏集》，卷四十五〈天長縣君黃氏墓誌銘〉，頁608～609。按林旦字次中，福州長樂（今福建福州市長樂區）人，林希之二弟。他們兄弟與屬於舊黨的劉攽有深交，劉攽曾爲他們的祖母黃氏（991～1067，按：趙彥衛以黃氏爲林希母，當誤記）撰寫墓誌銘，又表揚林旦任象山令的政績。據劉攽及趙彥衛所記，林希、林旦的祖父林某（趙作林高）及父林概都以進士擢第。他們年才十二三，其父以集賢校理終於京師，祖父亦病終。其祖母天長縣君黃氏攜他們兄弟四人扶柩返福州歸葬，道過蘇州，林希、林旦兄弟以文上謁時知蘇州的蔣堂（980～1054），蔣堂奇之，就將他們留下，並給戴城橋官屋（後號孤學坊）他們居住與讀書，又爲他們葬祖父及父親於寶華山。蔣堂還命其子及其姪蔣之奇（1031～1104）與二林一同讀書。因蔣堂的提拔，二人均登進士。據劉攽所記，林希登進士後，任宣州涇縣（今安徽宣城市涇縣）主簿編校集賢院書籍，治平四年（1067）正月，黃氏辛於京師，林希護其喪歸蘇州，祔於其祖之墓，並請劉攽寫墓表及曾鞏寫墓銘，又請曾鞏寫墓誌銘。至於林旦登進士第後，據劉攽及曾鞏所記，任明州象山（今浙江寧波市象山縣）令，據稱他「以文學爲政，邑民宜之」，而頗有政聲，他稍後由著作佐郎主管淮南常平事，他在熙寧三年八月以太子中允擢監察御史裡行，九月判司農寺。但他在四年正月丁未（廿一），因連上六疏劾奏王安石的鷹犬李定不孝，開罪了王安石，被責爲著作佐郎知黃縣。他後來獲授勾當進奏院，但在熙寧八年四月丁亥（廿六），又給知通進銀臺司陳繹（？～1086後）劾他任臺官時，坐言事不實降黜，請別與差遣。宋廷於是罷他勾當進奏院差遣。累年才獲簽書淮南判官。後入爲太常博士，轉工部及考功員外郎。他在元祐元年三月己卯（廿二）獲御史中丞劉摯之舉，擢爲殿中侍御史，他在同月丙戌（廿九）又上奏嚴劾蔡確、章

宋廷言官早便不滿李憲等四人得神宗之寵信，這次由劉摯發難，自然額手稱慶。他們並非公道客觀論評李憲等之功過，而是出於文臣之意氣，要給神宗朝權傾一時的宦官一點顏色。

值得一提的是，曾任李憲機宜文字的穆衍，在是月壬子（廿五），以朝奉大夫權都大提舉清河輦運司權陝西轉運判官。據《宋史》本傳及《長編》引穆衍墓誌的記載，在元祐元年，穆衍與措置熙河經制財用孫路相度邊防財用，當時朝中大臣欲棄蘭州，但仍未議定。穆的同事認為勢在必行，但他與孫路更論疆界事時，堅決主張不可放棄，以「蘭州棄則熙州危，熙河棄則關中搖動。唐自失河湟，吐蕃、回鶻一有不順，則警及國門。逮今二百餘年，非先帝（按：指神宗）英武，其孰能克復。今一旦委之，無厭之欲，恐不足以止寇，徒滋後患矣」。據載他的話說服了曾在元豐四年十二月通判蘭州的孫路，孫後來力主守蘭州。人以為熙州、蘭州最終保存，是穆衍之力。〔註39〕

高太后於五月丁巳（初一），因司馬光久疾，而韓縝被罷，就以門下侍郎呂公著為右僕射兼中書侍郎為次相，又特授元老重臣文彥博為太師平章軍國

悖、呂惠卿及王安禮，稱四人為天下共知的大姦，又指張璪與李清臣附會其間。林希與林旦兄弟遊走於新舊黨之間，並不屬於新黨的核心份子，林旦在元祐時期即為舊黨所用之言官，他在元祐元年不斷上言論事，但諷刺的是，在是年九月卻給上司劉摯及王巖叟指其兄林希為張璪一黨，而張璪則透過其兄交結他。事見下文。

〔註39〕《蘇軾文集》，第三冊，卷三十九〈制敕・穆衍金部員外郎、孫路陝西運判〉，頁1108；《長編》，卷三百七十六，元祐元年四月壬子條，頁9122；卷三百八十二，元祐元年七月癸亥條注，頁9312；《宋史》，卷三百三十二〈孫路、穆衍傳〉，頁10687～10688，10691。據《宋史・孫路傳》的記載，孫路在元祐初年為吏部及禮部員外郎及侍講徐王府。司馬光將棄河湟，與司馬光友善的起居舍人邢恕（？～1100後）以此非細事，當訪之邊人。他以孫路在邊四年，其行止可信。於是司馬光馬上召問，孫挾地圖示司馬光，指出通遠軍至熙州才通一徑，熙州之北已接夏境。他說今日北關闢土百八十里，瀕大河，城蘭州，然後可以屏蔽，若捐以予敵，一道即危。據說司馬光幡然說，幸而問他，不然就幾誤大事。棄蘭州之議遂止。究竟是穆衍先說服了孫路，還是孫路早就不主張棄蘭州，待考。又蘇軾曾為孫路及穆衍撰寫兩道制文，穆衍的是他加金部員外郎制，孫路的是授其陝西轉運判官，考蘇軾任中書舍人在元祐元年三月至九月，則二制詞當撰於是年三月至九月，即是說孫、穆二人當在元祐元年三月後奉使熙河，而孫以陝西轉運判官經制熙河財用。蘇軾為穆衍寫的制詞強調「貨幣之人，所以權輕重，通有無，而非以求富也。」為孫路寫的則提示他「關右之民，困役傷財。譬之七年之病，而求三年之艾，朕日夜以思，庶幾其民勇而知方。以爾出入秦隴，悉其利病，往行所知，以稱朕意。」

重事，位列宰相之上。同日，又任資政殿大學士正議大夫兼侍講韓維爲門下侍郎。文、韓二人均主張放棄蘭州。〔註40〕

宋廷言官對高太后僅將李憲等降官奉祠的處分並不滿意，壬戌（初六），林旦又上奏，稱李憲等四人是元惡大憝，實天下所共棄，他說縱使不殺他們，也當將他們編管。李憲和宋用臣已賜的園宅，應該收回，而石得一在御前忠佐司的親隨，亦該編配奪職。奏上後，高太后只將石的親信多人降職，沒有依林旦所言，收回李憲的園宅。〔註41〕

蘇轍不能教訓李憲等，似心有不忿，是月乙亥（十九），他上奏嚴劾呂惠卿時，又借題發揮，說「朝廷廢吳居厚、呂嘉問、蹇周輔、宋用臣、李憲及王中正等，或以他們謀利，或以黷兵，一事害民，皆不得逃譴。」大概蘇轍給李憲的罪名，應是其黷兵一項。〔註42〕

宋廷文臣最終沒有放過李憲在熙河的親信趙濟。五月戊寅（廿二），趙濟以直龍圖閣調知河東路的解州，離開任職近十年的熙河。左司諫王巖叟（1044～1094）仍窮追猛打，再劾趙濟先以贓污坐廢於家，後來靠李憲一言而得以復爲帥臣。王又污衊趙濟從未以職事爲憂，只日與將士蒲博爲戲，無帥臣體。請削他職置之散地。王含血噴人，不承認趙濟多年來在熙河盡心盡力，並與將士同甘共苦。宋廷聽從王的意見，就在是月癸未（廿七），再將趙濟落直龍圖閣，差管中嶽廟的閒職。〔註43〕剛在三月辛未（十四）獲擢爲中書舍人的蘇軾負責撰寫趙濟貶降的兩道制詞，第一道批評他「論定而官不浮，則民服。汝長西師，歷年於此矣，考之清議，不曰汝宜，尙畀一城，以觀來效。」完全否定他守西邊的功勞。第二道更嚴責他，稱「有司言汝罪有狀，小人有不忍爲而汝爲之。朕惟羞汗搢紳，重置汝於理。其退處散地，以勵風俗」。蘇軾不喜趙濟，斥他爲小人，也許和當年趙濟參劾過蘇軾所尊崇、並爲他撰寫神道碑銘的元老重臣富弼有關。按蘇軾在富弼神道碑銘便強調富弼「勳在史官，

〔註40〕《長編》，卷三百七十六，元祐元年四月辛亥條，頁9117；卷三百七十七，元祐元年五月丁巳條，頁9147～9148。文彥博在四月辛亥（廿四）自河東節度使守太師開府儀同三司致仕潞國公來朝入對。六天後乃拜平章軍國重事。

〔註41〕《長編》，卷三百七十七，元祐元年五月壬戌條，頁9156。

〔註42〕《長編》，卷三百七十八，元祐元年五月乙亥條，頁9183；《欒城集》，中冊，卷三十八〈右司諫論時事十四首・乞誅竄呂惠卿狀・十九日〉，頁846～847。蘇轍此奏，亦爲魏泰《東軒錄》所引用，參見魏泰：《東軒筆錄》，卷十四，頁155～157。

〔註43〕《長編》，卷三百七十八，元祐元年五月戊寅條，頁9183～9184。

德在生民，天子虛己聽公，西戎北狄視公進退，以爲中國輕重。然一趙濟敢搖之，惟神宗日月之明，知公愈深。」蘇軾之輕視趙濟可見。〔註44〕

趙濟長期負責聯絡青唐的蕃部，讓他們聯宋抗夏。他的去職，熙州就失去了一個青唐信賴的宋廷邊臣，後來阿里骨改變聯宋的策略，改投向西夏攻宋，宋廷輕率地罷去能吏趙濟，是自食其果。事實上，元祐時期像劉摯、王巖叟這些不分是非曲直，只知排除異己的人，是禍國殃民而不自知的庸臣。

劉摯於是月壬午（廿六）對李憲仍窮追猛打，他聞知李憲請求在西京或鄭州居住，就乘機上言說：

〔註44〕《蘇軾文集》，第二冊，卷十八〈碑・富鄭公神道碑〉，頁 535，537；第三冊，卷三十八〈制敕・趙濟知解州制〉，頁 1085；〈趙濟落直龍圖閣管勾中嶽廟制〉，頁 1089；孔凡禮：《蘇軾年譜》（北京：中華書局，1998 年 2 月），中冊，卷二十五，頁 711，738。考蘇軾在元祐元年三月辛未（十四）任中書舍人，到同年九月丁卯（十二）陞任翰林學士。他在這半年，撰寫外制制詞。又蘇軾在所撰的富弼神道碑銘便提到當年趙濟劾富弼的事。在蘇軾眼中，趙濟此舉有迎合神宗及王安石之嫌，而他是後輩小臣，不應對元老重臣如富弼如此不敬。南宋人筆記稱蘇軾寫富弼的神道碑銘，在元祐間負責修《神宗國史》的張耒（文潛）看了初稿，到論趙濟之處，就說蘇軾之文固然好，但認爲加「一」字更佳。於是改成「及英宗、神宗之世，公老矣。功在史官，德在生民，北狄西戎，視公進退，以爲中國輕重，而一趙濟敢搖之。」趙濟前的「一」字就是文字的關紐；不過，徐度的《卻掃篇》則記，本來蘇軾的初稿是而「一趙濟能搖之」，張耒建議改「能」字爲「敢」字。最後蘇軾依其議改定。南宋士大夫議論趙濟的，首先少不了理學家楊時的弟子羅從彥（1072～1135）以及稍後的朱熹，羅從彥在其集中引述趙濟劾富弼以大臣格新法的事，而朱熹談及蘇軾的富公碑時，就提到「可以字正富公碑中，趙濟能搖之類」的話。另南宋初樓鑰（1137～1213）談到富弼的書帖時，也引用蘇軾這一警句，說「公在當時猶山嶽焉，一趙濟敢搖之。」而南宋晚期詩人劉克莊（1187～1269）一首七律，即諷刺趙濟說：「斜飛慶曆皇華遠，捷出熙寧使指新。但記歐公更此職，不知趙濟是何人（爲常平劾富公者）。剗章遍及孤寒士，奮筆先誅聚斂臣。自嘆暮年衰颯甚，羨君老手獨埋輪。」總之，蘇軾此文有關趙濟參富弼的事，一直頗受南宋人注意，而趙濟就被視爲投機小人。參見徐度（約 1106～1186）（撰），朱凱、姜漢椿（整理）：《卻掃編》，收入戴建國（主編）：《全宋筆記》，第三編第十冊（鄭州：大象出版社，2008 年 1 月），卷下，頁 159；陳長方（？～1138 後）（撰），許沛藻（整理）：《步里客談》，收入戴建國（主編）：《全宋筆記》，第四編第四冊（鄭州：大象出版社，2008 年 9 月），卷下，頁 12；樓鑰：《攻媿集》，《叢書集成初編》本（北京：中華書局，1985 年北京新一版），卷七十八，〈富鄭公帖〉，頁 1059；羅從彥：《豫章文集》，文淵閣《四庫全書》本，卷七〈集錄・遵堯錄六・富弼〉，葉十九下；朱熹（1130～1200）（撰），郭齊、尹波（點校）：《朱熹集》（成都：四川教育出版社，1996 年 10 月），第六冊，卷六十四〈書・答鞏仲至豐〉，頁 3346；劉克莊：《後村集》，文淵閣《四庫全書》本，卷十三〈送李漕用之二首〉，葉十四上下。

臣昨者彈劾憲及中正、用臣、得一等四人之罪，皆天下切齒以爲元
惡大姦者。而陛下以天地爲度，特寬兩觀之誅，止於奪其一二官秩，
付以優閒之職，公議鬱鬱，殊不厭服。臣愚誠不欲傷陛下包含保全
之恩，故未敢再三論列。然小人之情，窺測上指，見陛下至仁，曲
爲貸免，便以爲己無大罪，因可以僥倖，故輒陳請。伏緣臣子之義，
一被遷降，即當皇恐奔走上道，深自推省。豈得偃蹇不伏，自求私
便？按憲之罪，在四人最爲深重。今又敢慢棄君命，詐疾免行，公
然驕欺，無復忌憚。中外憤嫉，益以不平。伏望聖斷，暴憲之惡，
別行竄放。所貴國法稍正，而陛下威令稍行，以戒欺君罔上之人。

劉摯意猶未盡，在奏章的貼黃又補充說：

臣奏謂憲等事狀，比之甘承立，其罪尤重，而行遣不同，緣國法施
於小官，而不行於權臣，是政令二三也，則何以服天下？今憲又敢
偃蹇自便，慢陛下之命，伏乞照會比類承立事理施行。〔註45〕

高太后其實明白李憲要求往西京或鄭州居住，不過是應前詔所允許的來求
請，根本不是甚麼大過惡，也非李憲故意欺詐朝廷。劉摯小題大做，無限上綱，
欲加之罪，只反映他心胸狹窄，不識大體，只將心中厭惡內臣的情緒借題發揮。
他說李憲在四人中罪惡最大，其實李憲反而是立功最大的人。高太后爲此，並沒
有聽信劉的話，再處分李憲。我們讀到劉摯及王巖叟這些所謂元祐大臣的劾奏文
字如此不堪，當能明白爲何元祐以後黨爭激化。劉、王之輩當然是始作俑者。

除了罷免趙濟外，宋廷也將李憲的大將李浩調離熙河，徙往鄜延路任馬步
軍副都總管。宋廷再在劉摯上奏劾李憲的同日，應李浩的要求，再徙爲河東路
馬步軍副總管，因李浩請求避開鄜延帥趙卨。趙卨一向與李憲有隙，李浩是長
期跟隨李憲的心腹大將，宜李浩要求迴避。〔註46〕而大概在同一時間，宋廷又
把李憲另一員大將康識調離熙河，命權發遣鄜州（今陝西延安市富縣），當制的
蘇軾借王命，對康識和同時委權知涇州的張之諫，除稱許「才力之選，卓然有
聞。治辦之效，見於已試。」但指出宋廷「雖招攜來遠，不求邊功，爾當積穀

〔註45〕《長編》，卷三百七十八，元祐元年五月壬午條，頁9188～9189；《忠肅集》，
　　　　附錄一〈劉摯奏議・劾李憲〉，頁512～513。
〔註46〕《長編》，卷三百七十八，元祐元年五月壬午條，頁9191；《宋史》，卷三百三
　　　　十〈李浩傳〉，頁11079。按《宋史・李浩傳》只簡略地記李浩在哲宗即位後
　　　　拜忠州防禦使、捧日天武四廂都指揮使、馬軍都虞候，歷鄜延、太原路副都
　　　　總管，但未記他何時調離熙河。

訓兵，常若寇至。」即要他們做好防禦工作，不要生事。〔註47〕

宋廷將趙濟等人罷去，並沒有考慮對青唐的影響。六月壬寅（十六）還下詔對阿里骨告誡一番，說他繼位之初，「當推廣恩信，惠養一方。今聞知自管勾以來，頗峻刑殺，部族之眾，諒不皇寧」，要他「以仁厚為先，無恃寵榮，務安種落，副朝廷所以封立之惠。」〔註48〕丁未（廿一），宋廷又因鬼章之進奉使大首領李賒羅抹（？～1088 後）等人求官職，而授他們本族副軍主，歲支角茶十斤，大綵十疋，餘並依元豐七年例，又詔大首領已有軍制職名的人轉兩資，小首領各轉一資。〔註49〕這些蕃部貪得無厭，宋廷主政之人卻不知駕馭他們既要恩威並濟，也要靠熟知其情的人時加安撫，時加督責，像這樣的浮言訓斥只會產生反效果。

宋廷文臣於五寨一城的棄守爭論，從六月開始，主張放棄的一派佔了上風。司馬光於六月壬寅（十六）因西夏遣使來貢，就上言以西夏既然請和，就不應「見小忘大，守近遺遠，惜此不毛無用之地，結成覆軍殺將之禍。」他更力請詢問四朝元老，熟知敵情的文彥博的意見。文彥博本來與司馬光意見一致，首相加上平章軍國重事的份量，就「眾不能奪」，高太后也不能不聽。關於司馬光主張對西夏退讓求和的原因，據宋衍申的分析，首先，司馬光認為他剛回朝，百事待舉，反對勢力仍大，而他覺得宋軍這時並不具進攻西夏的條件，故想用「讓外」的方法，騰出精力來「安內」。其次，宋氏認為司馬光對西夏存有一種恐懼的心理，既因當年他追隨龐籍（988～1063）通判麟州時，經歷嘉祐二年（1057）五月窟（屈）野河之敗，又看到數年前永樂城之慘敗，於是司馬光認為主戰不如主和。第三，宋氏指出司馬光對邊防軍事並不在行，他以為六處要塞只是荒漠之地，棄之不妨，留之反是負擔，若留之令西夏不悅，會得不償失。但司馬光不了解，六處要塞一旦歸於西夏，就成為西夏進攻宋朝的橋頭堡，佔有進一步威脅宋朝的有利地形。〔註50〕宋衍申的分析可取，司馬光雖是一代大歷史學家，但他對當下的邊情並未確切了解，

〔註47〕 《蘇軾文集》，第三冊，卷三十九〈制敕・張之諫權知涇州康識權發遣廓州〉，頁 1120。他撰寫張之諫及康識的制詞當在三月中至九月初。參見孔凡禮：《蘇軾年譜》，中冊，卷二十五，頁 711，738。

〔註48〕 《長編》，卷三百八十，元祐元年六月壬寅條，頁 9220～9221。

〔註49〕 《長編》，卷三百八十，元祐元年六月丁未條，頁 9235。

〔註50〕 《長編》，卷三百八十，元祐元年六月壬寅條，頁 9221～9222；宋衍申：《司馬光傳》（北京：北京出版社，1990 年 1 月），第二章第五節〈在龐籍的幕下〉，頁 76～80；第七章第二節〈罷廢熙豐變法（一）〉，頁 320～322。

而他信賴的文彥博對邊事也不具備眞知卓見。

　　熙河的蕃部仍不斷來歸順，六月戊申（廿二），熙河蘭會經略司上言，汪洛施族蕃部斯多格等，探報了西夏的信實，現攜老少前來歸順，請與推恩。宋廷詔授斯多格副軍主，鄂鄂爾都虞候。〔註 51〕此時宋廷若棄熙河蘭州，就不知如何接納這些對宋有利來歸的蕃部。

　　然而朝中的言官並不這樣想，就是素有名望的右司諫蘇轍，在六月甲寅（廿八）的上奏，也傾向放棄蘭州等地。他首先引述主張放棄和主張保留蘭州等地的兩方意見，按後者正代表李憲、熙河守臣及其支持者的意見：

> 先帝因夏國內亂，用兵攻討，於熙河路增置蘭州，於鄜延路增置安疆、米脂等五寨。議者講求利害，久而不決。其一曰，蘭州、五寨所在峽遠，饋運不便。若竭力固守，坐困中國，羌人得以養勇，窺伺間隙。要之久遠不得不棄。危而後棄，不如方今無事，舉而棄之，猶足以示國恩。其二曰，此地皆西邊要害，朝廷用兵費財，僅而得之，聚兵積粟，爲金湯之固。蘭州下臨黃河，當西戎咽喉之地，土多衍沃，略置堡障，可以招募弓箭手，爲耕戰之備。自開拓以來，平治徑路，皆通行大兵，若舉而棄之，熙河必有晝閉之警。所謂借寇兵，資盜糧，其勢必爲後患。

　　蘇轍卻認爲既然西夏已遣使求和，請還舊地。若宋固守侵地，就會負不直之謗，敵人就有藉口動武，而令關右之民再遭兵禍。他繼而論說棄守蘭州的幸與不幸，其立足點就是宋軍無法固守，不能戰勝西夏。在李憲等人眼中，蘇轍這番言論，無疑是長他人志氣，滅自己威風：

> 今夫固守蘭州，增置堡寨，招置土兵，方其未成，而西戎不順，求助北敵，並出爲患。屯戍日益，飛輓不繼，敵兵乘勝，師喪國蹙，蘭州不守，熙河危急，此守之不幸者也。割棄蘭州，專守熙河，倉庾有素，兵馬有備，戎人懷惠，不復作過，此棄之幸也。……若夫固守蘭州，增置堡寨，招置大兵，且耕且戰，西戎懷怨，未能忘爭，時出擄掠，勝負相半，耕者不安，饋運難繼，耗蠹中國，民不得休息，此守之幸者也。割棄蘭州，專守熙河，西戎據蘭州之堅城，道熙河之夷路，我師不利，復以秦鳳爲境，修置廢壘，復置烽堠，人力既勞，費亦不少，此棄之不幸者也。夫守之雖幸，然兵難一交，讎怨不解，屯兵饋糧，

〔註51〕《長編》，卷三百八十，元祐元年六月戊申條，頁9238。

無有休日。熙河因此物價翔貴，見今守而不戰，歲費已三百餘萬貫矣。戰若不止，戍兵必倍，糧草衣食，隨亦增廣，民力不支，則土崩之禍或不可測也。棄之雖不幸，然所棄本界外無用之地，秦鳳之間，兵民習熟，近而易守，轉輸所至，如枕席之上，比之熙蘭，難易十倍，有守邊之勞，而無腹心之患，與平日無異也。夫以守之幸，較棄之不幸，利害如此，而況守未必幸，而棄未必不幸乎？

蘇轍說了一大番棄與守的幸與不幸後，就提出放棄蘭州，然後「謹擇名將，以守熙河，厚養屬國，多置弓箭手，於熙蘭往還要路為一大城，度可屯二三千人，以塞其入寇之道。於秦鳳以來多置番伏之兵，以為熙河緩急救應之內備」。蘇轍又在奏章的貼黃補說，有議者稱若棄蘭州，則熙河必不可守，熙河不守，則西蕃之馬無由復至，而夏人必為蜀道之梗。他不同意此論，力斥這是劫持朝廷以守蘭州之說，不是為國之謀。他又說聞知熙河屬國，強族甚多，宋廷養之甚厚，必定不願為西夏所有。若帥臣能以恩信結之，統之而戍兵，怙之以弓箭手，又於熙蘭要路控以堅城，西夏未易窺伺，而不怕西蕃之馬不到。對於臺諫近日痛劾韓縝當年棄河東之地予遼，他辨說此與蘭州之事不可同日而語。他最後重申蘭州等處，本西夏舊地，得之有費無益。不過，蘇轍這番妙論，研究元祐困局的張勁便毫不客氣批評他「這番的議論之愚蠢迂腐，令人看了大概都不免要打過寒戰，抹一額汗」，說蘇「居然自鳴得意地認為只要邊境線退到秦鳳一帶就可以無患，真是痴人說夢。稍為有正常邏輯的人，都知道要在條件許可的情況下，將戰火盡量引到敵國境內，以減少己方的損失」，張並譏諷蘇「連侵略者慣於以戰養戰的常識都不懂，就在朝廷上夸夸其談，元祐舊黨的政治才識可見一斑，其施政之荒謬就不難想見了。」〔註52〕

文彥博在同月又上奏言蘭州事，然正如曾瑞龍所說，這位年逾八旬的老

〔註52〕《長編》，卷三百八十一，元祐元年六月甲申條，頁 9278～9283；《欒城集》，中冊，卷三十九〈右司諫論時事十五首‧論蘭州等地狀‧六月二十八日〉，頁 857～862；張勁：《從更化到紹述——宋哲宗朝的時代與政治》，頁 381～383。張勁指出「秦鳳是宋朝腹地，一直是中原王朝的固有領土，轉輸物資當然是比熙蘭容易得多，但戰火一旦燒到這裡，這裡的土地、物資和人口到底還能不能由宋朝有效控制就要打個問號，而戰爭將要造成的破壞之嚴重，更非熙蘭可比。」張勁也批評蘇轍為了「自我標榜，拒絕將其力主的西北棄地與神宗熙寧年間的河東棄地相提並論，他指出元祐舊黨要將數十萬軍民長期浴血奮戰得來的以一批堅固城堡為核心的大片西北戰略要地，拱手割讓給長期處於交戰狀態的西夏，還大言不慚地說不能與河東劃界相提並論，只能讓人再一次替他們汗顏了。」

臣，所據以論奏的資料大部份過時，還不如蘇轍至少把棄與守的不同意見說出來。他居然說「今所得堡寨并蘭會，並荒徼沙漠之地，本無城邑人煙，惟是朝廷創築城堡，屯兵戍守，歲費百萬以上，困竭中國生民膏血，以奉無用之地，但恐不能支久，即須自棄。如向時囉兀城之比。」他又胡說蘭州本屬董氈，夏人得之已三十八年，董氈本不藉其地，夏人亦不曾築堡寨戍守，只有小小頹廢池塹，如中國荒僻村落，而宋廷不知它不過是中國小小郡縣，徒煩兵守而所費不菲。他又說不知會州在何處，又信口雌黃地說當年李憲因怯懦，不曾領兵赴靈州，只領兵馬過蘭州廢壘下，於是欺罔張大，說收復蘭會，以圖苟免他不至靈州之罪。他又批評熙河蘭州可以屯田之論。又恃老賣老，說近年以來，為新進書生，不曉蕃情邊事兵政者，誤朝廷多矣。其實他才是不曉蕃情的老頑固。總之，他力主放棄蘭州。〔註53〕

　　在朝中像文彥博這樣昧於邊情卻不肯下問的人不少，惟有擔任邊臣的人才知箇中艱難。接替趙濟任措置熙河蘭會路經制財用的陝西轉運判官孫路，在七月辛酉（初六）即上言報告蘭州的情況，他說蘭州、定西城一帶新開土地，除已招置弓箭手外，有曠土萬餘頃，未曾修築堡障，而有敵馬抄掠之虞。他請自蘭州東關堡東修葺質孤、勝如護耕兩堡，並於禹藏六族中森摩幹灘內、定西城東、玉樓山各築堡護耕，而令差役人共與本地的弓箭手相兼守禦。這些情況都不是文彥博之流所能了解的。宋廷即詔熙河帥劉舜卿相度，如應修築，即漸次興修。〔註54〕

　　蘇轍在壬戌（初七）再上一奏，重申前議，認為應趁西夏遣使請和，將蘭州等地歸還，以安邊息民。他說夏使已到，但執政大臣於棄守之論仍未決定，故再上奏論之。這次他又附和文彥博的說法，說當日取蘭州及五寨地，都非神宗本意，又說神宗始議取靈武，是李憲畏懦不敢前去，於是以兵取蘭州。又說蘭州及五寨，取之則非神宗本意，棄之則出神宗遺意。他還批評議者不深究本末，妄立堅守之議，以避棄地之名，不度民力，不為國計，其意只是為私己自便。〔註55〕

〔註53〕　《長編》，卷三百八十一，元祐元年六月甲申條，頁9283～9284；《文彥博集校注》，下冊，卷二十六〈奏議・論西邊事・元祐元年六月〉，頁743～746。
〔註54〕　《長編》，卷三百八十二，元祐元年七月辛酉條，頁9302。
〔註55〕　《長編》，卷三百八十一，元祐元年七月壬戌條，頁9304～9305；《欒城集》，中冊，卷三十九〈右司諫論時事十五首・再論蘭州等地狀・七月七日〉，頁862～864。

右司諫王巖叟也上奏主張棄蘭州，他的論據仍然是守蘭會將坐敝中國，又說自開邊之初，其費用不可以數言，罷兵之後，歲費仍不減數百萬，認為不應以中原生靈膏血塗窮荒不毛之地。御史中丞劉摯也不甘後人，上書力主放棄蘭州等地；不過，他的理據並無新意，仍是老生常談。〔註56〕

同知樞密院事范純仁終於表態，他在七月癸亥（初八），提出上中下三策以應西夏求地之請。上策是以所得西夏土地，交換陷蕃人口，如此可罷兵息民。中策是留下蘭州和定西城，以二地原是西蕃故地，後來才屬西夏。雖然西夏堅意欲取回，但宋廷亦有留下之名。宋廷可以慢慢委邊帥與夏人婉順商量，雖然未即可罷兵，但夏人應該難以猖獗。至於下策，是留下塞門、吳堡及義合三寨，只放棄遠處難守的二三城寨，但范覺得此策並不可取。他表示與安燾都主張中策。至於安燾的主張要比蘇轍等明智，他表示羌情無厭，當要使他們知宋廷放過他們而罷兵，而不應讓他們知道宋廷厭兵。他對主棄地的人說，自靈武以東，都是中國故地，神宗興師問罪而復之，何能說竊人之財而不還？安燾主張只還四寨。〔註57〕

與范純仁關係親密，一直代他撰寫奏表的的畢仲游，曾撰寫〈熙河蘭會議〉一文，反對棄熙河，他說這與漢元帝（前74～前33）棄朱崖，漢光武帝（前5～57）棄西域，本朝棄靈武有三不同，他計算得失利害，仍主張不棄熙河：

> 今日棄熙河蘭會，則與未得不同。徹舊障而為新障，棄之則新障已沒，而舊障未完，一不同也。伐其山林，平其道路，棄之則無險阻，而敵人將牧馬於階城之境外，二不同也。立城郭，置倉廩，實以穀粟錢幣而棄之，則瘠中國而肥寇仇，三不同也。然此猶小小者矣。蓋熙河蘭會，雖羈屬夏人，猶非夏人之所有，故尚足以分中國之寇。今舉熙河蘭會而棄之，則將為夏人之所有，是以中國之力而為西夏驅除，此大不同者也。而不棄之，則歲運府庫之財，以填黃河之磧，又非中國長久安寧之策。……今熙河蘭會制之於未取之前，則固無事。今已取之而復棄之，棄之之利如彼，其害如此。守之之利如此，其害如彼。則殆非遙度之所能盡，必有馳至河隴圖上方略者然後可

─────────────

〔註56〕《長編》，卷三百八十二，元祐元年七月壬戌條，頁9306～9309。
〔註57〕《長編》，卷三百八十二，元祐元年七月癸亥條，頁9310～9313；《皇宋十朝綱要校正》，卷十二〈哲宗〉，頁339～340。

決。〔註58〕

以范純仁與畢仲游相知之深，范對熙河棄守的看法，很有可能受畢的影響。

次相呂公著最後一錘定音，認爲先朝所取的地方，皆屬中國舊境，而蘭州乃西蕃地，並非屬於夏人，而今哲宗繼位，守先帝境土，豈可輕易予人，況夏人無厭，與之適足以啓其侵侮之心，且中國嚴加守備，西夏也不足爲患。最後二府定議，只歸還四寨而保留蘭州。〔註59〕

七月乙丑（初十），夏主秉常卒。由其子乾順（1083～1139，1086～1139在位）嗣位。宋夏歸地交涉之爭稍得緩和。值得一提的是，舊黨言官這時對於應否歸還城寨予西夏卻是意見分歧，是月甲戌（十九），右司諫蘇轍上言仍主張棄地，但有份痛劾李憲的殿中侍御史林旦卻引韓琦的先例，認爲「積年經營之功，因其一請而與之，似亦太率易也。」他又說「第恐邊臣姑息苟安，趣了目前之患，幸無近憂，不卹後患，又疏遠之人，妄意朝廷都弛邊備，遂

〔註58〕畢仲游字公叔，鄭州管城人，出身名門，曾祖父畢士安（938～1005）是眞宗朝名相，他與兄畢仲衍在熙寧三年同科登第，歷任縣令，他曾隨高遵裕西征，並運糧有功。元祐初年召試學士院，爲蘇軾擢第一名，加集賢校理任開封府推官，後出任河東路提刑，到八年六月加職方員外郎。他文集中除了爲范純仁的家人所寫的書啓墓誌或詩文外，直接寫給范純仁或代范寫的有數十篇，如卷三的三十一篇表，全是爲范純仁代作，另卷六〈通慧禪院移經藏記〉，也是代范寫的，而卷八也收有他一封上范純仁的書信，而卷九又收有代范純仁賀李肅之（1006～1089）、蘇軾等人的書啓十五通以及狀兩篇，卷十收有他給范的書信十七封，又卷十七收有他祭范純仁的文兩篇，以及代范撰寫的祭文三篇，卷十八與十九收有他寫給范純仁的挽詩及代范寫的挽詩共十首，可見他與范的深厚親密關係。《宋史》稱他早受知於司馬光及呂公著，而范純仁尤知之，惜范當國時他居母喪而未及用。他這篇議論，撰於何年月不詳。筆者認爲當是在元祐初年他任職集賢校理開封府推官時。參見畢仲游：《西臺集》，〈前言〉，頁1～2，卷三〈表三十一篇〉，頁28～44；卷五〈議·熙河蘭會議〉，頁65～66；卷六〈記·代范忠宣撰通慧禪院移經藏記〉，頁82～83；卷八，〈書·上范堯夫龍圖書〉，頁109～111；卷九〈啓·十五篇，狀兩篇〉，頁135～141，148～149；卷十〈尺牘·上范堯夫相公〉，頁168～173；卷十七〈祭范忠宣公文、又祭范忠宣公大葬文〉〈代范忠宣祭伯庸文、代范忠宣祭提刑張師民文、代范忠宣祭蔡浚明文〉，頁277～278，282～284；卷十八〈五言古詩·從范龍圖月下泛舟〉，頁287；卷十九〈五言律詩·挽范丞相忠宣公六首、代范忠宣挽中散某公三首〉，頁317～318，321；《宋史》，卷二百八十一〈畢士安傳附畢仲游傳〉，頁9523～9526；《長編》，卷四百八十四，元祐八年六月甲子條，頁11514。

〔註59〕《長編》，卷三百八十二，元祐元年七月癸亥條，頁9312～9313。

以必棄爲說。此言先入，上誤聖聽，反使西戎得計，邊民失所，可不慮耶？
況守之以困敵，與之以資敵，一損一益，利害明甚，此誠不可以不察也。」
宋廷中反對棄地之論稍佔上風。〔註60〕

　　需要一提的是，自宋廷罷熙河蘭會路經制財用司後，就按劉昌祚的原議，
由孫路以陝西轉運判官措置熙河蘭會路經制財用司的名義兼管其職。另外，
據《曲洧舊聞》所載，在是年七月，大半年前被委相度措置熙河蘭會路經制
財用司事的穆衍，向宋廷覆奏，他所取到元豐八年最近年分五州軍實費，計
三百六十八萬三千四百餘貫，他稱現時隨事相度加以裁減，共約一百八十九
萬七千多貫。孫路接任後，就要按宋廷節約的政策來處理趙濟留下的大量工
作。據蘇轍在八月丁亥（初二）奏劾多名不稱職監司的人中，其中被點名的
就有「孫路奴事李憲，貪冒無恥」。按孫路曾通判蘭州，曾是李憲的僚屬。他
只是服膺長官的正確決定，罵他奴事李憲，可能只是蘇轍的偏見。他任職熙
河，實很用心辦事。他在七月丁丑（廿二）報告宋廷，熙河路五州軍穀價甚
貴，以軍興之後，舊田或廢，新田未闢，地產全少。他請懲治客商邀求厚利
及銀絹鹽鈔公據，以省經費。宋廷從之。壬午（廿七），他又上奏叫苦，說本
路五州軍皆在極邊，難於和糴，常苦客旅邀價。他請詔茶場司，不得於並邊
州軍博糴斛斗，另茶場司應供應熙河路錢九十萬貫，聽於本路五州支撥。宋
廷也從其議。〔註61〕

　　言官王巖叟生性好鬥，自許疾惡如仇，似乎每隔一段日子，就要找一些
人來奏劾一番。八月丁酉（十二），他又找上了被責降的內臣宋用臣，檢拾他
的罪過，照例劾他「操持利柄，侵奪民財，欺罔朝廷，冒辱恩賞，求之近世，
少見其比」，然後提出他與幾個心腹，包括木工出身而累官至西京左藏庫副使

〔註60〕《長編》，卷三百八十二，元祐元年七月乙丑條，頁9316；甲戌條，頁9318
　　　　～9320；《宋會要輯稿》，第十六冊，〈方域十九・給賜四寨〉，頁9656；《宋
　　　　史》，卷十七〈哲宗紀一〉，頁322～323。據《宋會要輯稿》所記，紹聖元
　　　　年（1094）九月甲子（廿六），知蘇州吳居厚（1039～1114）上言，元祐初
　　　　年西夏再入貢時，臣僚上章請棄神宗所建城寨，中外不一。只有本州（蘇州）
　　　　前殿中侍御史林旦上疏，極言城寨之不可棄者凡十事，惟當時朝廷惡其異
　　　　論，遂罷他御史，他現已物故，請官其一子。吳居厚所言林旦上言，當指此
　　　　事。
〔註61〕《長編》，卷三百八十三，元祐元年七月丁丑條，頁9325。壬午條，頁9340；
　　　　卷三百八十四，元祐元年九月丁亥條，頁9354；《欒城集》，中冊，卷三十九
　　　　〈右司諫論時事十五首・論差除監司不當狀・八月二日〉，頁872～873；朱弁：
　　　　《曲洧舊聞》，卷六，頁54。

楊琰等數人，朋比斂財，要求將他治罪。〔註62〕

　　同月己亥（十四），蘇轍也不讓王巖叟專美，上奏嚴劾李憲與王中正，他說近日李憲以宣州觀察使提舉明道宮，王中正以嘉州團練使提舉太極觀，實在便宜了他們。他說二人貪墨驕橫，敗軍失律，罪惡山積，雖死有餘責。以聖恩寬貸，都寘之於善地，而說二人首亂國憲，假以使命。他請追還舊恩，以存舊典，而使有罪之人知有懲戒。〔註63〕這次李憲無端給蘇轍痛劾一番，其實他並沒做錯甚麼事，只是文臣對他們的憎惡，有機會就借題發揮。李憲當權時大概確是恃寵驕橫，但他有否貪墨就沒確實罪證。他可從來沒有敗軍。說他罪惡山積，死有餘責，就說得過了頭。蘇轍似乎沒有乃兄的厚道，而有失公道。

　　舊黨的領袖司馬光在九月丙辰（初一）病逝，自高太后以下無不傷悼。丁卯（十二），宋廷擢陞了一批舊黨的少壯份子，蘇軾自中書舍人為翰林學士，其弟蘇轍為起居郎，而王巖叟就擢為侍御史。王陞官後，就更可順理成章彈劾他不喜的人。值得一提的是，王巖叟與他的長官御史中丞劉摯以及其他言官，在九月辛未（十六）及壬申（十七），卻為了打倒中書侍郎張璪，就指剛拜中書舍人的林希，交結張璪，而張為了交結林希弟殿中侍御史林旦，就推薦林希妻弟陸長愈館職。王、劉等不顧林旦是他們同路人，就危言林希兄弟交結張璪，結為一黨，於朝廷不利。高太后聽了他們的話，就罷林希中書舍人職，將他出知蘇州。林旦一再劾奏李憲以下的新黨臣僚，他卻給劉、王兩個上司出賣。他在十月丙戌（初二）便被出為淮南路轉運副使。要到一年半後才得以還朝，而有份劾其兄的監察御史孫升（？～1099）就代為殿中侍御史。〔註64〕

〔註62〕《長編》，卷三百八十五，元祐元年八月丁酉條，頁9377～9379。

〔註63〕《長編》，卷三百八十五，元祐元年八月己亥條，頁9382；《欒城集》，中冊，卷四十〈右司諫論時事十七首‧言責降官不當帶觀察團練狀‧十四日〉，頁886～887。

〔註64〕《長編》，卷三百八十七，元祐元年九月丙辰條，頁9415～9417；丙寅至丁卯條，頁9422～9426；辛未條，頁9427～9428；卷三百八十八，元祐元年九月壬申至癸酉條，頁9431～9436；卷三百八十九，元祐元年十月丙戌條，頁9449；卷四百十二，元祐三年六月丁酉條，頁10021；卷五百四，元符元年十一月乙巳朔條，頁11997。考林旦到元祐三年六月丁酉（廿二），才得以回朝，自朝請郎遷右司郎中，後知蘇州。據《宋史》所記，他後遷秘書少監、太僕卿，終河東轉運使。大概卒於紹聖元年前，惟具體年月不詳。又他死後，曾布在元符元年十一月對哲宗議事，因反對彰信節度推官方天若出任秘書省正字，

　　九月己卯（廿四），孫路再奏上修築蘭州西關堡（在州城東西一條線上的西20里，即西固城，今甘肅蘭州市西固區）的利害。宋廷詔熙河經略安撫使劉舜卿研度其措置是否合宜，並令他具其圖上奏。〔註65〕自趙濟罷去，幸而孫路的繼任，李憲辛苦經營的熙河尚可維持。不過，宋廷卻將趙濟另外兩員得力的助手胡宗哲及張太寧調走，胡宗哲徙知遂州（今四川遂寧市），張太寧徙知漢州（今四川德陽市廣漢市）。二人的制文均由剛任權中書舍人的蘇轍撰寫，蘇算是客氣，一方面稱許胡宗哲是家世公卿（按：指他是前樞密使胡宿族子），習於吏事，而張太寧是蘇軾的同鄉蜀人，生於蜀漢知其風俗，就只含蓄說遂州和漢州都是名郡，皆是東西蜀的重地，他們「苟能平心正身，首治縣事，以寬民力，則太守之職舉矣。」至於李憲另一僚屬馬申，據〈宋故職方員外郎任府君妻仁壽縣君馬氏墓誌銘〉所載，他在元祐五年（1090）十月十八日為馬氏題墓蓋時，任知臨江軍事。他可能也在元祐初年調離西北。〔註66〕

　　十月乙酉（初一），熙河路奏上三省，請於本路五州軍每年歲支官錢二千五百緡來建水陸道場，追薦漢蕃陣亡將兵。三省上奏，熙河每州僧道不及三十，請予以裁減。宋廷詔歲支五百緡辦道場。朝中無人，熙河就得不到以前的優待。值得一提的是，神宗寵信的內臣自李憲四人相繼被貶後，高太后則擢用她親信的內臣。翌日（丙戌，初二），高太后以服侍她近二十年而累有勤績的內侍押班梁惟簡現轉出外任，就特加他遙領刺史。但馬上招致陞任權中書舍人蘇轍的反對，以梁惟簡旬月之間三度超擢，現時再領刺史，實在過份。蘇轍不肯撰寫制文，而執政韓維又當面奏論，高太后拗不過，只好收回成命。〔註67〕蘇轍等顯然怕高太后又像神宗一樣寵信內臣。

就引述林豫的說話，說閩中有二凶人，一在館閣，乃是林旦，另一就是方天若，得中高科。林希依附曾布，但曾布對他已死之弟，卻在哲宗前不留情地斥為福建兩大凶人。

〔註65〕《長編》，卷三百八十八，元祐元年九月己卯條，頁9440。

〔註66〕《欒城集》，中冊，卷二十七〈西掖告詞六十一首・胡宗哲遂州張太寧漢州〉，頁573。孔凡禮：《蘇轍年譜》（北京：學苑出版社，2001年6月），頁340～341；錢長卿：〈宋故職方員外郎任府君妻仁壽縣君馬氏墓誌銘〉，收入李偉國編：《中華石刻數據庫》（2016～2018），http://inscription.ancientbooks.cn/docShike/ shikeSearchResult.jspx?column=txt&value=馬申。按蘇轍在是年九月丁卯（十二）拜起居郎權中書舍人，後真除舍人。蘇轍撰寫這篇制詞當在真除之後。

〔註67〕《長編》，卷三百八十九，元祐元年十月丙戌條，頁9449～9452；《欒城集》，中冊，卷四十一〈中書舍人論時事三首・論梁惟簡除遙郡刺史不當狀〉，頁896～897。

　　被視為熙豐舊臣的同知樞密院事安燾在是十月壬辰（初八），繼中書侍郎張璪於是月戊子（初四）罷知鄭州後，自請罷樞補外郡，他是執政中堅決反對棄地的，他也知朝中言官對他充滿敵意，故自請罷樞。但高太后不許。御史中丞劉摯上言，假惺惺地說安燾與李清臣皆常才，當蔡確、章惇與張璪朋姦結黨害政時，安、李二人身為丞輔卻無所救正，以順隨人，以保祿位，誠非大臣之節；不過比起蔡確等，其罪有別，故一直沒有劾去二人。劉說並不認為二人宜在廟堂，不過借二人在位，以全國家大體，以成就太后不忘舊臣之意，以解天下之疑。右司諫王覿也附和劉之意見，認為可留下安、李二人，以他們無害於政。舊黨言官把安燾及李清臣幾乎評得一文不值，卻同意宋廷在丙申（十二）復用已致仕多時而行動不便、當年反對用兵西北的宿將左屯衛大將軍郭逵知潞州。〔註68〕總之，宋廷的言官對於用人，只看政見是否相同。

　　十月壬寅（十八），熙河經略司請將新收復吓累川一帶土地，依舊令定西城招置弓箭手耕種，宋廷從之。是時熙河帥臣劉舜卿仍準備固守蘭州。癸丑（廿九），宋廷詔西夏，宣告在元豐四年用兵所得的城寨，除原屬中國及青唐舊地外，等到西夏送回陷沒的漢人後，就委邊臣勘會歸還。〔註69〕

　　十一月戊午（初四），劉舜卿上奏，以熙河路冗員稍多，他請相度後減省關堡官員數目。宋廷自然樂聞裁員的建議。劉再奏阿里骨為進奉所得回賜物色減少，請依舊例。但樞密院認為所賜已比元豐四年以前的舊例多，又以早已在進奉物估價外添二分支賜，並無裁減給阿里骨的賞賜。宋廷於是命劉舜卿將此委曲詳細曉諭阿里骨。宋廷卻不知阿里骨早存異心，宋廷不能滿足他的請求，他就另有打算。同日，宋廷擢陞一直嚴劾李憲的御史中丞劉摯為尚書右丞，而晉尚書左丞呂大防為中書侍郎，吏部侍郎兼侍讀的傅堯俞（1024～1091）則繼任御史中丞。這番高層人事任命，除了呂大防的晉陞外，劉、傅的晉陞，都對李憲不利。〔註70〕

　　早在十月庚子（十六）獲委為祭奠弔慰夏國使的穆衍，在十一月戊寅（廿四）上奏詢問祭奠的安排禮儀。就在同日，另一名李憲的僚屬，曾被李憲救過一命的權陝西轉運副使、朝奉大夫葉康直加直龍圖閣職調知秦州，出任秦鳳路

〔註68〕《長編》，卷三百八十九，元祐元年十月戊子條，頁9454～9455；壬辰至丙申條，頁9464～9467；卷四百一，元祐二年五月戊辰條，頁9766。考郭逵到元祐二年五月戊辰（十七）以左屯衛大將軍知潞州邊慶州觀察使改知河中府。

〔註69〕《長編》，卷三百九十，元祐元年十月壬寅條，頁9486；癸丑條，頁9496。

〔註70〕《長編》，卷三百九十，元祐元年十一月戊午條，頁9506。

的帥臣。但權中書舍人曾肇反對這任命，痛陳葉康直「不聞有可用之材，就令小有材能，不過便佞捷給，欺誕傅會，至於應變將略，必非所長。平居應接，猶恐失其機會，一旦緩急，豈免敗事？」曾肇把葉評得一無是處後，又翻他的舊賬，說「聞昨日兵興，康直為轉運使，調發芻糧，一路騷然，至今瘡痍未復，則康直之材略可見矣。先帝以其措置無狀，又隨軍入界，失亡為多，嘗命械繫，意欲誅之，而康直諂事李憲，卒賴以免，則其人又可知矣。」〔註71〕總之，凡是跟隨過李憲的文臣，言官都以他們必定奴事、諂媚李憲，而痛加抨擊。

因曾肇不肯為葉康直草制，宋廷便詔另一中書舍人蘇轍草制。蘇轍同樣繳還詞頭，堅決不肯寫。蘇在十二月庚寅（初六）上言，一方面說他不認識葉康直，亦不知其人賢愚。另一方面卻引述曾肇及左諫議大夫鮮于侁（1018～1087）所劾葉之罪過為言。其中鮮于侁提到葉與李憲的關係，稱「先帝以其處置乖方，欲深置於法，康直素奴事李憲，憲密加營救，遂得無事。」蘇轍以明知曾肇及鮮于侁曾上言指葉的罪惡，他就無由草制，除非二人所言不實。考葉康直被《宋史》列入〈循吏傳〉，若他真的像蘇轍說得那樣壞，那《宋史》或《宋國史》的編者就一定瞎了眼。〔註72〕蘇轍當然相信葉素來巴結李憲，而的確是李曾救過葉一命。不過蘇轍對於李憲的部屬的態度有時又有區別，當出身公卿世家的胡宗哲在是年底調知宿州時，當制的蘇轍就稱道：「以爾宗哲，臨事必辦，才力有餘，往因其民，以立新政，使富而不溢，貧而不怨，以稱朕意。」〔註73〕

〔註71〕 曾肇：《曲阜集》，文淵閣《四庫全書》本，卷四〈附錄・行狀〉，葉五下至六上；楊時（1053～1135）（撰），林海權（校理）：《楊時集》（北京：中華書局，2018年2月），第二冊，卷二十九〈曾文昭公行述〉，頁753；《長編》，卷三百四十六，元豐七年六月丁丑條，頁8309；卷三百六十，元豐八年十月己卯條，頁8609；卷三百九十二，元祐元年十一月戊寅條，頁9532～9533；卷四百二十九，元祐四年六月乙卯條，頁10373；卷四百三十三，元祐四年九月乙亥條，頁10441。考葉康直在元豐七年六月時仍以陝西轉運副使擔任永興軍路管勾保馬事務，後來在元豐八年十月己卯（十八）獲遷一官再任。另穆衍在元祐四年六月乙卯（十六）任戶部郎中，其上司權戶部侍郎范育後來出任熙河帥。九月乙亥（初八），他獲得舊黨的御史中丞傅堯俞及侍御史朱光庭推薦為臺察官。他似乎未被視為新黨。

〔註72〕 《長編》，卷三百九十三，元祐元年十二月庚寅條，頁9553～9554；《欒城集》，中冊，卷四十一〈中書舍人論時事三首・不撰葉康直知秦州告狀〉，頁898；《宋史》，卷四百二十六〈循吏傳・葉康直〉，頁12707。

〔註73〕 《欒城集》，中冊，卷二十八〈西掖告詞六十一首・劉淑蘇州胡宗哲宿州〉，頁590；《蘇轍年譜》，頁348～350。考蘇轍此制在其集中排在〈曾肇中書舍人制〉之後，在〈曹誦遙圍知保州制〉前，按前者撰於十一月戊寅（廿四），

　　當宋廷已決定保留蘭州時，侍御史王巖叟仍喋喋不休，繼續反對。他在十二月庚子（十六）再請放棄葭蘆、吳堡等寨，云：「自開熙河蘭會，於國家有何所益？惟見耗竭生靈，供饋不已。從來已費用者千百萬，今更不可言，悔已無及。」〔註74〕幸而熙河的守臣沒有受這些不思進取的書生影響，繼續做好守禦蘭州的工作。丙午（廿二），熙河帥劉舜卿因九月己卯（廿四）的詔令，做了研究後覆奏，稱蘭州的西關堡合行修築。宋廷從之，並令駐守的禁軍於防托人兵內輪番和雇，等候於翌年二月底興修，仍然專委原議人陝西轉運判官孫路提舉是項工作。〔註75〕

　　被廷臣斥為熙豐內臣四凶之一的內臣石得一，在十二月戊申（廿四）以左藏庫使管勾崇福宮上卒。他早死也就逃過文臣對他進一步清算。〔註76〕

　　元祐二年（1087）正月乙丑（十二），西夏以秉常的遺物遣使進貢，宋廷即詔授其子乾順為夏國主，遣使臣冊封並賜器幣。西夏暫時息兵。惟宋廷之舊黨內部這時又起紛爭，從辛酉（初八）至辛未（十八），御史中丞傅堯俞、侍御史王巖叟及左司諫朱光庭（？～1091後）攻擊深受高太后器重的翰林學士蘇軾，指責他所擬的試題涉嫌議論祖宗，還批評首相呂公著包庇蘇軾。蘇軾與其支持者王覿不甘示弱，加以反擊。高太后認為不應小題大做，既讓宰執召三人諭旨，又召他們入對，傅、王、朱三人卻公然頂撞高太后，並以辭職來抗議。甲戌（廿一），殿中侍御史孫升上言請留三人。乙亥（廿二），高太后在三省進呈傅、王論蘇軾箚子時一度不滿，要將蘇、傅四人並逐，執政力爭不可。翌日（丙子，廿三），高太后從呂公著之議，令四人均復職。同知樞密院事范純仁一言道出言官因小事而交相攻訐，流弊漸大，不是朝廷置諫官之意。可惜他的好意並不為自以為是的言官接受，孫升繼續攻擊蘇軾，而以傅、王為是。〔註77〕

　　不知是否要找人出氣，剛跌了一交的王巖叟在二月乙未（十二）又嚴劾早已罷知州而任管勾中嶽廟祠職的趙濟，罪名仍是趙知熙州日，與僚屬博戲，

　　　　後者撰於十二月庚子（十六）。而他繳還葉康直詞頭在十二月庚寅（初六），
　　　　則此制當在十二月初六至十二月十六日前撰寫。

〔註74〕　《長編》，卷三百九十三，元祐元年十二月庚子條，頁9561。

〔註75〕　《長編》，卷三百九十三，元祐元年十二月丙午條，頁9574。

〔註76〕　《長編》，卷三百九十三，元祐元年十二月戊申條，頁9579。

〔註77〕　《長編》，卷三百九十四，元祐二年正月辛酉至辛未條，頁9588～9601；甲戌
　　　　至丙子條，頁9606～9609。

今次再加他受錢一宗罪名。趙濟朝中沒有人爲他說話，就自奉議郎再被降爲通直郎監唐州酒稅務。王嚴叟的《朝論》記他在二年四月己亥（十八），對延和殿，彈劾趙「濟險薄佞邪，卑污貪猥，爲帥守無儀法，將佐僚吏皆苦其蒱博之戲，不稱陛下分閫之寵。詔事李憲，憲爲帥府日，憲之牀簀溷厠皆親閱視，不可不罷黜。」王說來說去，趙的罪名只是與僚屬博戲，要把趙濟打倒的眞正的理由，是趙詔事他討厭的李憲，而且一直推行新政。當制的劉攽在制詞中把趙濟說得一無是處，說他「因緣材選，得任邊寄，力不能強毅威敵，廉不能清白率下。而耽恣博戲，牽強僚佐，自處必勝，眾莫敢校責其償，進過於奪取，無恥至此辱己，甚宜貶秩之罰，以肅慢官之咎，酒榷市征之繁足以效力，克己悔過，尚能自返。」可惜趙濟這一個良吏，卻被心胸狹窄而無識之輩害得大志不酬。趙濟以後的事跡待考，他大概在紹聖以前已卒。〔註78〕

　　二月戊戌（十五），宋廷的言官又將打擊的矛頭指向已罷相知陳州的蔡確。右諫議大夫梁燾（1034～1097）、右司諫王覿及御史中丞傅堯俞，以蔡確弟軍器少監蔡碩（？～1120）盜用官錢，而牽連蔡確，劾他「位居宰相，竊弄威福，放縱其弟，養成姦贓」。己亥（十六），蔡碩被除名，韶州（今廣東韶關市）編管，而蔡確也落觀文殿大學士職守本官知亳州。辛亥（廿八），給事中顧臨（1028～1099）、梁燾及王覿意猶未盡，再加嚴劾。高太后討厭蔡確，就借言官的手，再將蔡確移知安州（今湖北孝感市安陸市）。相較之下，李憲的屬下葉康直的遭遇就微不足道了，宋廷在同日，收回葉除直龍圖閣知秦州的任命，改由知瀛州（今河北滄州市河間市）龍圖閣直學士呂公孺徙知秦州。但言官對他的能力頗有微言，呂很快便去職。〔註79〕

〔註78〕《長編》，卷三百九十五，元祐二年二月乙未條，頁9632；卷三百九十八，元祐二年四月己酉條，頁9718；劉攽：《彭城集》，卷二十二〈制誥‧趙濟可降一官差唐州酒稅制〉，頁309。按李燾認爲王嚴叟《朝論》所記奏劾趙濟的月日有誤，不應是四月己亥（十八）。因趙濟於二月乙未（十二）已被責監唐州酒稅。考趙濟《宋史》無傳，他在元祐二年的事蹟不詳。

〔註79〕《長編》，卷三百九十五，元祐二年二月戊戌至己亥條，頁9636～9637；辛亥條，頁9642～9643；卷四百，元祐二年五月癸丑條，頁9742。呂公孺在秦州才三個月，就以病請辭。五月癸丑（初二）他罷爲秘書監，知秦州一職改由知永興軍曾孝寬代之。宋廷不肯用葉康直知秦州，所用的呂公孺卻被殿中侍御史孫升評得一無是處。不過，宋人對呂公孺的整體評價都很正面，孫升的看法有偏見之嫌。參見第六章註67。據宋人筆記所載，顧臨字子敦，爲人偉儀幹而好談兵，劉邠視之爲「顧將軍」，而又好以反語呼之爲「頓之姑」，他也是那種剛猛好強的人。參見魏泰：《東軒筆錄》，卷十一，頁125。

　　三月戊辰（十六），西夏進奉使祝能野烏裕實克等入見於延和殿，並進馬及駱駝二百七十頭匹，稱謝宋廷之冊封及賞賜。是月宥州牒送還陷蕃漢民三百十八人。宋廷依照協定，詔陷蕃漢民回到宋境後，就歸還葭蘆、米脂、浮圖、安疆等四城寨。其餘不屬可歸還的城寨地，就各委官員畫定界線，開立壕堠。在歸還四寨之事上，左司諫王巖叟最熱心，屢次上奏主張盡快施行，以撤回駐軍，節省邊用。〔註80〕宋廷又在三月底，將之前調往鄜州的熙河老將康識真除其任，那間接地表示不會將康調回熙河。當制的蘇轍解釋這次決定，是「朝廷急於用人，故士有以資未應格進攝事者。爾以才智足用，擢守鄜時，歲月既久，治辦有聞，俾正闕官，益思所報。」〔註81〕

　　舊黨朝臣大概認為不需要再在熙河投放兵財，故不需將熙河作為國防前線。不過，他們對敵人退讓妥協的政策，以至輕易棄地的主張，對於康識這些以鮮血千辛萬苦奪取四寨的將士就不是滋味。

　　宋廷棄地消極的邊防政策，在四月馬上發生惡果。是月丙戌（初五），洮東沿邊安撫司即上報，一向對宋廷恭順的青唐大酋鬼章派其子結瓦齪（？～1099）率兵入寇。宋廷即詔熙河蘭會路經略使劉舜卿相度此事，查究這次鬼章所派的兵馬次第，若只是在邊境屯泊，未深入為寇，就速用蕃字書差人送與鬼章，委曲開諭安撫，並據理索回擄去的人口和孳畜，務求他退兵。若鬼章已深入宋境，料難和解，就速選派將領統制近便蕃漢精兵，並諭趙醇忠、包誠、包順等得力蕃官，依向來之制驅策之，於青唐兵馬來路近便處屯泊，以張大聲勢，堅壁清野以待。若在外有需保護的蕃部帳族，則隨事應敵，不得失卻機會。宋廷指示劉舜卿，務在持重，不可先舉，亦不得輕易追逐，致落入姦計。宋廷又稱，根據探到情報，稱一旦鬼章在南邊侵犯，邈川青唐與西夏就相應來援入侵。為此，現正修築的蘭州西關堡及定西城一帶，尤其要設防備，不可只注意洮州而不慮東北方的敵兵行動。宋廷囑劉舜卿每事要深究利害，不要誤國生事。於包誠等得力蕃官，就預先告諭，若能戮力捍賊，使無侵掠，或自立其功，就優與推恩。宋廷對此

<hr>

〔註80〕《長編》，卷三百九十六，元祐二年三月戊辰條，頁9653；卷三百九十七，元祐二年三月辛巳條，頁9671～9674。

〔註81〕《欒城集》，中冊，卷二十九〈西掖告詞六十一首‧康識權發遣鄜州今落權發遣〉，頁611；《蘇轍年譜》，頁357，360。按此制文在〈黃好謙知澶州制〉之後，在〈李清臣資政殿學士知河陽制〉前，前者撰於三月戊寅（廿六），後者撰於四月戊申（廿七），疑康識此制撰於四月中。

一邊警，實在措手不及，沒有想到宋廷願與夏談和而不惜棄邊防要地時，青唐鬼章卻聯夏犯邊。這時首相呂公著又屢表求罷，並即時歸私第。高太后多方挽留，呂才肯暫時留任。〔註82〕

當舊黨主政者一廂情願以為與西夏議和，歸還土地就可息兵，又以為只要向阿里骨曉諭一番，就可令鬼章退兵，卻情報不靈兼嚴重失實，不知夏人暗中聚兵天都山。而阿里骨自立後，見宋廷對他輕慢，疑心宋廷對他不利，就暗中與西夏國相梁乙逋（？～1094）通款，約以熙、河、岷三州歸青唐，蘭州、定西城歸西夏，而鬼章又暗中以印信文字結納漢界屬戶為內應。宋廷收到洮東經略司奏報的翌日（丁亥，初六），鬼章已奉阿里骨之命攻佔洮州，擄蕃官趙醇忠，殺屬戶大首領經幹穆等數十人，駐兵常家山，分築洮州為兩城以居。北城周四里，樓櫓十七，南城周七百步，樓櫓七，跨越洮州為飛橋。並命其子結瓦齪入寇洮東。〔註83〕

劉舜卿卻不知洮州已失守和趙醇忠被擄之事。他大概在四月辛卯（初十）前後向宋廷報告軍情，宋廷要到在同月癸卯（廿二）才收到他的奏報。劉的報告還只說鬼章領人馬於洮州生熟戶雜居地以東一帶，打擄順漢人戶和牲畜。劉說這亦是羌人常事，並說已令遵博斯吉齎蕃字書諭阿里骨，要他約束鬼章放散人馬，歸還擄劫人戶和孳畜。阿里骨如肯聽從，邊事便會止息。劉舜卿如此輕描淡寫地奏報邊情，宋廷就只詔要他小心審度鬼章情勢，如鬼章敢深入，就令劉舜卿伺機而行，不要令敵勢猖獗。〔註84〕劉舜卿於熙河人地生疏，又沒有做好情報工作，他麾下也沒有得力的助手，故並不清楚青唐蕃部的情勢。不幸的是，宋廷卻據他的奏報而對青唐及西夏的入寇掉以輕心。

劉對敵情估計不足，幸而熙河老將、知蘭州兼管勾蘭會路沿邊安撫司公事王文郁未有輕慢，他在四月丁未（廿六）上言，以劉舜卿以牒催促，令他赴蘭州西關堡催促未了工役，他已部領將兵前去修築。宋廷怕蘭州有失，於是詔劉舜卿別選擇將官往西關修築，替代王文郁回守蘭州，並令於禁軍六千人內只留下二千人服役，另別募一千五百人代替，其餘四千人就遣歸蘭州。

〔註82〕《長編》，卷三百九十八，元祐二年四月乙酉條，頁 9699～9700；《宋會要輯稿》，第十六冊，〈蕃夷六‧吐蕃〉，頁 9919。

〔註83〕《皇宋十朝綱要校正》，卷十二〈哲宗〉，頁 342；《宋史》，卷十七〈哲宗紀一〉，頁 324；卷三百四十九〈劉舜卿傳〉，頁 11063；《長編》，卷四百，元祐二年五月癸丑條，頁 9743。

〔註84〕《長編》，卷三百九十九，元祐二年四月癸卯條，頁 9721。

若西夏侵犯蘭州，等敵軍逼近城下，就急報總領官孫路結成陣隊，往西南依險避敵，或由小路退往河州，或往熙州權駐泊，不得東迎敵鋒，落入敵人姦計。〔註85〕宋廷此番佈置，給人被動與只作消極防禦。與李憲當年採主動渡河出擊，實有很大的差別。真有將軍一去，大樹飄零之感，宋廷把李憲在熙河得力的部屬趙濟、李浩及康識等罷去，現時就遇上劉舜卿不知敵情之危機。幸而劉也算頗有勇智，後來還能挽回危局。

　　宋廷言官從御史中丞傅堯俞、侍御史王巖叟、監察御史上官均（？～1101後）到右諫議大夫梁燾並不知西北局勢大變，在四月乙巳（廿二）開始，他們還不斷上奏，痛劾其視爲依附新黨的尚書左丞李清臣，說他尸位素餐，無所建明，請高太后將李罷免。其實李清臣並非毫無識見，他在西北事務有所建言，他與安燾見解相近，反對輕率棄地。李最後受不了言官的壓力，於四月戊申（廿七）自請補外，宋廷就授他資政殿大學士出知河陽。〔註86〕數天後（五月癸丑，初二），鬼章引步騎七萬人圍河州南川寨（今甘肅臨夏回族自治州臨夏縣新集鎮），焚廬舍二萬五千區，發窖粟三萬斛，脅從杓、羊家二族六千口，並引導西夏軍數萬人攻定西城，敗宋軍，殺定西城監押吳猛而去。〔註87〕

　　宋廷仍未收到鬼章圍攻河州南川寨及夏軍攻定西城的戰報，五月乙卯（初四），樞密院上言，按照四月丁未（廿六）的詔旨，本來怕西夏大軍進逼蘭州，負責修城的宋軍須要往西迴避。現時既然探報必無大兵深入，那就等有敵馬漸逼役所，以及在眾寡不敵的情況下，宋軍才可退往要地，據險禦敵，並宜入側近堡寨併力守禦，而不退返熙州和河州，免得被敵軍追襲。至於在役所和雇的禁軍一千五百人，亦需要椿留甲仗器械，準備迎戰。宋廷從之，詔劉舜卿依此及原降的詔旨施行。〔註88〕宋廷料想不到，情勢的惡化，已超乎詔旨所說的那樣。

　　五月戊辰（十七），樞密院終於收到熙河蘭會路經略司的奏報，曉得青唐與

〔註85〕《長編》，卷三百九十九，元祐二年四月丁未條，頁9731。
〔註86〕《長編》，卷三百九十九，元祐二年四月乙巳條，頁9727～9729；戊申條，頁9734。考李清臣曾爲李憲大將苗授撰寫步軍都虞候制，又爲苗授母宋氏撰寫墓誌銘，他與時任步帥在京統率禁軍的苗授的交往待考。
〔註87〕《長編》，卷四百，元祐二年五月癸丑條，頁9743～9744；《皇宋十朝綱要校正》，卷十二〈哲宗〉，頁342；《宋史》，卷十七〈哲宗紀一〉，頁324。考李燾對於鬼章擄趙醇忠及殺經幹穆的月日並未確定，他以劉舜卿在四月癸卯（廿二）上奏宋廷，仍未提到此事，而疑此事當在四月末。
〔註88〕《長編》，卷四百，元祐二年五月乙卯條，頁9745。

西夏連結，並犯定西城，殺監押吳猛，以及犯涇原路蘭家堡，及於漢界擄掠人畜，焚毀屋舍的事。但樞密院仍以西夏去年乞和，頗見恭順，恐怕是邊臣生事所致，樞密院請令鄜延帥趙禼廣募向來信實的人，厚予金帛，令深入西夏，直至興州、靈州，密訪西夏侵犯之由，審實急奏以聞。高太后從之。宋廷所委的趙禼對熙河的防務卻不熱心，趙於是日上言，說蘭州西關城，請宋夏畫界後才進築。樞密院即澄清熙河蘭會路新復的城寨，並不屬於歸還的城寨，現時要修的西關只是修葺舊堡，並非新建。日前西夏移文，只爭議朱梁川曾有開耕土地，而不及西關。而且劉舜卿奏西關已畢工，並誡約諸路，務令靜守。宋廷即將樞密院之言抄予趙禼，並重申舊令，以諸路聞知熙河及涇原曾有夏軍出沒，實為邀功請賞的人乘勢張皇，造作邊事。令帥臣常應切實彈壓持重，不要輕動，滋長邊患，若敢有違，雖有立功，不但不賞，還會量罪降黜。〔註89〕

宋廷中樞及趙禼對青唐西夏聯手入寇一事的態度，不是認識錯誤，就是漠不關心，真讓人啼笑皆非。就在翌日（己巳，十八），劉舜卿奏上一通教人喪氣的報告，他劾蘭州蕃兵將韓緒不審察虛實，誤報提舉修西關堡孫路等停止修築。請將他貶降。並委皇城使鄜延路第九將郝貴代其職。宋廷從之。同日，宋廷才收到洮西緣邊安撫司報告，說青唐兵圍南川寨已八日。宋廷詔劉舜卿多設方略救援，所有供應河州屯聚並經略司各次派去的軍馬合用糧草，就令本路漕臣孫路就近供應。為了應付夏軍進攻涇原，宋廷詔以鄜延路鈐轄兼第一將呂真權發遣涇原路副總管。〔註90〕

樞密院在同月乙亥（廿四）奏上青唐兵馬圍攻河州南川寨的戰況，說熙河每州軍現屯的漢蕃兵馬當暑暴露，請行體恤。並請下詔劉舜卿需躬問士卒勞苦以及糧食多寡，仍依舊例從宜撫恤，隨時資助，使士卒無愁苦而樂於赴敵，以符朝廷撫士之意。樞密院又請質問熙河帥司，為何南川寨自初二被圍，日夕望救，王光祖、王贍、姚兕、种誼（？～1096 後）諸將各統領所部軍馬前去會合牽制，至今多日，為何未奏解圍情況？請宋廷令劉舜卿嚴諭權涇原鈐轄王光祖等體認南川寨人力糧儲有限，現時已圍閉多日，勢孤力弱，務要盡速應援，不得以伺機為由，任敵攻陷，玩寇損威，誤國大事，以至師老糧匱，坐取困乏。並請厚給金帛，召募死士，許以重賞，取間道去南川寨投下文字予守軍，使知救兵已到，安心守禦。等到敵軍退卻，其守城及出戰的人

〔註89〕《長編》，卷四百一，元祐二年五月戊辰條，頁 9766～9767。
〔註90〕《長編》，卷四百一，元祐二年五月己巳條，頁 9768～9769。

等自當優賞。高太后對樞密院所請均准奏施行。〔註91〕

今次青唐聯合西夏入寇的事，宋廷前鬆後緊，當收到南川寨被圍的消息，宋廷中樞就像熱鍋中的螞蟻，不知如何應變。宋廷所以進退失據，其實就像神宗長期面對的死結：因無法收到確切和及時的戰報，故不能對和戰攻守作出準確的判斷。神宗後期委李憲以軍政大權，許他便宜行事，正是補救信息不通的致命傷。李憲被罷後，陝西諸路各自為政，帥臣對他路的防務基本上漠不關心，若帥臣對本路情況了解不深，就易出亂子。熙河新帥劉舜卿雖非庸才，但他顯然對本路的情況及下屬的能力認識不深，於是問題叢生。李燾對鬼章如此猖獗，有很好的分析，他認為元祐初年，朝臣專務安靜，罷李憲的制置府，減熙河戍卒，削去冗官，原來李憲麾下的握兵將官相繼以罪罷去，於是鬼章有窺覦故土之心，與西夏暗中連結，約分其地，並自領兵攻南川寨，城洮州，使其子結瓦齪往宗哥城請阿里骨增兵來援。而阿里骨以鞍馬報聘甚厚，就派人賣馬漢界，結屬羌為內應，凡受邀約的以堊本族蕃塔為驗，結果自熙河五郡，以至秦、渭、文、龍、階、成等州，及鎮戎軍、德順軍兩軍，堊蕃塔而應的人十已七八，而宋人不知。當時只有种諤幼弟、知岷州种誼刺得其情，以為不除鬼章，邊患不能息，於是暴其姦狀，並條具攻取鬼章的好處，申報經略司凡十餘狀，但劉舜卿卻不予理會。因為劉疏於職守，才發生青唐與西夏聯合入寇的事。〔註92〕

據《長編》的記載，种誼見劉舜卿不理他的建議，於是直接報告宋廷，宋廷下其議於經略司，但劉依舊輒加沮抑。宋廷開始生疑，擇可使者與劉商議。執政推薦軍器監丞游師雄（1037～1097），宋廷即命他為熙河蘭會路勾當公事，游以軍情緊急，不能等候朝廷中覆，請求給他專決之權。宋廷從之。他的勾當公事身份，有一點像當年李憲所帶的勾當公事的權力。〔註93〕

〔註91〕 《長編》，卷四百一，元祐二年五月乙亥條，頁9771。

〔註92〕 《長編》，卷四百二，元祐二年六月甲申條，頁9777～9778。种誼字壽翁，是种諤的幼弟，初舉進士，後因种古的入對而得補三班奉職，繼而在高遵裕的部下，參預取洮、岷州的行動，後來轉投李憲的麾下，任左軍副將，參與蘭州渡河的作戰。他以戰功累遷西京左藏庫副使、熙河路第七副將。他在元豐五年出使青唐，並認識鬼章，識破他的詭計。他後來擔任熙河路都監。他的生平事蹟及其一戰成名的元祐二年八月洮州之戰始末，可參閱曾瑞龍：《北宋种氏將門之形成》（香港：中華書局，2010年5月），附錄四，〈种誼洮州之戰始末〉，頁172～181。

〔註93〕 《長編》，卷三百七十八，元祐元年五月戊辰條，頁9173；卷四百二，元祐二年六月甲申條，頁9778。游師雄字景叔，京兆人。他先後任趙卨和范純仁的機宜文字，深受二人的賞識。他反對放棄四寨，因進《分疆語錄》二卷，但

青唐的兵馬攻圍南川寨多日不克，終於解圍而去。宋廷收到報告後，於五月己卯（廿八），令所有應援的漢蕃軍，由劉舜卿以勞逸輕重等第給賞。南川寨的守城漢蕃軍兵及婦女，如晝夜捍禦有勞效的，亦依則例輕重支給賞賜，其立戰功及守捍有勞與受傷的人，皆以等第保明以聞。〔註94〕

游師雄在五月底或六月初奉命前往熙河，六月甲申（初四），鄜延帥趙卨上言，說聞得蘭州進築西關城，又聞說欲增展康古寨，他認為此兩處都是西夏必爭之地，請宋廷降約束諸路各守舊疆，不宜再有侵占。在邊臣中，趙卨是力主棄地一派，他對蘭州的防守並不關心。宋廷收到其奏後，作出回應，命曾兩度任他機宜文字的新任熙河蘭會勾當公事的游師雄，會同劉舜卿研究應否修築二城，並該如何措置而不生事。〔註95〕幸而宋廷找對了負責熙河事務的人，而李憲的部將种誼等又十分得力。

六月戊子（初八），劉舜卿上奏宋廷，稱緣邊安撫司狀報，訪查得蕃部溫溪心並兀征齊延等以次首領部落，都有投誠之意，請派人偵伺敵情，庶緩急之間，不失機會。宋廷即詔劉詳加審察此事，若他們果真歸順，就應加賜官職請受。他們若要整部來歸，就未可輕許，只防有詐。同日，游師雄上奏，請在他往熙州時錫賜一向效力的蕃部首領包順、趙醇忠和李奇爾華等。宋廷准奏，令他宣示朝廷存撫之意，並令劉舜卿審度合賜的禮物等第，於隨軍庫索取，由劉以經略使名義諭旨給賜。壬辰（十二），劉舜卿上奏宋廷，請撫恤在定西城戰死的權監押守將吳猛。宋廷詔吳猛及死事兵校等推恩加賜，其輕重受傷人，令經略司依條格施行。就在同一天，刑部上奏，份屬責降人的李憲，以延福宮使、宣州觀察使、提舉明道宮的身份，現到了檢舉牽敘的時候。宋廷卻詔再等一期才取旨決定李憲可否牽復舊官。〔註96〕

宋廷到了聞鼙鼓思良將的時候，仍不肯放下對李憲的成見。看到劉舜卿

主政大臣不聽，卒棄四寨。早在元祐元年五月戊辰（十二），當他為宣德郎時，獲已陞任同知樞密院事的范純仁舉薦，宋廷令中書省記其姓名。大概是范純仁之薦，以他熟知西事，故命他為熙河蘭會勾當公事。他的生平可參見張舜民（？～1101 後）：《畫墁集・附補遺》，《叢書集成初編》本（北京：中華書局，1985 年新一版），補遺〈墓誌・游公墓誌銘〉，頁 73～80；另載曾棗莊、劉琳（編）：《全宋文》（上海：上海辭書出版社，2006 年 8 月），第八十三冊，卷一八二零〈張舜民八・游公墓誌銘〉，頁 361～368。

〔註94〕 《長編》，卷四百一，元祐二年五月己卯條，頁 9773。
〔註95〕 《長編》，卷四百二，元祐二年六月甲申條，頁 9777。
〔註96〕 《長編》，卷四百二，元祐二年六月戊子條，頁 9781～9782。

的進退無方，邊帥如趙禼自掃門前雪，宋廷應至少找人問一下李憲的意見。有誰比李憲更清楚熙河的事？李憲遺憾的是，當年神宗要他購鬼章之首，他無法達成，如今眼看鬼章成為宋廷的大患，他卻無計可施。

宋廷復用的老將郭逵在是月甲午（十四）以言語蹇緩，步履艱難，終被罷為左武衛上將軍提舉崇福宮。他早在知潞州時已被河東轉運使論其不能任事。郭逵原來的河中府遺缺，在元祐二年六月戊申（廿八），就由葉康直以權陝西轉運副使朝奉大夫加直龍圖閣替補。中書舍人劉攽撰寫制書，稱許葉康直「爾將漕陝服，歷年於茲。金穀之用無乏，羌戎之警鮮上。結課之最，朕用嘉之。惟蒲中之要藩，居三河之勝地。擇守之慎，得人攸艱，付虎符之優寄，增龍馬之峻秩，寵勤休逸，併以賚汝。勉服休命，益圖來效。」承認葉康直是稱職的邊臣。〔註97〕宋廷舊黨主政者不用李憲，而用郭逵，純以喜惡用人。

六月辛丑（廿一），不為言官所喜的同知樞密院事安燾終擢為知樞密院事。安燾處事審慎，他怕鬼章不久再大舉，在甲辰（廿四）便上言，對熙河路裁軍之安排作出修訂，他以本來熙河路戍兵較多，原議年滿二千餘人就節次抽減歸營，而現時本路所管戍兵比原額還多一千三百人。現在朝旨令熙河蘭會路都總管司，遇本路緩急缺人，就許於秦鳳路勾抽一將應付。但本路在是月發生事故後，怕向秋缺人防守，就請熙河路都總管司遇到本路緩急缺人，就全抽調秦鳳路九將應付差使，並從京師差步軍五指揮往永興軍、商州（今陝西商洛市商州區）、虢州（今河南三門峽市靈寶市）等地權駐紮，以備秦鳳路勾抽。宋廷從之。〔註98〕

同月丙午（廿六），孫路奏上宋廷，為時三月的修築蘭州西關堡的工程完成，請嘉獎負責是項工作的知蘭州客省使榮州團練使王文郁。宋廷詔孫路及王文郁各支銀絹一百兩疋，降敕書獎諭。走馬承受以下，各以等第減年磨勘，而敢勇壕寨均各賜銀絹有差。當制的蘇軾在兩天後（廿八），分別為孫路和王文郁撰寫兩道制文以表揚之。另在同日，宋廷以邈川首領結藥為三班奉職，結藥在青唐位次於溫溪心，擁眾五千。他曾派人往漢界密報鬼章築城

〔註97〕《長編》，卷四百二，元祐二年六月甲午條，頁9784；戊申條，頁9791；卷四百十八，元祐三年十二丙戌條，頁10137；劉攽：《彭城集》，卷二十三〈制誥‧陝西轉運副使葉康直可直龍圖閣知河中府制〉，頁328。按郭逵於元祐三年十二月丙戌（十四）卒。

〔註98〕《長編》，卷四百二，元祐二年六月辛丑條，頁9785；甲辰至丙午條，頁9789～9790。

洮州事，但其密使爲阿里骨所獲，他怕謀泄漏，就領妻子歸宋，故宋廷授他此職。〔註99〕

　　西夏爲配合鬼章，於七月辛亥（初二）入寇鎭戎軍諸堡。〔註100〕戊辰（十九），因邊防吃緊，宋廷詔李憲麾下勇將、熙河蘭會路鈐轄苗履從速起程赴本任。而李憲另一舊僚葉康直也在翌日（辛未，二十），因邊帥難求，宋廷終於委他自河中府徙知秦州。這次又是劉攽當制，承認葉康直「以某前奉使，指臨安陝，服智之所及，事乃無曠。至其攝涖漢陽，頗歷時序，士服熟其訓練，民便安其簡便，審羌虜之情僞，解山川之要害，因而任之，成效宜速。俾以蒲中之寄，以究隴上之治。」〔註101〕

　　知岷州种誼在八月戊戌（十九），以奇襲的方式收復洮州，並擒獲李憲多年不能擒到的青唐大酋鬼章。這一場漂亮的勝仗，既爲种誼本人及种家將，也爲熙河將士掙了很大的面子。种誼首先以金帛收買了鬼章的部下卦斯敦什寧，使他伺探鬼章的動靜。卦斯敦果然使人密報种誼，鬼章正駐洮州，而其部巴羅桑、阿克衮等軍馬已放返本族，鬼章身旁只剩下密疊、強揚等數族軍馬萬人。种誼馬上稟告於七月壬子（初三）趕到熙河的游師雄和主帥劉舜卿，請以熙河蕃漢軍及通遠軍蕃兵五將合岷州兵馬，直趨洮州。游師雄同意他的方案，但劉舜卿猶存觀望，不願出兵，仍以堅壁清野之計待之。游師雄多方勸諭，又請立趙醇忠代替阿里骨，劉仍不從。未幾夏主乾順盡召十二監軍兵，屯於會州天都山西南，由夏國母梁氏及其相梁乙逋統之，營於蘭州及通遠軍外，打算與鬼章合謀入寇。這邊阿里骨發河北兵十萬，由講珠城橋渡河，進圍河州，又發廓州兵五萬餘人，與夏軍會於熙州城東的王家平。游師雄諜知此事，就迫劉舜卿當機立斷，說事已危急，不能再待奏稟宋廷才行動，應由

<hr>

〔註99〕　《長編》，卷四百二，元祐二年六月丙午條，頁9789～9790；《宋會要輯稿》，第十六冊，〈蕃夷六・吐蕃〉，頁9919；《蘇軾文集》，第三冊，卷四十一〈內制敕書・賜權陝府西路轉運判官孫路銀絹獎諭敕書・元祐二年六月二十八，爲築蘭州西荊堡成，下同〉、〈賜知蘭州王文郁銀絹獎諭敕書・元祐二年六月二十八日〉，頁1180～1181。蘇軾在制詞中稱許孫路「宣力計臺，悉心邊政。相視衿要，繕完保郭。詎用有成，不愆於素。使虜無可乘之便，民有足恃之安。乃眷忠勤，不忘嘉嘆。」蘇對王文郁的制詞則云：「汝以禦侮之才，當專城之寄。百堵皆作，三月而成。非咸服民夷，身先士卒，則安能以一時之役，成無窮之利。達於朕聽，良用嘉嘆。」

〔註100〕《長編》，卷四百三，元祐二年七月辛亥條，頁9800。

〔註101〕《長編》，卷四百三，元祐二年七月戊辰至辛未條，頁9820；劉攽：《彭城集》，卷二十一〈制誥・新知河中府葉康直可知秦州制〉，頁289～290。

种誼出兵，急裝輕齎，向洮州而進。劉仍以敵眾我寡爲辭，不肯出兵。游認
爲成功在謀不在眾，此機若失就後悔莫及，他許諾若不成功，他願授首。經
游三夕不停勸說，劉才不得已從之。

　　劉舜卿會合諸將，命熙河總管姚兕部洮西，領武勝正兵合河州熟戶，攻講
珠城，脅取倫布宗部族，並派人走閒道焚河橋，以絕西夏之援。种誼部洮東，
以岷州蕃將包順爲先鋒，由格隆谷會通遠寨蕃兵，夜渡巴凌川。兩軍在八月甲
午（十五）出師。姚兕部在乙未（十六）破倫布宗城，百里內焚蕩無孑遺，斬
首千餘級，丙申（十七）攻講珠城，殺傷相當。早上勇將趙隆率眾先至，毀其
飛橋，以絕其援。不久，羌兵十萬趕至，但不得渡而潰。丁酉（十八）夕，种
誼軍至洮州，壁於青藏峽，會夜間大雨。及旦，重霧晦冥，种誼乘機圍城，宋
軍部署剛畢，霧忽然散。羌兵以爲宋軍從天而降，馬上登城拒守，宋兵四面攻
之。羌兵城守未備，遇上宋兵士氣高昂，皆奮勇鏖鬥，呼聲震天而一鼓破洮州
城，擒獲鬼章及其大首領九人，斬首一千七百級，獲牛羊器甲芻糧數萬。城中
守軍萬餘人遁入洮水而溺死者半。游師雄以檻車將鬼章送京師。宋軍大獲全勝，
此戰是李憲在六逋宗之役大破青唐冷雞朴後，另一場意義重大的大捷。〔註102〕

　　宋廷首先獎賞不從鬼章犯邊及密報軍情的西蕃首領伊州刺史心牟欽氊和
禮賓副使溫溪心。庚子（廿一），前者加銀州團練使，後者遷瓜州團練使，並
各增茶綵及賜銀絹有差。翌日（辛丑，廿二），涇原路報夏軍寇三川諸寨，但
很快又退去，大概知道鬼章兵敗之事。〔註103〕

〔註102〕 張舜民：〈游公墓誌銘〉，頁363～364；《東都事略》，卷六十一〈种世衡傳附
种誼傳〉，葉六下至七上；《長編》，卷四百二，元祐二年六月甲申條，頁9778
～9779；卷四百四，元祐二年八月戊戌條，頁9840～9843；卷四百九十九，
紹聖四年七月丁巳條，頁11610；《皇宋十朝綱要校正》，卷十二〈哲宗〉，頁
343；《宋史》，卷十七〈哲宗紀一〉，頁325；卷三百三十二〈游師雄傳〉，頁
10688～10689；卷三百三十五〈种世衡傳附种誼傳〉，頁10748～10749；卷
三百四十九〈劉舜卿傳〉，頁11063；卷三百五十〈趙隆傳〉，頁11090；曾瑞
龍：《北宋种氏將門之形成》，附錄四，〈种誼洮州之戰始末〉，頁172～175。
按游師雄在紹聖四年七月丁巳（初六），以朝奉郎直龍圖閣卒於陝州任上。
〔註103〕 《長編》，卷四百四，元祐二年八月戊子至辛丑條，頁9843～9844；卷四百
二十一，元祐四年正月戊戌條，頁10196；《宋會要輯稿》，第十六冊，〈蕃夷
六·吐蕃〉，頁9919；周密：《雲煙過眼錄》，卷上，頁30。據周密所記，溫
溪心在元祐三年閏十二月辛酉（十九）進名馬照夜白，宋廷嘉他恭順，亦爲
進一步籠絡他，在元祐四年正月戊戌（廿七），接受熙河帥劉舜卿的建議，詔
封溫溪心妻轄索諾木布摩縣君，月給茶絹有差。

　　宋廷在是月丁未（廿八）收到劉舜卿的捷報，早一天，翰林學士蘇軾上言，稱他已知擒獲鬼章，說以偏師獨克敵，固亦可喜，然聞說宰相想第二天便要朝賀，實在太快，因必續有奏報。他認為「若捷奏朝至，舉朝夕賀，則邊臣聞之，自謂不世之奇功，或恩遇太過，則將驕卒惰，後無以使。」然而宰臣已等不及，於翌日（庚申，廿九）便以復洮州俘獲鬼章，率百官表賀於延和殿。宋廷太需要一場像樣的勝利，以掃去棄地而未能獲得和平的恥辱。宋廷詔令劉舜卿告諭羌人免罪，願率眾歸漢的收納。又諭鬼章子結瓦齪限五日內同首領入漢地，則其父可免死，而也會給他官祿，其餘各賜銀絹有差。〔註104〕

　　蘇轍與其兄一樣，並不為洮州之勝利而雀躍，他還上書論鬼章入寇的原因，其中仍稱宋廷忽命熙河點集人馬，大城西關，並聲稱來年當築龕谷，是引起敵人不安而致入寇的原因。他又批評宋廷近日添兵屯將，增廣邊儲，議絕和市，使熙河使臣招徠阿里骨、鬼章、溫溪心等的方法不妥。他更認為冊封阿里骨是致寇的原因。〔註105〕像蘇轍這些朝臣，他們對禦邊的想法與邊臣常常南轅北轍，誰也說服不了誰。他們對李憲等之恨惡，很大程度是不同意其進取的主張。

　　九月辛亥（初二），宋廷賜熙河蘭會路种誼以下將兵銀合茶藥有差，以賞他們討蕩西蕃犯塞部族，焚奪河橋得勝回塞。有趣的是，宋廷卻命反對厚賞的蘇軾撰寫口宣。蘇軾只好簡要地寫：「有敕。汝等受成元帥，問罪種羌，既俘凶渠，備見忠力。各加犒賜，用示眷懷。」高太后又特遣中使賜宰臣及執政酒果，並黃金三百兩，犀帶兩條。並諭旨他們不得辭免。呂公著等與蘇軾兄弟一樣，怕這場勝利會讓西邊將帥未來貪功生事。呂公著只是以小牘將他的想法告訴文彥博，蘇軾卻是在丁巳（初八）正式上書大談他對擒獲鬼章後，宋廷對西夏與青唐應採的政策。他所論的似乎比乃弟高明和合理一點，他說「朝廷之間，似欲以畏事為無事者。夫以為國不可以生事，亦不可以畏事，畏事之弊，與生事均」。不無諷刺的是，蘇軾在三日前（初五），還得奉旨撰寫〈生擒西蕃鬼章奏告永裕陵祝文〉，他記述「自嘉祐末，兀征擾邊，至熙寧中，董氈方命。於赫聖考，恭行天誅。」他特別強調神宗「非貪尺寸之疆，蓋為民除蟊蠆。遂建長久之策，

〔註104〕《長編》，卷四百四，元祐二年八月丙午至戊申條，頁 9850～9853；《宋會要輯稿》，第十六冊，〈蕃夷六・吐蕃〉，頁 9920；《蘇軾文集》，第二冊，卷二十八〈奏議・論擒獲鬼章稱賀太速箚子〉，頁 797。

〔註105〕《長編》，卷四百四，元祐二年八月戊申條，頁 9852～9858；《欒城集》，中冊，卷四十一〈戶部侍郎論事八首・論西事狀〉，頁 904～909。

不以賊遺子孫。」在祝文的結尾，還特別說「謹當推本聖心，益修戎略。務在服近而來遠，期於偃革以息民。」蘇軾尚在侃侃而談如何與西夏息兵時，涇原路又在兩天後奏夏人犯鎮戎軍。〔註106〕

靠部下奮戰而得勝的劉舜卿在九月辛酉（十二）上言，請削奪阿里骨官爵，令歸順多年的木征弟巴氈角遙領青唐。宋廷這次處置審慎，詔劉先撫納河南生羌，若講珠（朱）城未能下，就先以禍福曉諭阿里骨，其屬朗格占（氈）仍許以諸司使，令誘致磋藏、丹貝、葉公諸族，其首領即可次第補授一官。若朗格占能招撫鬼章舊部族地土，即視鬼章官祿推賞。另外，宋廷在兩天後（癸亥，十四）也賜劉之部將、熙河路副總管姚兕等銀合茶藥。這回撰寫口宣又是蘇軾，縱使他不同意宋廷命將出兵，但職責所在，也得稱許姚「武略過人，忠義思報。焚蕩虜境，宣明國威。特示寵頒，以觀來效。」〔註107〕

因環慶路經略使范純粹指揮得當，入侵涇原的西夏軍在兩天後（乙丑，十六）被環慶路副總管曲珍率軍出境三百里，在橫山之曲六律掌挫敗，宋軍斬首一千二百級。而知蘭州王文郁也遣兵掩擊於西關堡及講珠城的夏軍，斬獲千級。夏軍兩路受挫，就解涇原之圍而去。宋廷賞功，曲珍在是月丙寅（十七）加果州團練使。〔註108〕因宋軍奮戰，這一場由青唐聯合西夏的寇邊危機得以化解。

當邊庭的將士正因連番得勝而雄心勃勃時，朝中的文臣卻持反調。蘇軾在九月丙子（廿七）再上言，他說神宗當年西北用兵，本在弔伐，他指責「貪功生事之臣，惟務殺人爭地，得尺寸之土，不問利害，先築城堡，置州縣，使敵人憎畏中國，以謂朝廷專欲得地，非盡滅我族類不止，是以併力致死，莫有服者。」他雖沒有點李憲的名字，而所指責的卻都是神宗命李憲等做的事。他又憂慮「今日新獲鬼章，威震戎狄，邊臣賈勇，今欲立功，以為河南之地指顧可得，正使得之，不免築城堡，屯兵置吏，積粟而守之，則中國何

〔註106〕《長編》，卷四百五，元祐二年九月辛亥至己未條，頁 9861～9866；《蘇軾文集》，第二冊，卷二十八〈奏議・因擒鬼章論西羌夏人事宜箚子〉，頁 798～800；第三冊，卷四十一〈內制口宣・熙河蘭會路賜种誼巴下銀合茶藥及撫問犒設漢蕃將校以下口宣・元祐二年九月二日〉，頁 1199；卷四十四〈內制祝文・生擒西蕃鬼章奏告永裕陵祝文・元祐二年九月五日〉，頁 1291。
〔註107〕《長編》，卷四百五，元祐二年九月辛酉條，頁 9868；《宋會要輯稿》，第十六冊，〈蕃夷六・吐蕃〉，頁 9920；《蘇軾文集》，第三冊，卷四十一〈內制口宣・賜熙河路副總管姚兕等銀合茶藥口宣・元祐二年九月十四日〉，頁 1202。
〔註108〕《長編》，卷四百五，元祐二年九月乙丑至丙寅條，頁 9869～9871。

時息肩乎？」他批評當年王韶取熙河，若他有遠慮，只誅其叛者，而易以忠順之豪酋，現時就不會有事。他認爲現時兵連禍結，罷敝中國者，是以其地置郡縣所致。他反對邊臣取講珠城之議，又主張釋放鬼章，詔邊臣與他相約，若能使其部族討阿里骨而納趙醇忠，就給他生路，避免其子與阿里骨聯合報復，甚至聯結西夏。〔註109〕

　　十月乙酉（初六），蘇軾再申前議，主張以蠻攻蠻之計，利用鬼章與溫溪心及心牟欽氈等對付阿里骨。他既反對劉舜卿削奪阿里骨官爵之議，也反對接納阿里骨輸誠之請。〔註110〕東坡之論是否書生之見，見仁見智，但他所論只怕不爲邊臣所認同，尤其是被投閒置散的李憲及其熙河僚屬。

　　宋廷在是月庚子（廿二）厚賞收復洮州一役有功將校：功勞最高的种誼自莊宅使超擢橫班的西上閤門使並領康州刺史，供備庫副使傅遵道爲西京左藏庫副使，宮苑使彭保爲皇城使領茂州刺史，宮苑使韋萬爲左藏庫使，內臣皇城使階州防禦使帶御器械權本路鈐轄李祥擢宣政使，落帶御器械而除正鈐轄，左藏庫副使馬用誠超授爲左藏庫使，蕃官包順自西上閤門使階州防禦使爲四方館使，另一蕃官包誠自皇城使登州防禦使擢爲橫班的東上閤門使。各賜銀絹各五百。蕃官趙醇忠自皇城使通州防禦使也擢爲橫班的西上閤門使。自种誼至趙醇忠，都以收復洮州及俘獲鬼章而賞功。另果州防禦使姚兕擢四方館使，皇城使王光祖領威州刺史，供備庫副使楊和減磨勘一年，宮苑使王文振領嘉州刺史，皇城使開州團練使王贍轉一資，皇城使秦貴領昌州刺史，皇城使楊進領忠州刺史，蕃官西上閤門使雄州防禦使李忠傑爲東上閤門使，餘賞賜有差。自姚兕至李忠傑，以討羌人有功受賞。丙午（廿八），游師雄自宣德郎擢奉議郎充陝西轉運判官並賜緋章服，主帥劉舜卿也自龍神衛四廂都指揮使超授馬軍都虞候，遙領的高州刺史也遷團練使，表揚二人議邊事之勞。〔註111〕這一份長長的賞格，除了劉、游二人外，受賞的蕃漢將校，包括內臣

〔註109〕《長編》，卷四百五，元祐二年九月丙子條，頁 9872～9875；《蘇軾文集》，第二冊，卷二十八〈奏議·乞詔邊吏無進取及論鬼章事宜箚子〉，頁 800～802。

〔註110〕《長編》，卷四百六，元祐二年十月乙酉條，頁 9881～9882；《蘇軾文集》，第二冊，卷二十八〈奏議·乞約鬼章討阿里骨箚子〉，頁 803～804。

〔註111〕《長編》，卷四百六，元祐二年十月庚子條，頁9886；丙午條，頁9890；《宋史》，卷四百六十八〈宦者傳三·李祥〉，頁 13649。按在這一條，《長編》又將李祥再訛寫爲「李詳」。宋廷這次賞功，九年後，監察御史常安民（1049～1118）在紹聖三年（1096）爲种誼當年所得的陞賞太薄而抱不平，他力數當年鬼章將景思立的頭作漆爲酒器示人，教宋軍憤恨不已。他又說神宗曾下

李祥，泰半是李憲當年的熙河舊部，他們得勝而受厚賞，自然大受鼓舞。據
《隴右金石錄》所載的「平洮州詩碑」，不少陝西邊臣，包括秦鳳路提點刑獄
朝散郎喻陟、新差權通判岷州承議郎王純臣、監岷州鑄錢監孟州汜水縣主簿
劉禹卿，以及游師雄本人，均紛紛撰詩歌頌祝賀特別是立下奇功的种誼。〔註
112〕至於朝中那些從未任官邊地的言官高論與妙論，大概只成為自劉舜卿以下
的熙河將校僚屬的笑柄。

　　蘇軾主張釋放鬼章的妙論，幸而同知樞密院事范純仁和首相呂公著均不
認同，范純仁上言列舉眾多理由反對，特別指出若將戰士幾經辛苦才擒獲得
來的鬼章輕易釋放，甚至授以官爵，置之於秦鳳，那怎向自神宗朝以來被殺
的宋軍將士及蕃漢人民交待？又怎樣安撫今次立功將士？范以為將鬼章戮於
京師，既可震懾又想妄起事端的交趾，又上可伸神宗之怒，其次可正朝廷之
法，使四方知畏，並可雪踏白城及南川寨之讎，增戰士之勇，快神人之憤，
另可以使阿里骨知宋廷果於誅惡，不敢侮慢邀求，早日納貢。呂公著更痛斥
議者所謂熙河克捷，涇原守禦之功皆不足賞之歪論，他向高太后表示鬼章為
邊患二十年，神宗欲生擒他而不可得，今日高太后與哲宗不殺他已是厚恩，
還授他甚麼官？更怎可釋放他？他說將士在疆場立功，雖然不可過份賞賜，
但有勞不報，又如何使人效命？他這番淋漓盡致的話自然獲得高太后的接
受。宋廷於十月丙午（廿八），詔將鬼章換檻車，護送到大理寺劾治其罪以聞。
〔註113〕宋廷這番處置，李憲這些被貶的熙河前守臣也是樂見的。

　　宋廷在十一月丙辰（初八），按呂公著的宗旨，首先對西夏採比前強硬的
立場，詔鄜延路經略司，如西夏要通和，即令趙高等告諭，要他們先具謝表
及交回所在陷沒的宋人，待分畫邊界後，才可奏請通貢。四天後（庚申，十
二），宋廷再詔將鬼章獻俘於崇政殿，詰問他犯邊之狀，而論其罪當誅死。宋
廷令他招其子及部屬來歸以自贖。鬼章滿口應允，就釋其縛而繫於獄。壬申
（廿四），賞涇原路守臣禦西夏之勞，帥臣劉昌祚自馬軍都虞候擢殿前都虞

　　　重賞購鬼章，命李憲圖之十餘年不可得。而今种誼親冒鋒鏑，立此奇功，應
　　　功居第一，游師雄功應居次，劉舜卿不過心存觀望，勉從出兵，功宜居下，
　　　劉卻擢為馬軍都虞候，就實在對种誼不公平。參見《宋朝諸臣奏議》，下冊，
　　　卷九十七〈刑賞門・賞罰・上哲宗奏為种誼生擒鬼章未稱功・紹聖三年上〉
　　　（常安民），頁1049～1050。

〔註112〕張維：《隴右金石錄》，〈宋上〉，〈平洮州詩碑〉，頁784～785。

〔註113〕《宋會要輯稿》，第十六冊，〈蕃夷六・吐蕃〉，頁9920；《長編》，卷四百六，
　　　元祐二年十月丙午條，頁9890～9893。

候，權涇原路兵馬鈐轄張之諫自皇城使擢西上閤門使。〔註114〕

樞密院在十二月庚辰（初二）及壬辰（十四）兩度上言，繼續建議用以夷制夷的策略，招攬以父母妻子及族兵七百人，婦女老幼萬人渡河南內附的西蕃齊暖城首領兀征聲延，請宋廷密令他據城壁為宋廷固守，若他能與溫溪心合力以拒青唐阿里骨，就授以爵命，並指令劉舜卿辦理此事，先賞給兀征衣帶儀物，以安其心，並時給糧食，又許他招諭未附舊族，聽他將部族過河北，主領舊地。宋廷均從之。范純仁又上言，請求從寬厚賜今次立功將士，包括出兵牽制的諸路蕃漢使臣。他又說最近劉舜卿引用李憲之例，支賜金帶與銀器與立功將校，卻誤支與走馬承受，而受到樞密院與平章軍國重事的文彥博及三省同議降旨戒約。但他以為如今既委劉舜卿經營阿里骨並講珠城及河南一帶的生羌事宜，就不宜為此小事責怪他，讓他放心辦事。〔註115〕值得注意的是，這一次是李憲被貶以來，宋廷樞臣第一次提及他的名字及其治軍的先例，事實上宋廷在洮州之役後沿用李憲昔日在熙河的策略。

因樞密院及環慶帥臣范純粹上言為這次出兵牽制的諸路將校請賞，宋廷除了在是月庚子（廿二）給環慶路曲珍部予銀合茶藥之賜外，到元祐三年（1088）正月乙卯（初七），也以李憲的舊部、現任河東路副總管李浩及太原府路鈐轄兼第一將、管勾麟府路馬軍司訾虎（？～1092後）二人，出兵牽制涇原路夏軍，多所斬獲之功，詔賜二人以下銀合及茶藥有差。不過，太原府路鈐轄皇城使榮州刺史張世矩，卻以漏失西夏入寇之過，在是月丙子（廿八）責落榮州刺史，惟免勒停任職。〔註116〕

劉舜卿於正月庚午（廿二）奏上宋廷，說收到阿里骨的蕃字書，請釋放鬼章回去。劉建議只讓鬼章在熙州與其親屬見面。宋廷即在翌日（壬申，廿三）詔劉，說阿里骨已納款謝罪，並派人進奉，令他不要出兵並暫罷招納其他蕃部。〔註117〕

〔註114〕《宋會要輯稿》，第十六冊，〈蕃夷六・吐蕃〉，頁9920；《長編》，卷四百六，元祐二年十一月丙辰至庚申條，頁9898；壬申條，頁9903。

〔註115〕《長編》，卷四百七，元祐二年十二月庚辰至壬辰條，頁9905～9907。

〔註116〕《長編》，卷四百七，元祐二年十二月庚子條，頁9909～9911；卷四百八，元祐三年正月乙卯條，頁9920；丙子條，頁9924；卷四百五十八，元祐六年五月庚午條，頁10960。考訾虎至元祐六年五月庚午（十二），仍以皇城使康州刺史充本路鈐轄。

〔註117〕《長編》，卷四百八，元祐三年正月庚午至壬申條，頁9923；《宋會要輯稿》，第十六冊，〈蕃夷六・吐蕃〉，頁9920。

　　二月癸巳（十六），宋廷初賞曲珍等討蕩西夏曲六律掌之功，曲珍加領忠州防禦使，走馬承受李元嗣減磨勘五年。新黨領袖蔡確是日復職爲觀文殿學士，並自安州改知鄧州，章惇亦自提舉洞霄宮改充資政殿學士知越州（今浙江紹興市）。高太后這時對熙豐舊臣的處理較前寬大，也許是打了勝仗，邊患暫息所致；不過，言官仍不放過蔡、章二人。庚子（廿三），因給事中趙君錫（1028～1099）的反對，蔡、章二人的帖職又被罷去。〔註118〕

　　賞功之後，宋廷繼續處理西邊的善後工作。二月乙巳（廿八），宋廷先委擔任陝西轉運判官的孫路前往賑濟鎮戎軍被傷及被劫擄民戶，然後在兩天後（丁未，三十）獎賞一大批擒獲鬼章有功的漢蕃將官，包括漢官三人及蕃官十二人。〔註119〕樞密院兩員執政安燾與范純仁又在三月戊午（十一）上奏，以陝西、河東路邊民，因夏軍屯集境上，往往不敢耕種，宋廷以前提到對付西夏的撓耕之策，反而被夏人所用，於邊民爲患不淺，因請令趙卨等按實情以聞，仍要邊臣講護耕之策，以爲破夏人之計。宋廷從之。乙丑（十八），他們再請於蘭州及通遠軍沿邊水陸田募人充弓箭手，他路的舊人聽帶舊地交換，並依例給田，自買馬者加五十畝，仍官借錢糧，三年後才令應役。宋廷從之。〔註120〕宋廷於陝西、河東諸路，這時其實大體恢復了李憲當日的屯田政策。

　　四月辛巳（初五），因首相呂公著告老，宋廷調整中樞人事，呂改任平章軍國重事，呂大防和范純仁擢首相及次相。壬午（初六），孫固及劉摯分任門下侍郎及中書侍郎，安燾留任知樞密院事，試御史中丞胡宗愈（1029～1094）擢尚書右丞，試戶部侍郎趙瞻（？～1090）爲簽書樞密院事，吏部侍郎孫覺（？～1090）爲御史中丞。本來初時擬召入趙卨爲同知樞密院事，後來改用趙瞻，而只將趙卨加職爲樞密直學士。右正言劉安世（1048～1125）上言批評趙卨治鄜延無功，說他守邊無狀，不應晉陞，又批評胡宗愈之任不符公議。〔註121〕劉摯與孫固都是十分憎惡李憲的人，劉安世則是新進的言官，言辭激烈，李憲以後就難得安寧。

〔註118〕《長編》，卷四百八，元祐三年二月癸巳條，頁9937，9939～9940。

〔註119〕《長編》，卷四百八，元祐三年二月乙巳條，頁9941；丁未條，頁9942～9943；卷四百十五，元祐三年十月庚寅條，頁 10081。孫路在十月庚寅（十八）以勞自朝請大夫加考功郎中。

〔註120〕《長編》，卷四百九，元祐三年三月戊午條，頁9953；乙丑條，頁9955。

〔註121〕《長編》，卷四百九，元祐三年四月戊寅至壬午條，頁9962～9968；劉安世：《盡言集》，《叢書集成初編》本，卷七〈論趙卨無名進職等事〉，頁89。

　　四月丁酉（廿一），阿里骨派人入貢。宋廷方慶青唐納款，夏軍卻在三天後（庚子，廿四）進攻鄜延要塞的塞門寨，守將皇城使鄜延路第五將米贇及副將西頭供奉官郝普、右班殿直呂惟正戰死。無法進入樞府的帥臣趙卨，令西路將劉安及李儀突襲夏人據點洪州（今陝西榆林市靖邊縣南），斬擄五百餘，焚蕩族帳萬二千，獲孳畜鎧仗萬三千。趙卨定神閒，不怕夏軍自塞門寨來襲，果然夏軍見後路的洪州失守，就退兵而去。劉安世批評趙卨在鄜延無功，此事可證這些言官多是信口開河之輩。是月壬寅（廿六），熙河暫時失去在洮州大戰的英雄种誼，因他與主帥劉舜卿有嫌隙，宋廷怕出事，就將种調爲秦鳳路鈐轄兼第一將，在李憲舊部葉康直麾下，而以皇城使昭州刺史郭紹忠充熙河路鈐轄知岷州並管勾洮東沿邊安撫使司公事兼第四將。〔註122〕

　　同日，劉安世又將矛頭指向被認爲是李憲黨羽的前涇原帥盧秉，盧以父喪去職，喪滿獲授知荊南府（今湖北荊州市）。當制的中書舍人劉攽還官樣文章地稱他「早以才華，參於法從，聯龍馬之秘邃，總戎閫之會繁。」他大概知幾而以疾辭，宋廷改任他提舉萬壽鴻慶宮。但劉安世並不放過他，連上四章劾他在熙寧間推行兩浙鹽法之慘刻，宋廷於是將盧自龍圖閣直學士降爲寶文閣待制。五月辛亥（初六），給事中趙君錫及劉安世再度痛劾盧秉，他們要窮究盧秉，其中一個原因，是盧屬於李憲推薦過的人。〔註123〕

〔註122〕《長編》，卷四百九，元祐三年四月丁酉條，頁9972；庚子至壬寅條，頁9976～9978；卷四百十，元祐三年五月辛亥至癸丑條，頁9992；卷四百十四，元祐三年九月癸亥條，頁10063；卷二百一，元符元年八月壬寅條，頁11943；《宋史》，卷四百八十六〈外國傳二‧夏國下〉，頁14016。宋廷在五月辛亥（初六），賜鄜延路第三及第六將與塞門寨守禦軍兵特支有差，以其在西夏入寇時，出兵牽制及守禦有功。陣亡的米贇等三將各優贈官及取索其子名字以備恩恤。癸丑（初八），詔趙卨若夏人再來請和，就要小心查察其眞僞，錄其所言上奏。九月癸亥（二十），宋廷特別恩恤米贇子姪三人官職。又种誼當在劉舜卿離任後，范育到來時重返熙河。據《長編》記載，种誼與總領蕃兵將的內臣李祥，在元祐中曾上言，稱青唐二十三頭項兵馬，十九頭項欲歸漢，其首領皆帶信旗和銀笠子赴蘭岷州安撫司爲質信，當蘭岷河三州及邈川來告急時，范育欲出兵援之。可知种誼返熙河是范育出知熙州後。

〔註123〕《長編》，卷四百四，元祐二年八月甲辰條，頁9849；卷四百九，元祐三年四月壬寅條，頁9978～9979；卷四百十，元祐三年五月辛亥條，頁9990～9992；劉攽：《彭城集》，卷二十三〈制誥‧龍圖閣直學士朝奉大夫盧秉可知荊南府制〉，頁329～330；劉安世：《盡言集》，卷五〈論盧秉責命不當事‧第一至第四章〉，頁63～65。早在元祐二年八月甲辰（廿五），新任京西轉運副使呂陶上疏論用人，便點名批評盧秉當日任兩浙提刑，創興鹽法，盧害東南，說至今瘡痍未復，更指他在渭州處置邊事時，但求合李憲之意，說他曲

與李憲並列四凶的內臣王中正和宋用臣，在六月己卯（初四），本來到敘用之期，但宋廷依李憲的例，令他們再展一期才議敘。〔註124〕

言官對李憲等的連串打擊，這時略教李憲安慰的是，因殿帥燕達於七月丙午（初二）病逝，宋廷於丙辰（十二）依次陞任三衙管軍：涇原帥殿前都虞候劉昌祚升任步軍副都揮使，熙河帥馬軍都虞候劉舜卿遷殿前都虞候，太原府副都總管李浩升馬軍都虞候，差遣依舊。捧日天武四廂都指揮使兼權馬步軍司姚麟陞授步軍都虞候，永興軍路馬步軍副都總管和斌爲龍神衛四廂都指揮使。翌日（丁巳，十三），李憲的頭號大將苗授依次自步帥陞任三衙之首的殿帥並拜武泰軍節度使。〔註125〕苗授、李浩都是李憲在熙河得力的部將，而劉昌祚及姚麟也曾在李的麾下。李憲麾下諸將能被選任三衙管軍，亦見他麾下人才濟濟。

宋廷在七月辛亥（初七）賜詔阿里骨，安撫他一番，並容許他派人往來買賣及上京進奉。〔註126〕與此同時，宋廷探到夏軍又有異動。癸亥（十九），樞密院上言夏軍點集人馬，聲言欲入寇涇原和熙河兩路，但憂慮夏軍其實會入寇秦鳳。因秦鳳前不久被寇，近裡城寨戶口稍多，若遇夏軍侵犯，要靠諸路兵力應援。宋廷即詔秦鳳帥葉康直詳加措置，做好防備，並令劉昌祚與劉舜卿於本路各選兵將，涇原路出兵萬人，德順軍及熙河路五七千人，於通遠軍及接近秦鳳路處堡寨駐紮，以爲犄角之勢。丙寅（廿二），劉舜卿便上報宋廷，夏軍寇康固寨，本寨及東關堡巡檢使臣等陣亡百九十人，沒有損失人口與孳畜。宋廷即詔劉仔細研究夏軍入侵情況及數量。八月乙酉（十二），環慶帥范純粹又奏上他所探知的夏軍情況和環慶路的部署。他判斷夏軍今年不會入寇。〔註127〕

意奉迎李憲，有如尊親，而李憲就曾薦之，認爲盧現服除，決不可用，宜置於散地。在廷臣言官眼中，盧秉是李憲的一黨。

〔註124〕《長編》，卷四百一十二，元祐三年六月己卯條，頁10017。

〔註125〕本書附錄二〈苗授墓誌銘〉，頁383；《長編》，卷四百一十二，元祐三年七月丙午條，頁10024；丙辰至丁巳條，頁10027；卷四百三十，元祐四年七月甲戌條，頁10381；卷四百三十八，元祐五年二月庚申條，頁10565。按姚麟於四年七月甲戌（初六）以步軍都虞候權殿前司公事，他兼領的馬軍司及新舊城巡檢職務，就由次官分領。又和斌後陞任步軍都虞候，在元祐五年二月庚申（廿五）卒於任上。

〔註126〕《長編》，卷四百一十二，元祐三年七月戊子條，頁10020；辛亥條，頁10025～10026。

〔註127〕《長編》，卷四百一十二，元祐三年七月癸亥至丙寅條，頁10030～10031；卷

　　宋廷在多次討論後，終於在八月丁酉（廿四）對鬼章作出處置，命爲九品武階的陪戎校尉。當制的劉攽撰寫制詞，責他「嚮以強梁，寇犯邊圍，稔惡盈貫，係縶來獻，朝廷隆好生之德，廣柔遠之略。被以厚恩，貸其萬死。分其種姓之息嗣，部族之黨類。既知服罪，咸願乞恩。宜崇盛典，以收來效。俾脫藁街之戮，仍賜漢官之命。膺露殊渥，毋貳乃心。」不過，范純仁並沒有宋廷那麼一廂情願，他多次據理力爭，認爲授鬼章一小校尉，不足收其心，鬼章實在一直並不屈服，而也不能讓其子來歸，也沒能令阿里骨更恭順。現時阿里骨等只將一切罪過推在鬼章頭上，范純仁反對讓青唐使者李賒羅抹見鬼章，但宋廷接受文彥博的意見，許李賒羅抹使者見鬼章。〔註128〕

　　宋廷的邊患因西夏暫時未能入寇，而青唐阿里骨表面向宋廷入貢而止息。然宋廷於這年十二月，因蘇軾曾舉薦的江寧府司理參軍鄆州州學教授周穜（？～1098 後）上書，請以王安石配享神宗廟廷而引起一場風波。劉安世上言痛責周以疏遠微賤小臣竟懷姦邪觀望之志，陵蔑公議，妄論典禮。他批評王安石「輔政累年，曾無善狀，殘民蠹國，流弊至今，安可侑食清廟，傳之萬世？」在他眼中，王安石就是大奸臣。蘇軾沒有劉安世那樣狂吠王安石，只說「以安石平生所爲，是非邪正，中外具知，難逃聖鑒。先帝蓋亦知之，故置之閒散，終不復用。」不過，他對熙豐時期用事諸臣，就斥爲小人，當中也點了李憲兩次的名。他所擔憂的是，若王安石得配享廟廷，那就是變相肯定新黨所爲，新政所做都是對的，而他所斥的小人終有一天得以復用，不幸的是他所言竟成事實：

> 臣觀二聖嗣位以來，斥逐小人，如呂惠卿、李定、蔡確、張誠一、吳居厚、崔台符、楊汲、王孝先、何正臣、盧秉、寒周輔、王子京、陸師閔、趙濟，中官李憲、宋用臣之流，或首開邊隙使兵連禍結，或漁利榷財爲國斂怨，或倡起大獄以傾陷良善，其爲姦惡，未易悉數，而王安石實爲之首。今其人死亡之外，雖已退處閒散，而其腹

四百十三，元祐三年八月乙酉條，頁 10037～10038；《宋史》，卷四百八十六〈外國傳二‧夏國下〉，頁 14016。

〔註128〕《長編》，卷四百十三，元祐三年八月丁酉條，頁 10042～10043；辛亥條，頁 10059～10060；劉攽：《彭城集》，卷二十二〈制誥‧西番大首領鬼章可陪戎校尉制〉，頁 311。文彥博卻是支持讓阿里骨使者見鬼章的，他在八月丙午（廿七）連上兩章論此事。宋廷接受他的意見。參見《文彥博集校注》，下冊，卷廿九〈奏議‧奏鬼章事‧其一、其二〉，頁 799～803。

心羽翼布在中外，懷其私恩，冀其復用，爲之經營游說者甚眾。皆矯情匿迹，有同鬼惑，其黨甚堅，其心甚一，而明主不知，臣實憂之。……朝廷近日稍寬此等，如李憲乞於近地居住，王安禮抗拒恩詔，蔡確乞放還其弟，皆即聽許；崔台符、王孝先之流，不旋踵進用，楊汲亦漸牽復，呂惠卿窺見此意，故敢乞居蘇州。此等皆民之大賊，國之巨蠹，得全首領，已爲至幸，豈可與尋常一眚之臣，計日累月，洗雪復用哉？今既稍寬之，後必漸用之，如此不已，則惠卿、蔡確之流必有時而用，青苗、市易等法必有時而復。何以言之？將作監丞李士京者，邪佞小人，眾所嗤鄙，而大臣不察，稍稍引用，以汙寺監，猶能建開壕之議，爲修城之役。其策既行，遂唱言於眾，欲次復宋用臣茶磨之法。由此觀之，惠卿、蔡確之流何憂不用，青苗、市易等法何憂不復哉？〔註129〕

蘇軾上面所列的小人名單中，除李憲本人外，與他一黨的內臣有宋用臣，受他推薦而成爲他得力助手的帥臣有趙濟和盧秉，當日奉神宗之命爲他脫罪的有楊汲。在東坡眼中，李憲等無疑是一黨。他說「開邊隙使兵連禍結」，這條罪名於李憲而言就捨我其誰。姑勿論蘇軾對新法的看法是否偏見，他這番觀察是準確的，高太后與哲宗一念之間，就可以復用這些人重推新政。事實

〔註129〕《長編》，卷三百九十六，元祐二年三月庚午條，頁9658；丙子條，頁9662；卷三百九十八，元祐二年四月丙戌條，頁9700～9701；卷四百三，元祐二年七月庚午條，頁9820；卷四百六，元祐二年十月丁亥條，頁9883；卷四百八，元祐三年二月丁未條，頁9944～9955；卷四百十八，元祐三年十二月甲午條，頁10138～10141；卷四百二十二，元祐四年二月癸丑條，頁10215～10218；《蘇軾文集》，第三冊，卷二十九〈奏議・論周穜擅議配享自劾箚子二首〉，頁831～834；劉安世：《盡言集》，卷九〈論周穜不當乞王安石配享事〉，頁114。考王孝先在元祐二年三月庚午（十八）又以降授朝散大夫授都水使者，右司諫王覿在三月丙子（廿四）上奏反對，說他嘗任水官，是前日以鍛鍊而爲大理卿者，又揭他自作長安司錄時，已著暗繆之名，關中士人傳以爲笑，他既任水官，未聞善狀，擔任大理卿時就惟務刻深。王覿在四月丙戌（初五）再上一奏，但反對無效，王孝先依舊做都水使者，故蘇軾說他不旋踵進用。惟王孝先以都水使者治河決，卻在元祐二年十月丁亥（初九）被河北都轉運使顧臨等批評無功。到元祐三年二月丁未（三十），中書舍人曾肇再劾王孝先開孫村口減水河，調發河北及隣路人夫以應付工程，實在無功。王在元祐四年二月癸丑（十二）命知曹州，但爲中書舍人曾肇反對，封還詞頭，另一中書舍人彭汝礪也嚴詞反對，十天後宋廷將他改知濮州。至於崔台符就已在元祐二年七月庚午（廿一）自正議大夫知相州任上卒。

上許多熙豐時期的措施，又慢慢以別的形式恢復，好像在西北推行的政策，其實許多是李憲曾推行過而證明有效的。就以李憲而言，他在元祐三年不過四十七歲，尚在精壯之年，若宋廷重行對外擴張政策，他隨時會被委以大任。不過，李憲知幾，知道好像蘇軾等朝臣對他可能復出心存疑忌，他就在閏十二月戊申（初六）便以提舉明道宮任滿而請告老。宋廷允其請，除他右千牛衛上將軍，分司南京，在陳州居住。〔註130〕

──────────

〔註130〕《長編》，卷三百七十三，元祐元年三月己卯條，頁 9024；卷三百八十一，元祐元年六月甲寅條，頁 9267～9271；卷三百八十三，元祐元年七月癸未條，頁 9338～9339；卷三百八十五，元祐元年八月壬辰條，頁 9372；卷三百八十六，元祐元年八月丁未條，頁 9396；辛亥至壬子條，頁 9408～9410；卷三百九十三，元祐元年十二月丙午條，頁 9574；卷四百十九，元祐三年閏十二月戊申條，頁 10147；卷四百四十八，元祐五年九月乙酉條，頁 10772；《東都事略》，卷一百二十〈宦者傳‧李憲〉，葉六下；《宋史》，卷四百六十七〈宦者傳二‧李憲〉，頁 13640。按《東都事略》及《宋史》李憲本傳均沒有弄清楚是李憲自請告老而授右千牛衛上將軍，不算貶降。又蘇軾提到的，早在元祐元年三月己卯（廿二），楊汲以疾而由戶部侍郎爲寶文閣待制出知廬州。六月甲寅（廿八），楊汲卻被監察御史上官均兩度上書痛劾，指他與崔台符及王孝先三人，先後爲大理卿，「每有內降公事，不能悉心持平推考情實，專務刻深，高下其意。雖知所告不實，事或微末，不度是非，一切徇報者之語，委成獄吏，不復親聽。而報者所聞，往往得於仇怨之人，巧譖誣陷，無所不至。一人犴獄，如落檻穽，鍛鍊羅織，必致以罪，三木所加，何求不得！又於元報事狀外，曲行推究，至有罪薄罰輕，又妄爲論奏，乞行編管，陷害善良，不可勝計。」上官均又說他們三人「元豐以後，相繼爲大理卿，承勘內探公事，不能悉心持平，推考情實，專爲觀望傅會，欺罔聖明，陷害善良，不可勝計，乞特行黜罷。」宋廷從言官之請，同日就將楊汲落寶文閣待制自廬州徙知黃州，崔台符自刑部侍郎出知相州，王孝先自大理寺卿出知濮州，三人並降一官。而時任中書舍人的蘇軾就恰是草三人貶官制之人，蘇軾就斥他們「豈有數年之間，坐致萬人之獄。」時任右司諫的蘇轍在元祐元年七月癸未（廿八）也上奏反對曾與楊汲共事甚久的刑部郎中杜紘遷官爲右司郎中，認爲楊汲等治獄枉濫，杜作爲他們的屬下也有責任。八月壬辰（初七），蘇轍再劾杜紘當日與楊汲及崔台符同在刑部，所斷刑獄冤枉過半。他說楊崔二人以此得罪，杜不應以此獲得擢陞。同月丁未（廿二），刑部郎中王振擢爲大理少卿，但右正言王覿及御史中丞劉摯、監察御史上官均先後在辛亥（廿六）及壬子（廿七）上奏反對，指王振爲大理丞時，最爲楊汲及崔台符所愛信，他憸巧刻深。楊汲及崔台符鍛鍊之獄，王振之力爲多，應該黜退他。總之在元祐言官眼中，崔楊王三人均是酷吏，而楊汲當年爲李憲脫罪，自然是揣摩神宗之意而爲之。考王振做不成大理少卿，在十二月丙午（廿二）還被降爲司封員外郎知萊州。楊汲在元祐五年九月乙酉（廿四）卻自知廬州加集賢殿修撰，稍後改知徐州。

　　李憲的熙河故吏仍然克盡厥職，元祐四年（1089）正月乙未（廿四），剛陞為考功員外郎的孫路因負責修蘭州附近城堡，發現龕谷寨新踏寨基未便，理由首先是該處地形側峻，南帶高阜，戎馬可以下臨；另外該處土脉乾燥夾砂，不可加板築；第三是寨基內新開四井，只是質孤河內滲水，別無泉源，緩急時必定缺用。他奏上宋廷此種情況，宋廷即命劉舜卿研究其利害以聞，若邊情事力未便可修築，就計量人力，派人守禦質孤和勝如兩堡，以示此為中國邊地，不要讓敵人他日以此無人守禦而稱它不屬漢地。〔註131〕

　　二月甲辰（初三），深得高太后敬重的前首相、平章軍國重事呂公著病逝。同月己巳（廿八），新黨領袖前首相蔡確復授觀文殿學士。舊黨言官大概同意蘇軾之前上奏的看法，怕蔡確會有機會重新掌權，右正言劉安世馬上借蔡確求徙潁昌府之事，上奏嚴劾蔡一番。〔註132〕劉安世在三月戊寅（初七）前後，又連番上奏廿一道彈劾尚書右丞胡宗愈，翌日（己卯，初八），胡宗愈被罷為資政殿學士，出知李憲致仕後閒居的陳州。二人有否同病相憐，就不得而知。〔註133〕

　　是月甲申（十三），中書侍郎劉摯上書，順著蘇軾、劉安世之前上奏的思路，除了痛陳青苗、助役由富國變為聚斂之法，保馬、保甲由強兵變為殘擾之政外，更危言「前者二三大臣之朋黨皆失意，怏怏自相結納，睥睨正人，腹非新政，幸朝廷之失，思欲追還前日之人，恨不能攘臂於其間也。今布列內外搢紳之間，在職之吏，不與王安石、呂惠卿，則與蔡確、章惇者，率十有五六，此臣所以寢食寒心，獨為朝廷憂也。」他的矛頭更指向他多次嚴劾的蔡確。〔註134〕

　　蘇軾其實是挑起這次攻擊蔡確的始作俑者，他卻在是月丁亥（十六）頂

〔註131〕《長編》，卷四百二十一，元祐四年正月乙未條，頁10194；《蘇軾文集》，第三冊，卷四十一〈內制敕書・賜殿前都虞候寧州團練使知熙州劉舜卿進奉賀冬馬敕書・元祐三年閏十二月十八日〉，頁 1185。考劉舜卿在元祐閏十二月十八日，因進奉賀冬馬而獲宋廷命蘇軾撰敕書獎諭。

〔註132〕《長編》，卷四百二十二，元祐四年二月甲辰條，頁10210～10211；己巳條，頁 10222～10223；劉安世：《盡言集》，卷六〈論蔡確不合陳乞潁昌府〉，頁77～78。

〔註133〕《長編》，卷四百二十三，元祐四年三月戊寅至己卯條，頁 10232～10238。劉安世：《盡言集》，卷三〈論胡宗愈除右丞不當・第一至第十二〉，頁 29～44；卷四〈論胡宗愈除右丞不當第十三至第二十一〉，頁45～53。

〔註134〕《長編》，卷四百二十三，元祐四年三月甲申條，頁10239～10246；《忠肅集》，附錄一〈劉摯奏議・上哲宗論因革〉，頁543～550。

不住壓力，自請離開朝廷。宋廷允准，授他龍圖閣學士出知杭州（今浙江杭州市）。他後來在四月丁巳（十七）便上言承認「因任中書舍人日，行呂惠卿等告詞，極數其凶慝，而弟轍為諫官，深論蔡確等姦回，確與惠卿之黨，布列中外，共讎疾臣。近日復因臣言鄆州教授周穜以小臣而為大姦，黨人共出死力，架造言語，無所不至。」那時蔡確之獄已發生。〔註135〕

舊黨大臣言官清算蔡確的行動，由一個投機小臣朝散郎知漢陽軍（今湖北武漢市漢陽區）吳處厚（？～1089 後）挑起。沒人料到此一政治事件也造成舊黨及言官的互鬥與分裂。吳在四月乙巳（初五）上言，指控蔡確在知安州日，作〈夏中登車蓋亭〉絕句十篇，以武則天（624～705）比高太后。右司諫吳安詩、左諫議大夫梁燾、右正言劉安世馬上上奏痛劾蔡確怨望不臣之罪。高太后沒有即時聽一面之詞，她令蔡確開具因由，實封聞奏，給他一個自辯的機會。時在杭州的蘇軾這時倒頭腦清醒，他大概察覺言官的做法，與當年他所受烏臺詩獄的情況無異，故在四月辛亥（十一）請求高太后從寬處理此案。當年參奏過李憲的直臣、中書舍人彭汝礪也支持蘇軾的意見。這時臺諫分為兩派，戊午（十八），梁燾上疏堅持蔡確罪狀明白，便當下獄，不須更下安州取索原本及令蔡自辯。但御史中丞李常（1027～1090）和侍御史盛陶（1033～1099）卻上疏維護蔡。五月辛未（初二），安州奏上蔡確所作的詩初題於牌，後來蔡移知鄧州，行了一驛就使人將牌取去，並盡洗其詩，將牌歸還公使庫。換句話說，安州找不到物證。同日，高太后正式表態，她相信

〔註135〕《長編》，卷四百二十四，元祐四年三月丁亥條，頁 10251～10253；卷四百八十九，紹聖四年七月戊辰條，頁 11612；卷四百九十七，元符元年四月丁亥條，頁 11819；癸巳條，頁 11831；《蘇軾文集》，第三冊，卷二十九〈奏議·乞將臺諫官章疏降付有司根治箚子·四月十七日〉，頁 838～839；劉成國：《王安石年譜長編》，第六冊，卷七〈元豐七年（1084）〉，頁 2161～2162。這個引起軒然大波的小臣周穜，據劉成國的考證，字仁熟，泰州人。父周濤，慶曆六年進士。他與弟周秩在熙寧九年同中進士，授江寧府右司理。他早便受知於王安石，他還是王安石的遠房表親。元豐七年他曾往金陵，拜見已罷相的王安石。他與王安石有很深的淵源。他後來在紹聖四年（1097）七月戊辰（十七）以著作佐郎國史院編修官充崇政殿說書，但殿中侍御史陳次升（1044～1119）劾他「貪污卑狠，跡狀甚明，姦佞傾險，清議不與。自去年屢有進擢，不協公議。」起初哲宗不聽，當陳次升再上奏論之，終於罷說書之職，他到元符元年（1098）四月丁亥（初九），仍以國史編修官的身份重修《熙寧日曆》，但所進的熙寧夏季日曆差錯重覆，被罰金八斤。他又曾負責到王安石家取《王安石手記》，以供修史參考之用。

劉摯等人的指控，論執政說蔡確黨多在朝。范純仁仍辨說蔡實無黨，但呂大防卻附和太后之說，而文彥博就不表態。見到三員宰臣意見不一，高太后慨言若司馬光在，蔡確的事就不會如此無人定斷。范、呂二人後來各自上疏，但太后留中不發。其實，若呂公著尚在，也許亦能控制局面。癸酉（初四），高太后罷去維護蔡確的臺官李常和盛陶，而以傅堯俞及朱光庭分任御史中丞和侍御史。〔註136〕

　　宋廷正在山雨欲來的時候，遠在熙州的劉舜卿在是月癸酉（初四）上奏，稱廓州的蕃首魯尊遣使立章來，願焚拆河橋歸宋。劉以宋廷既許阿里骨依舊管勾部族，應等他不守約才可圖之。現時魯尊已與阿里骨成隙，疑懼禍及，他必定再派立章來。樞密院說劉的措置雖極當，但羌人性忿暴，既已露嫌隙，就會來歸。然宋廷既與阿里骨通和，接受魯尊來降就有納叛之名。若不受，則河南的諸羌會怨宋廷拒己。宋廷考慮後，詔劉舜卿除依所奏外，若他日魯尊真的來歸，就派人撫諭，以阿里骨已通貢，難以收留，但會諭阿里骨不得加害他們。〔註137〕其實宋廷上下正為蔡確一案而煩心，那有心思理會化外之事。

　　蔡確在五月戊寅（初九）呈上他的申辯書。但劉安世、梁燾及吳安詩繼續攻擊他，並主張參照仁宗時丁謂（966～1037）貶崖州（今海南三亞市）之例，將蔡遠貶。庚辰（十一），彭汝礪再上言，指出「蔡確言所非宜，固自有罪，大臣廢置，事所係重」，但今次蔡確出事，獨諫官攻之，意或不同，即指為黨，這是要深察的。可是劉安世在入對時竟含血噴人，說彭朋附蔡確。辛巳（十二），宋廷詔責授蔡確為左中散大夫，守光祿卿、分司南京。當彭汝礪請寬大處理蔡確時，卻馬上給梁燾三人指控與曾肇一起營救蔡確。彭不肯寫蔡的制詞，高太后就讓新任權中書舍人的王嚴叟來寫。王在制詞把蔡罵得狗血淋頭。高太后又將維護蔡的幾員御史盛陶、翟思、王彭年及趙挺之（1040～1107）貶出朝廷。尚書右丞王存（1023～1101）認為盛陶等不該被責，他以今日以不言責御史，恐怕後來者就不擇而言，益增可厭。但高太后正想假言官

〔註136〕《長編》，卷四百二十五，元祐四年四月壬子條，頁10270～10279；戊午條，頁10282～10285；卷四百二十六，元祐四年五月辛未條，頁10297～10299；《蘇軾文集》，第三冊，卷二十九〈奏議・論行遣蔡確劄子・四月十一日〉，頁837～838；劉安世：《盡言集》，卷九〈論蔡確作詩譏訕事・第一至第七章〉，頁103～107。

〔註137〕《長編》，卷四百二十六，元祐四年五月癸酉條，頁10299～10300。

來排除她不喜的人，就說他們「言之多何害，但要朝廷與辨是非耳。」高太后的私心，就助長了那些新進投機的言官，以攻擊人博取富貴。這些元祐舊黨言官，其實與熙豐時的依附王安石的言官並無大分別。梁燾等三人以蔡確所責爲輕，於是在丙戌（十七）又發動御史中丞傅堯俞，侍御史朱光庭再論蔡確之罪。後來連右諫議大夫，人以爲賢者的范祖禹（1041～1098）都加入攻蔡之行列。執政中，范純仁和王存都不同意再責蔡確，范純仁更語重深長地指出「方今聖朝，宜務寬厚，不可以語言文字之間，曖昧不明之過，誅竄大臣。今日舉動宜與將來爲法式，此事甚不可開端也。」他又指出呂大防說蔡確黨人甚盛，希望高太后留意分別，范認爲朋黨難辨，卻恐誤及善人。可惜，高太后之意已決，是月丁亥（十八），詔貶蔡確爲英州別駕，新州（今廣東雲浮市新興縣）安置，令差承務郎以上官伴送前去。劉摯沒想到太后如此了斷，他與呂大防以蔡母老，請求不要將他貶過嶺。高太后卻決絕地言山可移，此州不可移。呂大防等不敢再說。范純仁不肯放棄，請求留身並揖王存進說，請高太后收回成命，高太后卻一意孤行。老成謀國的范純仁對呂大防預言說，「此路荊棘七八十年，奈何開之，吾儕正恐亦不免矣。」正當范純仁等料到這樣不公正地處置蔡確的後果嚴重時，王巖叟卻得意洋洋地在制詞上狂吠蔡確。高太后詔從入內內侍省差內臣一名，並下吏部差三班使臣一名押解蔡確至新州。所派的內臣裴彥臣提出盡快將蔡押往新州，不管他沿途稱病也不得停留。梁燾、范祖禹、吳安詩、劉安世及傅堯俞、朱光庭覺察這會送了蔡的命，他們想救蔡卻恐與初論相戾，就不敢說話。范純仁知道太后的心意，就表示無能爲力，只有忽然醒覺的劉摯表示要向太后申理。高太后顯然狠了心，要置蔡於死地，同日，梁燾與吳安詩入對，她稱獎二人，說他們於此事極有功。她存心利用這些挾私怨而討好自己的言官充當馬前卒。高太后稍後召見執政，解釋她這樣重貶蔡確，是爲了杜絕蔡確他日以定策立哲宗之功而得復用，她說哲宗年少，不能制他，故行此著。高太后隨後又將李常、彭汝礪及曾肇貶逐出朝。〔註138〕

〔註138〕《長編》，卷四百二十六，元祐四年五月戊寅至庚辰條，頁 10301～10311；卷四百二十七，元祐四年五月辛巳至丁亥條，頁 10314～10330；卷四百三十六，元祐四年十二月甲子條，頁 10508；劉安世：《盡言集》，卷九〈論蔡確作詩譏訕事‧第八至十一章〉，頁 107～110；〈論曾肇知鄧州不當事一首〉，頁 112。曾肇在是年十二月甲子（廿八），又因左諫議大夫劉安世的劾奏，宋廷將他自潁州改知鄧州兼京西南路安撫使，劉安世仍不放過他，繼續上奏劾他。元祐五年正月丁丑（十一），他再徙知齊州（今山東濟南市）。

　　那些自以爲得勝的言官並未罷手，五月丁酉（廿八），劉安世又指蔡確、章惇、黃履（1032～1101）及邢恕爲死黨，請求將其他三人廢黜。傅堯俞和朱光庭也上言附和。是日，邢恕落職降授承議郎、添差監永州（今湖南永州市）在城鹽倉兼酒稅務。戊戌（廿九），范祖禹又劾知樞密院事安燾朋比蔡確與章惇，要求罷免他。而梁燾與劉安世又將矛頭指向范純仁和王存，說他們陰庇蔡確。要求罷免二人。六月甲辰（初五），舊黨中較開明而溫和的范純仁與王存均罷政，范出知潁昌府，王出知蔡州。〔註139〕爲時兩月多的一場政治風暴以蔡確被遠貶，朝臣互攻，中樞的開明派多人罷政，換上激進的人秉政而結束。誠如金中樞（1928～2011）所考，當哲宗親政後，新黨回朝，借爲蔡確申冤而對舊黨大肆報復，其後患深遠。〔註140〕

　　在這場文臣的內鬥中，內臣或武臣反而置身事外，李憲及其部屬未受牽連，一方面彼等已無權勢，另一方面他們已是被排斥的次要目標。宋廷元氣大傷之際，樞密院在同日收到諸路奏報，稱諜報夏界又有動員跡像。樞府怕邊臣見西夏遣使而疏於防備，宋廷即詔陝西及河東各路經略司，密切伺察敵軍去向，做好防備。剛在政爭中得勝的御史中丞傅堯俞卻說他憂「今邊防未豐，士氣未振，民力未全，賞罰不明，將帥難倚。其尤可慮者，議論不齊。」他似乎還算頭腦清醒，看到政爭的後遺症。〔註141〕

　　宋廷這時對西夏的歸還土地要求尙無分歧，是月戊申（初九），仍詔維持原來的協議：蘭州及塞門兩處土地，不容再議。而永樂城陷沒人口，仍要據數清楚交割，計口食與賞絹，而合歸還的四塞都要立定邊界，不容更相侵越。

〔註139〕《長編》，卷四百二十八，元祐四年五月丁酉至己亥，頁 10338～10355；卷四百二十九，元祐四年六月庚子至甲辰條，頁 10357～10358；丙午條，頁10363；劉安世：《盡言集》，卷九〈論蔡確作詩譏訕事第十二章〉，頁 110～112。宋廷在六月丙午（初七），以許將（1037～1111）和韓忠彥（1038～1109）分別爲尚書左右丞，趙瞻爲同知樞密院事，替補王存等之遺缺。

〔註140〕臺灣前輩學者金中樞早在 1975 年即撰文〈車蓋亭詩案研究〉，詳考此一詩獄的始末，認爲蔡確在元豐末年爭取建儲之功，失敗後爲高太后所憎惡而被貶，高太后爲剷除新黨勢力而借此詩獄將蔡確置諸絕地。舊黨激進份子迎合太后之意而對蔡確落井下石。金氏也詳考哲宗親政後新黨爲蔡確伸冤所牽起的「同文館之獄」。金文並附有「元祐黨人與其緣詩案所受處置概況表」，值得參考。參見金中樞：〈車蓋亭詩案研究〉，原載《成功大學歷史學報》，第二期（1975年 7 月），後收入宋史座談會（主編）：《宋史研究集》，第二十輯（臺北：國立編輯館，1990 年 9 月），頁 183～216。

〔註141〕《長編》，卷四百二十九，元祐四年六月甲辰條，頁 10362。

丁巳（十八），宋廷即賜詔夏主乾順，重申宋廷的決議，以還四寨交奏換蘭州及塞門，及取回永樂城失陷人口。同日，宋廷本來以知瀛州蔡京爲寶文閣直學士知成都府，但梁燾等四名言官御史皆反對，指蔡京在蔡確黨中最爲凶健陰險，說他利誘群小，助爲虛聲，心懷姦罔，勇爲非義。范祖禹雖承認他有才能，但說他年少輕銳，非厚端之士。結果宋廷詔蔡京爲江淮荊浙路發運使，罷寶文閣直學士及知成都府的任命。值得一提，蔡京與李憲頗有淵源，他當日奉旨審訊皇甫旦一案，卻沒有隨路昌衡往熙州鞫問李憲，似乎他是迎合神宗之意，沒有怎樣加罪李憲，後來他又聽李憲的推薦，以童貫當重開西邊之任。這時李憲所居的陳州，卻又遇上各地大雨之水湧入陳州沙河及蔡河，成爲澤國。知州胡宗愈於是月乙丑（廿六）緊急報上宋廷，請派府界提刑羅適並項城縣令治水患。〔註142〕

七月乙亥（初七），被言官視爲眼中釘的知樞密院事安燾以母喪去職。翌日（丙子，初八），宋廷因殿帥苗授以足疾求罷，再將三衙管軍依次擢陞，並將兩名邊帥邊將的職務作了調動：熙河帥劉舜卿晉陞爲步軍副都指揮使、徐州觀察使徙知渭州，而以本來任爲樞密都承旨的光祿卿直龍圖閣范育代知熙州。李浩以馬軍都虞候晉黔州觀察使移任永興軍路總管。步軍都虞候成州團練使姚麟眞除殿前都虞候，皇城使果州團練使帶御器械呂眞擢爲捧日天武四廂都指揮使加衛州防禦使留任鄜延副總管，皇城使廉州團練使劉斌（？～1090後）授龍神衛四廂都指揮使遷信州團練使。己卯（十一），殿帥苗授罷爲保康軍節度使出知潞州，遺缺就由步帥劉昌祚依次替補並加武康軍節度使。苗授以足疾罷職，一半是眞，一半大概是知幾而退。〔註143〕

劉舜卿擔任熙河帥前後三年三月，至此時調知渭州，他任熙河帥可說毀譽參半：他廢棄了不少李憲所立之政，而差點給青唐和西夏有機可乘，幸而靠諸將奮戰，才有點因人成事保住熙河和蘭州。李憲的舊部多不喜他。不過

〔註142〕《長編》，卷四百二十九，元祐四年六月戊申條，頁10370；丁巳至乙丑條，頁10373～10376；卷四百三十，元祐四年七月丙申條，頁10397。蔡京於七月丙申（廿八），又徙知揚州。

〔註143〕本書附錄二〈苗授墓誌銘〉，頁383；《長編》，卷四百三十，元祐四年七月乙亥至己卯條，頁10383～10385；丁酉條，頁10405。殿中侍御史孫升在七月丁酉（廿九）上言劾苗授治軍不嚴，相承習爲姑息以收恩，於是諸軍驕惰自肆，無所忌憚。這番描述和他在熙河時作戰英勇的作風很不吻合。苗授以足疾請罷殿帥職，相信只是借口。

新黨的左諫議大夫梁燾卻對他有很高的評價，是月癸未（十五）上言，說「風聞劉舜卿知熙州，威信行於羌虜，邊部賴之以安，蓋今日之良帥也。」梁說劉調知渭州，渭州固然是帥府，但不及熙河之衝要。他說用材在先，蕃漢人素服劉的威名，「況今點羌款寨，變詐不易窺測，舜卿思慮深密，皆得賊人虛實，必有擒縱謀畫，以奪其姦心。」認爲現時不宜調動他的職務。〔註144〕

　　劉舜卿是否值得如此高的評價，見仁見智。宋廷寧用文臣范育守熙河，也不肯將熙河老將李浩調回，不知是否認爲邊事已寧，不用武臣再任帥臣，還是認爲李浩是李憲舊人，不予任用。

〔註144〕《長編》，卷四百三十，元祐四年七月癸未條，頁 10394。

第九章　李規范隨：高太后垂簾後期范育治下的熙河

　　本章主要討論范育在元祐四年七月出任熙河帥後，宋廷對於棄守熙河蘭州的政策轉變。本章以元祐七年六月李憲逝世，未幾范育內召爲戶部侍郎爲斷限，至於高太后垂簾最後一年宋廷內外的政局，會在第十章續論。

　　范育是元祐後期熙河蘭州得以保存的關鍵人物，他大體上依從李憲所立的規模而有所發展，包括努力推動當年李憲築城汝遮谷的建議。紹聖四年（1097）八月壬辰（十一），涇原路經略安撫使章楶（1027～1102）上言表揚范育的功績，便說「故范育任熙河經略使日，於元祐棄地畫疆之時，獨能抗朝廷意指，反覆敷陳利害，又嘗陳進築之策，持論堅確，人莫能奪。」而知樞密院事曾布在元符元年（1098）八月辛丑（廿六）引述范育所言的「熙河一路動搖，則陝西一路動搖，陝西動搖，則天下安危所繫也。」正正打動了不少宋廷朝臣的心弦，而最終支持他堅守熙河的意見。〔註1〕以下先略談他的家世與生平經歷。

　　范育是邠州三水（今陝西咸陽市旬邑縣）人，字巽之，其父范祥（？～1060）是仁宗朝著名的邊臣及鹽法專家，《宋史》有其父子的合傳。范祥舉進士及第，慶曆三年（1043）十月前以太常博士通判鎮戎軍，是年十月率部力抗西夏軍來犯，獲徙知汝州賜五品服。他後來又請築劉璠堡（今寧夏中衛市海原縣西南）及定川寨獲接納。他曉達財利，精通陝西鹽法，慶曆四年（1044）

〔註 1〕《長編》，卷四百九十，紹聖四年八月壬辰條，頁 11625；卷五百一，元符元年八月辛丑條，頁 11943。

春，請變兩池鹽法，詔范祥乘傳陝西，與都轉運使共議，因議不合，他亦因喪而去。到慶曆八年（1048）十月，他再申前議，宋廷以他自屯田員外郎提點陝西路刑獄，兼制置解鹽。他為戶部副使包拯（999～1062）稱許備至。包拯在皇祐元年（1049）十月覆奏，稱許范祥前後所奏，事理頗甚明白。包到陝西與轉運使商議，力贊范祥所建的鹽法。包回朝後，更力主范祥所建之通商法。惟宋廷當時仍有爭議，到皇祐三年（1051）十月，宋廷召范祥回朝，與三司判磨勘司李徽之（？～1090）及兩制共議，議者皆以范所議為是，於是宋廷下詔三司解鹽聽通商。他在皇祐五年（1053）三月，在陝西轉運使任上，又力主築古渭寨以通秦州。但他未得宋廷同意便興役，結果蕃部驚擾，青唐族羌攻破廣吳嶺堡，圍啞兒峽寨，殺宋守軍千餘人。同月丁巳（十八），宋廷命秦鳳路部署劉渙（998～1078）領兵討之，但仍命范祥專主饋糧，不得預軍事。四月庚午朔（初一），宋廷將范祥自度支員外郎降為屯田員外郎，以他擅興古渭之役，並命陝西轉運使李參專制置解鹽事，取代范祥。到嘉祐三年（1058）七月壬辰（廿四），因三司使張方平及御史中丞包拯的推薦，范祥再以度支員外郎制置解鹽。他在嘉祐五年（1060）七月乙巳（十九）卒於任上。宋廷在十一月戊子（初三），因權三司使言范祥建議通陝西鹽法之勞，宋廷錄其孫范景為郊社齋郎，子太廟室長范褒在服闋後與堂除差遣。十二年後，在熙寧五年十二月己亥（廿五），因秦鳳經略使張詵上奏，以范祥曾經制古渭寨，而拓土臨洮實自古渭寨開始，請宋廷褒之。宋廷特贈范祥祕書監，並錄子或孫一人為太廟齋郎。范祥所訂的鹽法，元祐元年十月丁亥（初三），戶部仍以之為參考，當時陝西制置解鹽司奏，以慶曆八年朝旨，范祥所擘畫更改解鹽事，內延、慶、渭、原、環、鎮戎、保安及德順八州軍乞禁榷客鹽，官方自立額一萬五千五百席貨賣，許客旅將解鹽於指定的上面八州軍折博務入納，依立定的鹽價并加饒錢算給交引。而所納鹽貨，就令逐州軍相度立額，分擘與外鎮城寨出賣。戶部請將八州軍官賣解鹽，依照范祥舊法，許本司判給公憑，召客人自用財本指射入納，據合支還客人鹽價錢數，將轉運司糴買年額鹽鈔紐算支給，至於出賣到的鹽錢，都供應轉運司糴買。戶部又奏，檢準嘉祐二年朝旨，范祥所奏的方法，請依他當年的方法辦理，得到宋廷的准許。元祐二年三月戊寅（廿六），陝西制置解鹽司上言，表示遵從本司奏請，將沿邊環慶等八州軍依范祥的舊法。元祐六年七月乙丑（初八），宋廷復制置解鹽使時，給事中范祖禹引述舊事，稱在慶曆中范宗傑為制置解鹽使，行禁

権法，公私大受其弊，於是范祥請變法，到八年，乃以范祥爲陝西提點刑獄兼制置解鹽事，盡革范宗傑之弊，課入亦增加。范祥得到韓琦及包拯的支持，任陝西轉運使，而范祥之鹽法，至今仍稱之。可知范祥的鹽法到元祐時一直爲宋廷所稱許並採用。另外，在宋人筆記中，范祥在陝西推行的鈔法也受到好評。〔註2〕

　　范育和其父一樣，舉進士入仕，先任陝縣令（今河南三門峽市陝縣），以養親解職，而從張載（1020～1078）學，志在立功。他與張載師弟之情頗深，他在元祐初年遵蘇昺之囑，爲亡師遺集撰〈正蒙序〉。據林樂昌所考，張載集收有張答他的書三通。考張載集收有〈慶州大順城記〉一文，記范仲淹在慶曆二年築大順城始末，另有〈邊議〉一文，從固守、省戍、固民、講實、擇帥、擇守、足用、警敗七方面，詳論邊臣守城的經驗得失。另文集又收有〈與蔡帥邊事畫一〉、〈涇原路經略司論邊事狀〉、〈經略司畫一〉三章，評說治平年間宋夏交兵之始末，均充份反映張載甚有見地的守邊謀議。〔註3〕范育後來出任邊臣，進取而穩重，看來得自乃師的啓迪甚多。

〔註2〕《長編》，卷一百四十四，慶曆三年十月甲辰條，頁3479；卷一百六十五，慶曆八年十月丁亥條，頁3970；卷一百六十七，皇祐元年十月壬戌條，頁4016～4019；卷一百七十一，皇祐三年十月己卯朔條，頁4111；卷一百七十四，皇祐五年三月乙卯至丁巳條，頁4202～4203；四月庚午朔條，頁4204；卷一百七十五，皇祐五年閏七月庚辰條，頁4224～4226；卷一百八十七，嘉祐三年七月壬辰條，頁4517～4518；卷一百九十二，嘉祐五年八月丁巳條，頁4639；十一月戊子條，頁4648；卷二百四十一，熙寧五年十二月己亥條，頁5887；卷三百八十九，元祐元年十月丁亥條，頁9452～9454；卷三百九十六，元祐二年三月戊寅條，頁9665；卷四百六十一，元祐六年七月乙丑條，頁11024～11025；《宋史》，卷三百三〈范祥傳附范育傳〉，頁10049～10050；王鞏：《清虛雜著三編‧隨手雜錄》，第26條，「范祥鈔法」，頁304；龔鼎臣（1010～1086）撰，黃寶華（整理）：《東原錄》，收入戴建國（主編）：《全宋筆記》第八編第九冊（鄭州：大象出版社，2017年7月），頁192。關於范祥築古渭寨所引發的問題，及劉渙擊破蕃部，建成古渭寨的經過，可參閱何冠環：〈北宋保州保塞劉氏外戚將門事蹟考〉，載《北宋武將研究續編》，上冊，頁97～99。

〔註3〕張載：《張載集》（北京：中華書局，1978年8月），〈蘇昺‧正蒙序〉、〈范育‧正蒙序〉，頁3～6；《文集佚存》，〈答范巽之書〉，頁349；〈慶州大順城記〉，頁353～354；〈邊議〉，頁356～359；〈與蔡帥邊事畫一〉、〈涇原路經略司論邊事狀〉、〈經略司畫一〉，頁359～365；《宋文鑑》，中冊，卷九十一〈范育‧正蒙序〉，頁1284～1286；《宋史》，卷三百三〈范祥傳附范育傳〉，頁10049～10050；林樂昌：〈張載答范育書三通與關學學風之特質〉，《中國哲學史》，2002年第1期，頁71～76。按范育的研究不多，目前只有林樂昌的一篇略言及范的生平與張載的交往。

　　范育在熙寧三年七月獲薦而得神宗召見，他進《復田役書》，神宗又以轉對的章疏三十篇給他看詳，他條奏稱旨，是月癸丑（廿五）特授光祿寺丞崇文院校書。神宗曾問執政范育如何。王安石評他言地制事不全爲迂闊。八月癸亥（初六），他與時任著作佐郎同管勾淮南常平事林旦，一同除太子中允權監察御史裡行。他頗得神宗與王安石的賞識。當西夏入侵環慶路，他曾奉神宗命行邊，又在熙寧四年正月己亥（十三）曾使河東，體量韓絳築囉兀二寨之得失。但他在同月甲寅（廿八），卻前後七章奏劾王安石的鷹犬集賢校理李定（？～1087）不服母喪，當他出使河東時又向神宗面劾李定。他出使河東，在二月覆奏時，批評韓絳的宣撫司率麟府兵萬人攻囉兀城不能取勝，而致三十萬民轉餉於道，致資費五、六百萬，又奏河東民夫送材木至麟州，留月餘轉運使不使之納。他又反對在此時增修四寨。他的回奏自然與王安石意違。他知道開罪了王安石，於是自請解臺職，神宗允許，將他落監察御史裡行。他這番行徑顯示他並不完全依附新黨。值得注意的是，他一再反對在河東築四寨，沒想到他後來在熙河，就一反以前的立場。他從河東回來，四月壬戌（初七），授檢正中書戶房公事，但他批評中書法度政令，矯枉過正，從權失正，立本不一，故他力辭新命，不給王安石面子。五月辛卯（初七），因開罪了王安石，給王觀他一味談張載與程顥（1032～1085），而他也在論心術爲治之本的地方忤了神宗之意，被降爲光祿寺丞出爲韓城縣（今陝西渭南市韓城市）知縣，離開朝廷，稍後又調知同州澄城縣（今陝西渭南市澄城縣）。是年十二月辛亥（初一），他又奉命往鄜延路議畫地界，他辭行前又上奏論鄜延路如何處理蕃漢兩耕地的問題，他根據實地考察所得，認爲不應輕率地以封堠界壕的方法來畫界，認爲那會引來紛爭。並引《周禮》爲言。王安石自然甚爲不滿，反對派他出使。樞密院於是另派人代替他。他稍後被責降，到熙寧七年十二月甲戌（十一），才以著作佐郎獲復合入的差遣。他被視爲不支持新法的人。〔註4〕

────────────

〔註4〕《長編》，卷二百十三，熙寧三年七月癸丑條，頁 5180～5181；卷二百十四，熙寧三年八月癸亥條，頁 5199；卷二百十九，熙寧四年正月己亥條，頁 5323；甲寅條，頁 5331；卷二百二十，熙寧四年二月壬戌條，頁 5343～5345；癸酉條，頁 5354；乙酉條，頁 5363～5364；卷二百二十一，熙寧四年三月壬辰條，頁 5374；卷二百二十二，熙寧四年四月壬戌條，頁 5400；卷二百二十三，熙寧四年五月辛卯條，頁 5418～5419；卷二百二十八，熙寧四年十二月辛亥條，頁 5547～5551；卷二百五十八，熙寧七年十二月甲戌條，頁 6298～6299；《宋史》，卷三百三〈范祥傳附范育傳〉，頁 10049～10050。據《金石萃編》所載，范育在熙寧四年六月二十三日，在知澄城

　　他在熙寧九年四月獲南征交趾的主帥郭逵辟爲安南道掌管機宜，但他到潭州時，見宋軍病死相屬，而郭逵與趙卨意見不合，就上奏反對勞師動眾征交趾。當宋廷不從其議時，便辭疾而歸。他和李憲本來都奉旨從征交趾，卻都中途而返，無緣相見。本來知永興軍羅拯想奏補范育任永興軍掌管機宜，但宋廷以永興軍在內地，不須設此職，於是范就去不成永興軍。他在熙寧十年三月辛酉（十一），當王安石罷相後，獲神宗委爲權檢詳樞密院兵房文字。元豐元年正月己巳（廿三）復爲崇文院校書。神宗在四月辛未（廿八），以他數次受命按事，都能以直道自持，不爲黨勢所屈，而敢揭發姦惡，於是將他自秘書丞崇文院校書擢爲直集賢院。五月，他又奉派往慶州劾蕃部之事，他請求初問不承認即攝事。神宗批宜改作再問。六月庚申（十八），再遷太子中允、檢詳樞密院兵房文字。元豐二年二月乙巳（初六），他再兼開封府推官。是年五月己巳（初二），他還以樞密院檢詳官奉命審訊權環慶帥高遵裕失職事，他沒有因高爲外戚而維護他，高結果被降二官徙知淮陽軍。神宗見范辦事得力，於六月戊申（十一），又命他主領編錄西北邊事的各項訟案。神宗對他信任有加，再委以重任，九月癸巳（廿八），他與樞密都承旨韓縝與副都承旨張誠一奉命合編的《諸路清野備敵法》畢功上呈神宗，詔頒行之。他後來歷知河中府，遷朝奉郎直集賢院權發遣鳳翔府。他在元豐六年五月後曾爲种諤兄永興軍兵馬鈐轄种診撰寫墓誌銘（按：种診卒年不詳，《長編》記种診事最後在元豐六年五月廿三日）。到元豐八年八月丁卯（初六），高太后臨朝時，終於擔任陝西邊帥，以直龍圖閣知秦州。中書舍人錢勰（1034～1097）當制，稱許他「才猷智略，夙膺器任，選眾掄材，往臨帥閫」。他在秦鳳帥任上，留意防務，特別是秦州的糧草供應問題。他在元祐元年十一月己未（初五），又上言申明知州是都總管、安撫使、都鈐轄，其將下公事請不許通判同管。宋廷從之，而確立了路帥的權力。同月戊寅（廿四）他以朝奉郎直龍圖閣被召入爲太常少卿。他在元祐二年（丁卯）因母病逝而守制，大概在四年初起復，宋廷於正月丁酉（廿六）改授他光祿卿，六月辛亥（十二）再命他兼權戶部侍郎，並命他在一月內看詳舊三司及權貨務已行之法是否合宜。七月丙子（初八），本來廷議認爲范育權領戶部辦事盡心，將他擢爲樞密都

縣時，曾往州治的同州（今陝西渭南市大荔縣），與雷壽民、崔君授、李袞同觀同州府學的褚緒良（596～659）所書的唐太宗雁塔聖教序碑，該碑現存西安碑林博物館。參見王昶（1724～1806）（輯）：《金石萃編》，卷一百三十七〈宋十五·觀褚書聖教序碑題名七段〉，載《宋代石刻文獻全編》，第三冊，頁293。

承旨，但右正言劉安世卻劾范在知河中府時，曾有闕行，說他用嬖人用事，干擾刑政，而他閨門不肅，子弟失教，醜聲流聞道路。宋廷於是收回成命，在是月己卯（十一），將他出知熙州，替代調知渭州的劉舜卿。〔註5〕

我們可以看到，范育從家世、學術及歷練，都很不平凡。他和其父一樣，都是有武幹的儒臣，且通曉財賦，善於治郡。他歷任內外，既任職樞密院，又權戶部侍郎，又出知河中府及鳳翔府，並擔任秦鳳帥，他的資歷全面，擔任熙河帥是勝任有餘，本來他還是難得的樞臣人才。他在神宗朝，以其辦事能力及剛直不阿的作風爲神宗所知，但他並不依附新黨。故此，當高太后臨朝時，舊黨大臣願意重用他。在元祐元年六月獲任平章軍國重事的文彥博便舉薦他，稱許「知秦州、直龍圖范育，曾爲言事官，頗有學識，議論不屈」。而劉摯也推薦他，說他「深有器略」。〔註6〕另外，范育與呂大防的三弟呂大

〔註5〕《長編》，卷二百七十四，熙寧九年四月丙午條，頁6710～6711；卷二百八十一，熙寧十年三月辛酉條，頁6883；卷二百八十七，元豐元年正月己巳條，頁7019；卷二百八十九，元豐元年四月辛未條，頁7072；五月丁酉條，頁7080；卷二百九十，元豐元年六月庚申條，頁7090；卷二百九十六，元豐二年二月乙巳條，頁7205；卷二百九十八，元豐二年五月己巳條，頁7240～7241；卷二百九十八，元豐二年六月戊申條，頁7255；卷三百，元豐二年九月癸巳條，頁7304；卷三百二十，元豐四年十一月辛丑條小注，頁7720～7721；卷三百三十五，元豐六年五月戊戌條，頁8072；卷三百五十九，元豐八年八月丁卯條，頁8579；卷三百七十五，元祐元年四月己亥條，頁9089；卷三百九十一，元祐元年十一月己未條，頁9510～9511；卷三百九十二，元祐元年十一月戊寅條，頁9531；卷四百二十一，元祐四年正月丁酉條，頁10195；卷四百二十九，元祐四年六月辛亥條，頁10371；乙卯條，頁10373；卷四百三十，元祐四年七月丙子條，頁10383～10384；張載：《張載集》，〈范育‧正蒙序〉，頁4～6；毛滂（1056～1124）：《東堂集》，文淵閣《四庫全書》本，卷五〈承議郎直集賢院范育可權發遣鳳翔府制〉，葉一下；劉安世：《盡言集》，卷七〈論范育除樞密都承旨不當〉，頁89～90；《宋文鑑》，上冊，卷四十〈誥‧錢勰‧范育直龍圖閣知秦州〉，頁606；《宋史》，卷三百三〈范祥傳附范育傳〉，頁10049～10050。據范育自述，在元祐丁卯歲（即二年），他居太夫人憂，蘇子（即蘇昺）又以張載遺集囑他寫序。他稱泣血受書，卻三年不能爲一辭。現在守喪畢而不死，於是就動筆爲亡師遺集寫序。據此，范育爲母守制三年，然後大概在四年初復官。又考毛滂所撰的制文，稱鳳翔是蜀隴通秦之控地，異時商賈輻輳，獄市繁多，故最爲關中之劇郡。毛代表宋廷稱許范育「能以儒學潤飾吏治，而又風俗習焉，固以命汝，勉服訓辭，務修循績。」

〔註6〕《文彥博集校注》，下冊，卷三十七〈辭免‧奏狀一、奏狀二〉，頁902～903；卷四十〈舉官‧舉楚建中等〉，頁939～940；《長編》，卷三百九十四，元祐二年正月辛未條，頁9603；《忠肅集》，卷六〈奏議‧薦人才疏〉，頁129；按劉

鈞（字和叔，1031～1082）、四弟呂大臨（字與叔，約 1046～1092）均爲張載弟子，他後來還爲呂大鈞撰寫墓銘。因他與呂家關係匪淺，呂大防就全力舉薦及支持他。〔註7〕

范育雖屬舊黨，但他有豐富的邊事經驗，並不墨守成規，更不會盲目聽從朝廷的指令，而是根據實際的情況制定治理熙河的政策，而非像不少舊黨大臣，不分青紅皂白否定熙豐之政。

從目前可見的資料來看，范育與李憲看來並無淵源，可能李憲在熙寧四年任太原路走馬承受時，與是年初出使河東的范育有短暫的公事合作。二人當時在河東築城問題有相同的看法，多年後范育也同意李憲在熙河的政策。李憲被廢黜，熙河初時本來出現人去政息的現像，卻幸運地有范育的到來而初步扭轉不利的局面。

元祐四年八月己亥（初二），在范育出任熙河帥不久，宋廷就將熙河蘭會路改爲熙河蘭岷路，蘭州知州兼管蘭會路緣邊安撫司改爲蘭州緣邊安撫司，將仍未收復的會州排除於外。宋廷以熙河不再如前的吃重，是月己酉（十二），就詔陝西解鹽司於熙河路每年合得年額鹽鐵數內，從來年開始，撥二十萬貫

摯上此疏稱他「今月四日奏事延和殿，因論人才，伏蒙聖語詢問，臣即具奏」。惟具體年月待考。又順帶一提，在元祐六年七月，西蕃溫溪心差人以蕃書詣范育，欲以騮驪馬一匹送宋廷。不知是范育還是高太后的主意，此馬後來賜給在洛陽致仕的文彥博，但文彥博上兩奏婉謝所賜。

〔註7〕　參見《宋文鑑》，下冊，卷一百四十五〈墓表・范育・呂和叔墓表〉，頁 2028～2030；呂大臨等（撰），陳俊民（輯校）：《藍田呂氏遺著輯稿》（北京：中華書局，1993 年 11 月），〈附錄・范育・頁 611～613，宋文鑑呂和叔墓表〉；朱熹（編），戴揚本（校點）：《伊洛淵源錄》，載《朱子全書》（上海：上海古籍出版社，2010 年 9 月），第十二冊，卷八〈藍田呂氏兄弟宣義・行狀略〉，頁 1028～1032。呂大鈞是張載的同年進士，據姜國柱的研究，他與弟呂大臨可說是張載關學的傳人。又考呂大防於元豐二年四月在知永興軍任上，爲其故人都官員外郎張子和（1016～1079）撰寫墓誌銘時，時任知河中府的范育便負責篆寫墓蓋，可見呂與范的親密關係。又考張中和在熙寧八年夏任權發遣秦鳳等路轉運副使公事，當時河洮師旅之後，軍糧不足以支月計，而米斗錢數百。張中和以常法不足以應此，就上奏宋廷請行勸糴之令，預先貸錢與民，而以期使入粟於官，於是諸邊郡頗能供給軍糧。但他的權宜做法卻爲言者所劾，奪兩官免歸。呂大防將此事記於張的墓銘，顯然是同情他，認爲他沒有做錯。參見姜國柱：《張載的哲學思想》（瀋陽：遼寧人民出版社，1982年 9 月），第九章第二節〈張載的傳人——呂大鈞與呂大臨〉，頁 184～194；郭茂育、劉繼保（編著）：《宋代墓誌輯釋》，第一三一篇，〈宋故朝奉郎尚書都官員外郎輕車都尉賜緋魚袋張君（子和）墓誌銘并序〉，頁 294～295。

付陝西轉運使以供應秦、延等九州軍。〔註8〕

　　順帶一提，在是月辛丑（初四），宋用臣也獲得少許寬貸，自監滁州酒稅改管勾舒州靈仙觀，許本處居住。也許高太后覺得處理蔡確的事上過了頭，她除了沒聽從梁燾等在七月庚辰（十二）進言責降章惇外，也對宋用臣等寬大處理。〔註9〕

　　對於初到貴境的范育，宋廷在十一月甲申（十八）便依樞密院議，以蘭州下臨黃河，怕冬深結冰，詔范育須詳檢歷年黃河結冰時間，差兵將往蘭州及定西城守禦。還是久歷邊任的帥臣較爲得力，是月己丑（廿三），殿帥劉昌祚奏請根括隴山地一萬九百九十頃來招置弓箭手人馬五千二百六十一人。〔註10〕

　　青唐阿里骨及溫溪心的進奉使大小首領軟驢腳四等於十二月戊戌（初二）抵京，宋廷給他們補職名及賞賜，三天後（辛丑，初五），西夏遣使來賀哲宗生日興龍節。邊庭暫時無事。〔註11〕

　　不過，范育大概在這年冬，卻向宋廷詳細報告青唐的眞實情況，他說溫溪心察知阿里骨要殺他們，故加以防備。阿里骨知悉宋廷善待溫溪心，及封巴烏凌幹及巴桑多爾濟二人官職，故稍緩其行動，但其謀愈深，而多派質戶來邈川換易舊住人戶，意圖除去溫溪心等人的心腹及羽翼，又使巴烏陰制其內，使溫溪心父子勢益孤危。溫溪心以目疾，多不管事，而巴烏亦以看經爲說，阿里骨多次召喚都不去。范育稱青唐人往來多凌辱邈川人戶，故邈川人情極不安，而阿里骨又密派人與西夏結和，並不由邈川，只近北往來，有共殺

〔註8〕《長編》，卷四百三十一，元祐四年八月己亥條，頁10407；己酉條，頁10418。
〔註9〕《長編》，卷四百三十，元祐四年七月庚辰條，頁10392～10393；卷四百三十一，元祐四年八月辛丑條，頁10407；卷四百三十六，元祐四年十二月丁酉條，頁10499；《萍洲可談》，卷二，頁147；《夷堅志‧丁志》，卷十七，「瑠璃缾」條，頁365～366；徐乃昌（1869～1946）（纂）：《安徽通志稿》，〈金石古物考十二〉，「葉祖洽等題名」，載《宋代石刻文獻全編》，第二冊，頁510。考章惇最終在是年十二月丁酉（初一），以除喪服故，自正議大夫降爲通議大夫，提舉杭州洞霄宮，這算是薄責。又據宋人筆記《萍洲可談》及《夷堅志》所載，宋用臣在舒州（今安徽安慶市潛山縣）時，郡守作一甚大的樂鼓，飾以金彩，但其旁的一環腳斷裂。宋即時獻計以最便宜方便的方法將之修補，人稱他多有此技藝。而據《安徽通志稿》所載，宋用臣在元祐五年四月初十，曾隨同屬新黨的淮西提點刑獄葉祖洽（1046～1117）與唐坰等人同遊潛山縣牛石洞。
〔註10〕《長編》，卷四百三十五，元祐四年十一月甲申至己丑條，頁10487～10489。
〔註11〕《長編》，卷四百三十六，元祐四年十二月戊戌至辛丑條，頁10499。

溫溪心，併吞邈川之謀，但羌酋並不省悟。他又分析青唐若與西夏共取邈川，西夏就會更強，青唐就會削弱，其勢必不兩存。他以邈川存，則西蕃可作爲西夏的障蔽，邈川亡，西蕃就必爲西夏所併，西夏就會坐大，故他以爲邈川不可不存，溫溪心不可不救。他又向宋廷引述岷州都總領蕃兵內臣李祥以及洮西安撫王光世關於阿里骨起兵攻溫溪心的諜報。他已向溫溪心告諭，若阿里骨來攻，速來告急。他請宋廷許他量發蕃漢兵馬以助溫溪心聲勢，讓他知有宋援，敢出兵抗阿里骨。並且讓他聯結諸酋，相應舉事，並送趙醇忠過界，宣告阿里骨之罪，以趙醇忠當立爲辭。范育是想利用青唐諸酋的矛盾，以夷攻夷。〔註12〕

　　元祐五年正月中，范育又上言，以宋廷詔本路與夏人分畫疆界，非所賜城寨外，以二十里爲界。而通遠軍、定西城、通西寨、榆木寨等城寨，據宋廷指揮畫界，夏人堅持以逐寨外取二十里。現時蘭州的質孤及勝如堡，前日宋廷令其作守據之計，本路按視合取二堡外立界。但夏人指它們並非舊堡寨，要從龕谷寨打量計算。他認爲此二事，若朝廷從夏人之請，則對熙河路邊面形勢有無窮之害。若不從，夏人必起兵爭佔，有害今日的和議，而西兵未有可息之期。故此，他建議定西城北與夏人接境，而通西、榆木二寨，則夏境在東。若皆取二十里，則今日所棄邊面，多者已二三十里，所需徙的弓箭手已數千百戶，失膏腴之地數千畝。另外，這會造成定西城孤絕，敵兵可從中斷其歸路，其勢決不可守，則通遠軍之邊面所蹙的又不啻數十里，而夏兵每出，可至通遠軍。當通遠軍受敵，熙河一路就有扼吭不通之患。蘭州一向藉質孤和勝如川地五十餘頃的膏腴上土，有水泉可以灌漑，其收入每畝有數斛，可以安置弓箭手三千人。當日堡障未立，不敢就耕，但以名目占坐不去的已千餘人。假若按夏人之意從龕谷寨二十里爲界，則二堡之地皆不可耕。蘭州沒有此地，北距黃河，南隔山，東西境壤則無餘，其耕種之地既不足以自食，其州粟便日貴，費用益廣。若敵兵一出，則馬上至蘭州西野，增兵嚴備，無時而已，蘭州就危險了。他又說訪聞定西城一帶，川原廣闊，夏人置倉以積穀，質孤與勝如川夏人稱爲御莊。自宋廷收復此地後，其土人皆走天都山及會州之境，該處地瘠人貧，故他們常想奪回，而夏人不會顧及和議而罷手。他認爲不與則用兵雖速而患小，因宋邊有易守之形，與之則用兵雖緩而患大。總之，范育不主張應夏人要求放棄質孤與勝如之地，而主張聯合溫溪心等對

〔註12〕《長編》，卷四百四十四，元祐五年六月辛酉條，頁10680～10683。按范育此奏不詳月日，李燾認爲當在四年秋或或冬間。

－265－

付阿里骨，從而防止西夏與青唐聯合。〔註13〕

　　宋廷尚未決定應否採納范育的意見時。是月庚寅（廿四），舊黨當政者又將新黨大將、河東路經略使龍圖閣學士曾布降一官，以他處置本路將官宋整不公，而宋自盡之過責之。舊黨的王巖叟、梁燾乘機劾奏，要將曾布嚴辦。宋廷尚未處置曾布，他們擠走的李常已在二月丁酉（初二）卒於成都府任上。丁巳（廿二），宋廷以知陳州胡宗愈代知成都府。據《皇宋十朝綱要》的記載，范育在二月癸卯（初八），已開始修築質孤和勝如兩堡。他要比其前任劉舜卿積極進取得多。〔註14〕

　　才任同知樞密院事八個月的趙瞻在三月丙寅（初一）卒於任上。宋廷於壬申（初七）以尚書左丞韓忠彥（1038～1109）繼為同知樞密院事，而以翰林學士承旨蘇頌（1021～1101）補尚書左丞。二人都是舊黨的溫和派。辛巳（十六），被劉安世等擠走的曾肇又自齊州徙陳州，補胡宗愈之缺。他與居於陳州的李憲可說是同病相憐。〔註15〕

　　三月癸未（十八），鄜延帥趙卨向宋廷報告與西夏畫界的進展，他遵照樞密院的指示，除塞門寨於東西北三面各取二十里為界外，蘭州界及定西城堡寨，及本路義合寨與河東吳堡寨比接諸城邊面齊截去處，於城外打量二十里，照直為界，擇地豎立封堠，修建堡鋪。宋廷同意，詔他令保安軍牒告宥州夏人。宋廷此時仍堅持原先的協議，保留塞門寨與蘭州。夏人除了塞門寨的畫界尚有爭議外，其他各處都接受宋方的意見。惟蘭州質孤、勝如兩堡的畫界仍在爭議中。〔註16〕

〔註13〕《長編》，卷四百四十四，元祐五年六月辛酉條，頁 10683～10687；《宋朝諸臣奏議》，下冊，卷一百三十九〈邊防門・遠夏十一〉，〈范育・上哲宗論禦戎之要・元祐五年正月上，時知熙州〉，頁 1573～1575。

〔註14〕《長編》，卷四百三十七，元祐五年正月庚寅條，頁 10546～10548；卷四百三十八，元祐五年二月丁酉條，頁 10553；庚戌至丁巳條，頁 10564～10565；《皇宋十朝綱要校正》，卷十三〈哲宗〉，頁 353。文彥博在是月庚戌（十五）獲准致仕。

〔註15〕《長編》，卷四百二十三，元祐四年三月戊寅至己卯條，頁 10232～10238；四百三十九，元祐五年三月丙寅條，頁 10568；壬申條，頁 10574；辛巳條，頁 10581。考胡宗愈為胡宗哲族兄，在元祐四年三月己卯（初八），自尚書右丞上被言官劉安世連續上奏二十一道嚴劾，而被罷右丞以資政殿學士出知陳州。參見第八章註133。

〔註16〕《長編》，卷四百三十九，元祐五年三月癸未條，頁 10581；卷四百四十，元祐五年三月甲午條，頁 10588。

四月戊戌（初三），宋廷接受范育的請求，命城寨使臣召募少壯堪耕戰的人刺充弓箭手。每員使臣招三百人，他們能從事其業達一年，就減負責的使臣磨勘一年，若百人就減半。至於提舉官，每及六百人就各減一年磨勘，三百人就減半。這是李憲當年訂下的制度。三天後（辛丑，初六），宋廷為安撫青唐，授鬼章之子蘇南結右班殿直，並月給茶綵，賞他能撫帖其部族。〔註17〕

是月甲辰（初九），一向不喜李憲的知樞密院事孫固卒。值得一提的是，曾參李憲幕、性素豪邁的李靖兵法專家郭逢原，在是月癸丑（十八）原本新任通判岷州，宋廷忽將他徙權通判河北的磁州（今河北邯鄲市磁縣），將他調離熙河。據載是給事中鄭穆（？～1092）及范祖禹的意見。據其墓誌所載，他在元祐以後被視為元豐黨人，一直閒居，他有否與故主李憲往來，惜史所未載。〔註18〕

宋廷繼續與西夏在畫界上討價還價，是月壬戌（廿七），應西夏之問，宋廷令保安軍牒報宥州，關於蘭州的質孤及勝如堡的建置年月。宥州又牒蘭州，所管至第三寨取直。宋廷又令保安軍回牒，蘭州的地界問題要知會熙州。〔註19〕

宋廷在五月丙寅（初二），認為邊事已寧，就將罷相出知潁昌府的范純仁徙知延安府（即延州），而將知延州多年的趙卨調知太原府。但御史中丞梁燾極力反對，認為於制不合。結果宋廷改命范知太原府，而趙卨留任。〔註20〕宋廷卻未想到西夏又借勝如及質孤兩寨的存廢再起爭端。是月丙子（十二），趙卨上奏收到保安軍轉來宥州的牒文，西夏請宋人廢蘭州勝如等堡。宋廷想息事寧人，就詔熙河，密勘勝如與質孤兩堡內現屯的蕃漢兵馬及巡檢使臣等

〔註17〕《長編》，卷四百四十一，元祐五年四月戊戌條，頁10610；辛丑條，頁10619。
〔註18〕《長編》，卷四百四十一，元祐五年四月甲辰條，頁10619；癸丑條，頁10621；黃裳：《演山集》，卷三十三〈朝散郭公墓誌銘・元符二年九月〉，葉七下至九下。據黃裳所記，郭逢原在元豐七年以丁父憂解職，到他釋服後，回朝的司馬光以他是元豐黨人，不肯用他。他閒居許久，才以監倉遷朝奉郎，稍後除磁州通判。其墓誌銘沒有記他曾獲委權岷州通判，以及范祖禹等反對他這項任命的理由。按是時知岷州是武臣郭紹忠。他後來任通判鎮戎軍，乃得以返回西北。
〔註19〕《長編》，卷四百四十一，元祐五年四月壬戌條，頁10623。
〔註20〕《長編》，卷四百四十二，元祐五年五月丙寅條，頁10630～10631；戊子條，頁10639；卷四百四十三，元祐五年六月己未條，頁10675。宋廷將原知太原府的龍圖閣直學士滕元發（？～1090）徙知揚州，而原知揚州的蔡京就代知潁州。蔡京在六月己未（廿六）又徙知鄆州。

人數，與及兩堡的城壁樓櫓守禦之具的狀況，另查詢兩堡在元豐五年修築後，有何事迹或文據可給西夏照驗，又詢問熙河應以何辭回覆西夏的質問，以及夏人所稱的廣割嶺究是何處，令范育繪圖以聞。壬辰（廿八），宥州又牒保安軍，稱蘭州地界應如前月所訂。宋廷於是令保安軍知會熙州。〔註21〕

正如宋廷前詔所言，質孤與勝如兩堡都是李憲在元豐五年以後修築來防禦蘭州的要塞，夏人當然想要取回。宋廷言官對此意見不一，殿中侍御史上官均在六月辛丑（初八），便上言指出西夏現時所爭的蘭州要塞，都是控扼戎馬要路，若以目前無事，就輕易付之。中外就會擔心夏人會乘虛長驅，熙河數郡就孤立難守，爲害不淺。他說朝中大臣無非想安靜無事，所以曲從其請。但他擔心他日夏人無厭，求取熙河故地，就不知以何辭拒絕。他說曾訪問曾任邊地而替代回朝的官員（可能正是范育），他們都以爲戎狄之情，驕則愈橫，若今日給以邊塞要地，就自去屏障，長夏人強悍之勢，如虎添翼，等於借寇以兵，不但無益，而且有害。他主張今日宜治兵積穀，選將厚賞，畫地而守，切勿給予尺寸之地。他建議若夏人以故地疆界爲言，就諭邊將答以靈州也是宋朝故土，若夏人歸還靈州，宋朝就償以故土，這樣亦可以折其無厭之請。他又說前日朝廷輕信邊臣之計，放棄四寨，論者深以爲恨，今日又捐割邊地，徒增西夏之氣勢。他將棄四寨之責任，歸於延帥趙卨，說他想脫身歸朝，望入爲執政。〔註22〕

宋廷本來在六月辛酉（廿八）將范育召入爲戶部侍郎，而以知秦州葉康直代知熙州。但范育尚未離任，西夏不滿宋人不肯更改質孤及勝如二堡的畫界，就出兵犯二堡。〔註23〕

早在五月壬辰（廿八）擢爲龍圖閣直學士御史中丞的蘇轍，也在六月辛酉（廿八）上言論質孤、勝如二堡的事。他一如既往，認爲應該對西夏讓步，接受其畫界要求，以免再起邊釁。他不同意上官均及范育等寸土不讓的意見。他說熙河路近日創修質孤及勝如二堡，侵奪夏人御莊良田，又於蘭州以北過河二十里議築堡寨，以廣斥堠，於是造成夏人猜疑，不受約束，而怨毒邊吏，不信朝廷，就是宋朝歲賜至厚，和市至優，只是勉強修臣節，其實並未感激。

〔註21〕 《長編》，卷四百四十二，元祐五年五月丙子條，頁10636；壬辰條，頁10645。
〔註22〕 《長編》，卷四百四十三，元祐五年六月辛丑條，頁10656～10662。
〔註23〕 《長編》，卷四百四十四，元祐五年六月辛酉條，頁10679，10687；《皇宋十朝綱要校正》，卷十三〈哲宗〉，頁354。

總之，過錯都在宋朝。他又批評熙河帥臣與其將吏，不明宋廷之心，只求尺寸之利，妄求功賞，以害國事。他又引述當年因熙河築西關城，又聲言次築龕谷，於是招致鬼章疑懼而入侵，以至一路瘡痍至今未復。他說今日築城質孤與勝如，其勢必及於龕谷，夏人必會像鬼章那樣疑懼而出兵。他認爲今次夏人入侵，曲在熙河，而非西夏。他又說蘭州之爲患，所從來遠矣。他再一次點了李憲的名，說當年神宗分遣諸將攻夏，李憲應會兵靈武，卻「畏怯不敢深入，遂以此州塞責，自是以來，築城聚兵，完械積粟，勞費天下，動以千萬，爲計議者患之久矣。」他批評李憲種下禍根，於是後來「好事之臣，因此講求遺利，以爲今城本漢屯田舊地，田極膏腴，水可灌漑，不患無食，患在不耕，不患不耕，患無堡障，凡西關、龕谷、質孤、勝如與過河築城，皆所以爲堡障也。」他認爲從來熙河派兵侵耕此地，皆被夏人所殺，何況築堡，必定致寇。他以爲不耕蘭州，比夏人入侵更爲有利。他又以宋廷以點檢熙河弓箭手爲名，派孫路商量熙河畫界事，而痛斥孫路昔日在熙河，隨李憲等造作邊事，由此得到擢用。他說怕孫路和以前一樣，不以夏人逆服利害爲心，而妄圖蘭州小利，而失國家大計。〔註 24〕蘇轍在這篇奏議上，先後點了李憲兩次名，他說李憲畏怯會師靈州，而取蘭州以塞責，後來引致開拓蘭州而勞費千萬。這本是舊黨朝臣加給李憲的標準罪名，而蘇轍因襲其說。至於蘇轍之論是否合理，就見仁見智。從儒家不侵奪別人土地，不窮兵黷武立場，弭兵息戰以安民，不能說是錯的；但從國防守禦，以備戰而震懾敵人不敢犯境的現實考慮，蘇轍之論又似是書生之見，連他的文臣而任邊吏的同僚也不能認同。

　　蘇轍意猶未盡，稍後再上一奏，他點了范育的名，劾他與將吏种誼與种朴等妄興邊事，東侵夏國，西挑青唐，二難並起，請將三人責降。他說熙河的邊釁本自种氏二將狂妄，覬幸功賞而發動，現時范育雖已離職，但二种仍在，而新除的熙河帥葉康直又人才凡下，說他不免觀望朝廷意向，而爲二种所使，若不將他們一齊調職，熙河之患就未可知。蘇轍再一次點李憲的名，說神宗當初開熙河，本來沒有包括蘭州，初並不爲患，是李憲違命創築蘭州城，並說無蘭州，熙河決不可守。因取蘭州已十餘年，現時想要築質孤和勝

〔註24〕《長編》，卷四百四十二，元祐五年五月壬辰條，頁 10642；卷四百四十四，元祐五年六月辛酉條，頁 10687～10689；《欒城集》，中冊，卷四十三〈御史中丞論時事箚子十二首·乞罷熙河修質孤勝如等寨箚子〉，頁 946～948。

如堡，以侵夏國良田，就說若無質孤和勝如，蘭州亦不可守。他批評范育等其實「展轉生事，類皆浮言。蓋以邊防無事，將吏安閒，若不妄說事端，無以邀求爵賞。」他又批評种氏一門從种諤起，多是妄生事端以邀功，而認為范育等聯合青唐諸酋對付阿里骨並無果效。他再批評新除的熙河帥葉康直昔為權貴所薦而為秦鳳帥，其實為人能力未足倚仗，他又力數葉在秦州之過失，再一次說他多次事李憲，而靠李憲營救而免獲罪。他請另派熟事老將擔任熙河帥。〔註25〕總之，蘇轍對李憲及和李有關的人均無好評，而認為應向西夏妥協退讓。

宋廷在七月戊辰（初五），為了廷臣對熙河畫界事的爭議，特命熟悉熙河邊事的秦鳳路提點刑獄游師雄前往按視定西城等處疆界，以及城寨相去地里以聞。乙亥（十二），宋廷因言官反對，將新任熙州的葉康直改任寶文閣待制、陝西都轉運使，而重新以范育知熙州。同日，熙河經略司奏上，就在熙河帥頻頻易人之際，夏人攻毀質孤和勝如兩堡，宋廷即命移牒宥州質問夏人。蘇轍見連上兩章，雖然罷葉康直知熙州，最後卻由范育還領熙河。於是再上一章，說聞知夏人已破蕩兩寨，足見二寨不應城守，他仍請熙河另委新帥。不過，他自承本是儒生，不習軍旅，只以人情揆度此事。宋廷不報。丁亥（廿四），蘇第四度上奏，認為范育和种誼不可留在熙河，因夏人不信他們。他們因悁憤，恥功不遂，必妄生事端。他們既結阿里骨之怨，二隙交邁，危險就更大。〔註26〕

蘇轍要撤換范育等邊臣邊將，但邊臣難尋，好像种誼這種立有大功的邊將更不是隨便可換的。蘇轍上奏的同日，宋廷詔游師雄仍舊兼提舉催促蘭州、通遠軍招置弓箭手。〔註27〕

相較之下，久任邊帥的環慶路經略使范純粹的意見就中肯得多，遠比毫無邊臣經驗的蘇轍更令人信服。他在七月壬辰（廿九）上言，一針見血指出：

臣伏見熙、延兩路與夏國所畫封疆，至今未決，外議謂朝廷務在息

〔註25〕《長編》，卷四百四十四，元祐五年六月辛酉條，頁10689～10693；《欒城集》，中冊，卷四十三〈御史中丞論時事箚子十二首‧再論熙河邊事箚子〉，頁956～959。

〔註26〕《長編》，卷四百四十五，元祐五年七月戊辰條，頁10711；乙亥條，頁10715～10716；丁亥條，頁10718～10719；《欒城集》，中冊，卷四十三〈御史中丞論時事箚子十二首‧三論熙河邊事箚子〉，頁961～962；卷四十四〈御史中丞論時事箚子十首‧四論熙河邊事箚子〉，頁966～967。

〔註27〕《長編》，卷四百四十五，元祐五年七月丁亥條，頁10722。

兵，失于欲速，故狂寇要索，日益滋彰。雖聖朝懷來四夷，固爲上
策，若邊臣不究利害，但務委隨，則國體事機，不無虧失。……朝
廷既許以陷寇之眾易新造之壘，人有品色多寡之異，地有形勢遠邇
之差，約當素明，謀當素定，必皆著見於書，然後受人、割地，交
相付與，則彼尚何所能爲乎？今謀不素定，約不素明，彼以疲殘百
餘人塞命而已，我乃不復較問，亟以四壘付之，則彼計固已行矣。
聞四壘既付，即已平徹，而熙、延二境，始議畫疆，顧不晚乎？……
如聞夏賊於塞門、金城之地，重有要求，又聲言與西鄰爲合從之謀，
將以重我。外議恐朝廷不以爲重，而輕棄之。信如是，則欲速亦已
甚矣！夫朝廷所以謂金城、塞門爲不可棄者，非以兩孤壘之爲利也，
謂其形勢險阻，足以藩籬邊徼，土田沃壤，足以贍給邊兵也。利害
所繫，他壘莫比，故獨不在給賜之限。今畫疆之議，乃欲安目前之
小休，棄形勢之要地，舍數千户已耕之土地，斷數百里斥堠之要衝，
屏蔽無餘，出門遇敵，道路梗澁，運餉艱虞，孤壘僅存，我將安用？
譬猶欲保一身，而損去四體，是大不可也。然則前日詔旨所不予之
地，徒虛名耳。且彼之所求，我必與之，臣不知真足以厭其所欲而
不爲他日之患乎？失要害之地，濟無厭之求，虧國體勢，墮賊奸謀，
養虎開端，不可不慎。……臣願朝廷舍其淺近，計於久長，其所取
乎，并以元頒詔書從事。如其偃塞，置而不問，但誠飭邊吏，嚴備
如昔。希功造事則固所不可，護邊待敵則宜無甚難。以區區內亂之
小羌，尚能與中國久抗乎？期以歲年，決可竟事，在朝廷不惑而已。
〔註28〕

　　蘇轍的文名及後來的官位，自然比范純粹高很多，但觀乎二人對邊情及
外敵的認識，可說是高下立判。幸而宋廷中樞沒有輕信蘇轍的話，才不致造
成更大的損失。

　　宋廷在八月甲午（初二），因言官對孫路的不信任，就改命戶部員外郎穆
衍往熙河蘭岷路措置弓箭手土田事宜，另相度畫界的事。據《長編》引穆衍
的墓誌所記，穆衍往熙河還，以質孤和勝如據兩川美田，是漢蕃必爭之地，
自西關失利，遂廢不守。他請在兩堡之間，更城李內彭，以控要害，並說納
克密、勞札、淺井、隆諾特，都宜起亭障，以通涇原之援。宋廷於來年築城

〔註28〕《長編》，卷四百四十五，元祐五年七月壬辰條，頁 10724～10726。

李內彭（即李諾平），賜名定遠城。可見穆衍完全贊同范純粹、范育以至孫路等人的築城守禦策略，反對放棄蘭州等地。〔註29〕

蘇轍見他請罷范育及种誼之議不見施行，又見宋廷派孫路及穆衍往熙河按視，心有不甘，於是在八月庚子（初八）上奏，再申前議，認為勝如兩堡必難議再修，定西、通西及通渭三寨二十里以上界至，亦無必取於夏。他仍請將范、种二人移去他路，別擇名將，謹守大信，並修邊備。不過，蘇轍也明白宋廷不會聽他的。〔註30〕

八月庚申（廿八），宋廷為表示寬大，就特許鬼章往秦州居住。〔註31〕但在一個月後，宋廷卻在九月丙戌（廿五），將在西邊多立功勞的永興軍總管李浩，坐任熙州副都總管時，買諸路軍交旁人入中等過失，自黔州觀察使降為忠州防禦使，雖會赦仍照舊責降。〔註32〕

是月己丑（廿八），樞密院奏上游師雄往質孤、勝如二堡的實地考察報告。游報告宋廷，夏軍五千人在六月底攻毀兩堡，當日因煙霧之故，故不見烽火。幸而勝如堡內有橫空地道，故守兵多得以保全，只有三人受傷，而緣邊巡檢計守義又擒得夏軍四人。至於質孤堡守兵四人皆被殺。巡檢王亨已知會守卒若勢力不敵，即許迴避，惟管當東關堡的白遇及劉文珪二人卻不預行提防，頗涉輕慢。宋廷即詔王亨降一官，展一期敘，白、劉二人各展二年磨勘。勝如堡因擒獲夏軍四人，特免責罰。而熙河帥范育及知蘭州种誼就免罪。〔註33〕

十月甲辰（十三），蘇轍上言論新陞任管軍的人選，他對李憲麾下諸將倒沒有偏見，他同意高太后所提議的王文郁與姚兕兩人。高太后、呂大防及許將（？～1100後）都稱許王文郁有邊功，堪任軍職，最後王文郁以熙河蘭岷

〔註29〕《長編》，卷四百四十六，元祐五年八月甲午條，頁10728～10729；卷四百四十九，元祐五年十月癸卯條，頁10792；《宋史》，卷三百三十二〈穆衍傳〉，頁10691～10692。考穆衍在元祐五年十月癸卯（十二）遷右司員外郎，十二月丁巳（廿七）又遷郎中，賞出使之勞。他在紹聖初年，以直秘閣為陝西轉運使，後加直龍圖閣知慶州，又徙延安府（即延州），再徙秦州，未行而卒，得年六十三。宋廷以他當日主張不棄蘭州之功，而官其一子。穆衍是介乎新舊黨的人物，他力主保有蘭州，但舊黨的人也並不排斥他。

〔註30〕《長編》，卷四百四十六，元祐五年八月庚子條，頁10734～19737；《欒城集》，中冊，卷四十四〈御史中丞論時事箚子十首·論前後處置夏國乖方箚子〉，頁973～975。

〔註31〕《長編》，卷四百四十六，元祐五年八月庚申條，頁10757。

〔註32〕《長編》，卷四百四十八，元祐五年九月丙戌條，頁10773。

〔註33〕《長編》，卷四百四十八，元祐五年九月己丑條，頁10774。

副總管除沂州團練使拜捧日天武四廂都指揮使，並陞爲本路副都總管，晉身管軍之列，惟姚兒就不獲晉陞，改由張守約拜龍神衛四廂都指揮使，任鄜延路副都總管。〔註34〕李憲熙河舊部中，已先後有苗授、李浩及王文郁升任管軍。

李憲在元祐五年的各次政治風波中都未受影響，蘇轍在數次奏疏上點他的名，算他的舊賬，都沒有令他再被責降，反而在十二月壬辰（初二），不知是何恩典，他從致仕的右千牛衛上將軍分司南京，再任班官之首的延福宮使，恢復宣州觀察使和提舉明道宮的遙領官及祠職。李燾也弄不清何故，李憲恢復致仕前的職位。爲李憲撰寫制文的是權中書舍人豐稷（1033～1107），其中有「宜叨舊物」之言，意謂他應得回此舊職，但此言後來卻被不喜李憲的蘇轍評爲不得體，說豐無學。〔註35〕

李憲復職的同日，知熙州范育奏上詳細的畫界報告及建議，他說按照差官的按視及依以前綏州畫界的先例，他以本路的新疆界有難依綏州的地方，他請蘭州以黃河外二十里爲界，其餘城寨，於現在弓箭手已開的崖巉口鋪耕種地土外，以二十里爲界。另依朝旨，於定西城以北二十里，相照拶邊堡寨接連取直，合立界至，兼參照樞密院所降的甲乙丙丁圖子，及回答夏國詔書所示許一抹取直的原則，內定西城以東，合與秦州隆諾特堡一抹取直。范說已依朝旨條畫逐件利害及以彩畫地圖奏聞。他說在十一月辛巳（廿一），有夏人首領允稜舉特且來本路石峽子談判，他已差第五副將李中和他會談，並不依應近降朝旨，而執宥州牒要逐個城壕外打量。他又分析，夏人力爭地界之

〔註34〕《長編》，卷四百四十九，元祐五年十月甲辰條，頁 10792；卷四百五十，元祐五年十一月壬戌條，頁 10807；卷四百五十三，元祐五年十二月甲寅條，頁 10870；卷四百五十四，元祐六年正月壬申條，頁 10883；《欒城集》，中冊，卷四十五〈御史中丞論時事箚子八首・乞定差管軍臣僚箚子〉，頁 1001～1002；范祖禹：《范太史集》，卷二十九〈賜捧日天武四廂都指揮使沂州團練使充熙河蘭岷路馬步軍副都總管王文郁進奉賀南郊禮畢馬敕書〉，葉六上。宋廷在十二月甲寅（廿四）正式發出擢陞王文郁與張守約管軍的任命。另鄜延路副都總管呂眞召入爲馬軍都虞候權管勾步軍司，秦鳳路副總管劉斌爲步軍都虞候調任高陽關路副都總管。王文郁獲擢陞後，就進奉馬，賀剛舉行的南郊大典。宋廷命中書舍人范祖禹撰寫敕書獎之，稱他有「禦侮之任，爰有修貢之儀，言念恪勤，不忘嘉嘆。」至於不獲晉陞管軍的姚兒在元祐六年（1091）正月壬申（十二），以通州團練使環慶路總管徙涇原。

〔註35〕《長編》，卷四百五十二，元祐五年十二月壬辰條，頁 10843；卷四百五十四，元祐六年正月丙戌條，頁 10891。

意，並不以尺寸之壤爲彼利，而以熙河形勢控其右脅，臨制其國，意欲削毀
宋的藩籬，使宋邊常危，西夏就有常安之計。范育又以本路地勢，質孤、勝
如、努札三堡，實是控扼夏人咽喉之地，宋人得之足以制夏，夏得之則足以
困宋。他認爲沒有質孤和勝如堡，則蘭州必危，無努札則定西必危。蘭州和
定西危，則熙河常有動搖之憂，而夏軍就勢更強，可以肆爲邊患。他又說宥
州昨日來牒稱，納葉經且將克節修築堡子，有耕種處並駐人騎，請權行毀廢。
由此觀之，夏人窺伺三堡並非一日之事。他又指出宋廷有二十里的指揮，想
起自東關，至龕谷、定西以北各二十里爲界，即三堡皆在夏人熟地之內，並
要自定西熨斗平第三寨接連取直，若如此，蟾羊山、吓累山、聚卜結隆一帶
亦爲西夏所有。若再與之西寨，請以二十里爲界就從之，若請留生地十里亦
從之。他請宋廷將先降二十里及一抹取直的指揮，許他在本路難行處隨宜處
分，他說契勘後，二十里指揮行於延、河東及本路的智固（即質孤）及勝如
則可，行於定西城則不可。他再具體言明那處應用甚麼指揮處理畫界。而努
札方面的利害，也先後經王篯、姚雄（？～1100 後）申陳事狀，而由以前的
孫路及劉舜卿相度處理。〔註 36〕這是北宋中葉一宗很重要的宋夏畫界的案
例，范育站在宋方的立場，盡量爭取與宋有利的畫界方案。不過，蘇轍對范
育的方案卻嚴厲批評，說大臣狃於小利，貪圖西夏便利田地，又把穆衍也罵
上，又說夏人不忿，必會出兵，又說我曲彼直，何以禦之？他又罵大臣皆一
時儒者，而背棄所學，貪求苟得，爲國生事，一至於此。他又說前後計畫皆
出於种誼，而种誼本小人，安知大慮，不知數年，此患必見。另外，蘇轍又
責備在十二月甲辰（十四）罷殿中侍御史的上官均反覆，蘇不滿他的其一原
因是上官均力主范育不可罷。〔註 37〕蘇轍對於熙河棄守的評論有點流於意
氣，而不是以事論事。

　　元祐六年（1091）正月辛未（十一），元老彰德軍節度使、知河陽馮京告
老，宋廷本來將他徙往陳州，但當他入見而過國門時，就辭以疾甚。翌日（壬
申，十二），就改任左銀青光祿大夫觀文殿學士兼侍讀，充中太一宮使。他與
在陳州閒住的李憲就緣慳一面。是日，支持對西夏退讓的鄜延帥趙卨上言，

〔註36〕　《長編》，卷四百五十二，元祐五年十二月壬辰條，頁 10844～10847。
〔註37〕　《長編》，卷四百五十二，元祐五年十二月壬辰條，頁 10847～10849；甲辰條，
　　　　頁 10852，10855～10856；《欒城集》，中冊，卷四十六〈御史中丞論時事箚子
　　　　十三首・論西邊商量地界箚子〉，頁 1018～1021。

稱熙河路所佔夏人良田極多，請宋廷酌中處置。樞密院上言西夏現已通常貢，歲時的恩賜已如舊，只是分界的事未畢。若趙所言屬實，夏人就是心存觀望，難以馴服。宋廷於是詔趙卨根據歷來朝旨，命其出使的長子趙伋悉心講究，等夏人再來界首，就盡理折難，務令夏人聽伏。宋廷並未因趙的上言而妥協。〔註38〕

　　與趙卨意見相反的范育在是月甲申（廿四）奏上宋廷，稱阿里骨逼逐溫溪心父子離開邈川往青唐。對於此一事態，樞密院建議以阿里骨子溪邦貝昌除授團練使，同時除溫溪心子溪巴溫刺史，官號與溫溪心同，令管勾邈川一帶部族，明示宋廷恩顧，以羈縻之。宋廷詔范育秘密相度此事以聞，繼續以溫溪心等人牽制阿里骨。〔註39〕

　　蘇轍在二月辛卯（初二）自御史中丞拜尚書左丞，而王巖叟則自權知開封府拜樞密直學士簽書樞密院事，二人雖同為舊黨言官出身而晉身執政，但他們對棄地的看法現時卻南轅北轍。是月癸卯（十四），熟知邊事的環慶帥范純粹召入為戶部侍郎，而以同樣有才識的左司郎中章楶為直龍圖閣權知慶州。〔註40〕宋廷在中樞及地方掌權的還是以務實的人為主。

　　宋廷在二月丁巳（廿八），根據范育的密奏，一方面任阿里骨子都軍主溪邦彪篯為化外庭州團練使，另一方面又以溫溪心子溪巴溫為化外勝州刺史，同管勾邈川部族，月給茶綵有差。並令范育告諭阿里骨及溫溪心，讓他們知道宋廷的恩典，尤其讓後者知道宋廷助之以對付阿里骨。就在同日，次相劉摯在延和殿入對時，卻劾蘇轍剛很自任，又劾他棄質孤和勝如二堡，並和趙卨互為表裡。又說他日蘇必會像王安石之亂法度。放棄蘭州二堡，竟成為舊黨大臣互相傾軋的借口。〔註41〕

〔註38〕　《長編》，卷四百五十四，元祐六年正月辛未至壬申條，頁10882。

〔註39〕　《長編》，卷四百五十四，元祐六年正月甲申條，頁10886。

〔註40〕　朱熹、李幼武（？～1172後）（編）李偉國（點校）：《朱子全書》，第十二冊，《八朝名臣言行錄‧三朝名臣言行錄》（上海：上海古籍出版社，2010年9月），卷十二之二〈樞密王公〉，頁774；《長編》，卷三百九十四，元祐二年正月辛未條，頁9603；卷四百五十五，元祐六年二月辛卯條，頁10901。考章楶在元祐初年一度不見容於言官。元祐二年正月辛未（十八），當他自成都府路轉運副使朝奉大夫遷吏部郎中時，曾被御史孫升劾他任荊湖北路提點刑獄司時，奉承及縱容內臣甘承立在本路貪暴不法，殘虐人命數千。他在同年四月癸卯（廿二）出知越州。

〔註41〕　《長編》，卷四百五十五，元祐六年二月丁巳條，頁10912～10913。

　　趙卨因連續檄文宥州無應，於是厚予金帛，命擒得的蕃人乙吳麻往西夏諭夏相梁乙逋，表達宋廷願就疆土議和之意。據說梁方集數萬眾於密木關，將於某日寇熙蘭。乙吳麻來到，梁就暫緩出兵，並馬上派親信鬼名麻胡和乙吉凌丁來延安府。趙卨於三月乙亥（十六），奏上宋廷，詢問夏人來商議分畫熙蘭地界，若堅持要宋朝歸還時，應如何回覆。他不知道宋廷態度已轉強硬，他與蘇轍已被批評。宋廷即詔他據以前的指揮委婉應答，若夏人堅不聽從，便欲回國，就以需奏上宋廷尋求指揮來回應。總之不可隨便應承夏人的要求。〔註42〕

　　宋廷一方面對夏人索取舊地毫不妥協，另一方面對青唐使用懷柔手段。四月癸巳（初四），范育上奏稱阿里骨以蕃字書來求賜熟銅五十斤，宋廷就詔如其請賜之，但要諭告他，熟銅於漢法是禁品，因他恭順才特賜之。是月丁酉（初八），大概是范育的推薦，曾在李憲麾下的內臣熙河蘭岷路鈐轄李祥，陞任本路都鈐轄。同月辛丑（十二），西夏入寇熙河及鄜延兩路，被宋軍擊退。甲辰（十五），范的大將知蘭州种誼以功自西上閤門使陞東上閤門使。蘇轍一直劾范、种二人，要將他們移去他路，但宋廷卻對二人倚重不替。〔註43〕

　　是月庚戌（廿一），投閒多年的王中正以再任宮觀年滿，請求任便居住。本來首相呂大防及次相劉摯都同意，但簽書樞密院事王巖叟反對，怕他會以此而來京師居住，讓他在外還可。呂、劉及蘇轍也表示同意。〔註44〕

　　五月己未（初一），因三省與樞密院一同進呈熙河與延安府在四月辛丑（十二）擊退西夏的捷報。中樞各宰執又爭議質孤、勝如兩堡棄留的問題，蘇轍支持鄜延帥趙卨的意見，主張歸還。呂大防反對，認為每年已給西夏二十五萬銀絹，怎可任其侵侮，應恩威並行。王巖叟也表示兩堡乃形勢膏腴之地，失之則蘭州與熙河遂危，豈能輕議放棄。他以兩堡自元豐用兵已為宋所有，現時講和畫界，當在宋方之立場。真的給了，如何保證將來不再要求？高太后聽了，就表態說夷狄無厭。劉摯與王巖叟即時附和。在執政中只有韓忠彥支持蘇轍，但拗不過多數人的意見。〔註45〕

〔註42〕《長編》，卷四百五十六，元祐六年三月乙亥條，頁 10922～10923。

〔註43〕《長編》，卷四百五十七，元祐六年四月癸巳條，頁 10937；丁酉條，頁 10939；甲辰條，頁 10942；《宋史》，卷十七〈哲宗紀一〉，頁 332。

〔註44〕《長編》，卷四百五十七，元祐六年四月庚戌條，頁 10944。

〔註45〕《長編》，卷四百五十八，元祐六年五月己未條，頁 10952～10953；《朱子全書》，第十二冊，《八朝名臣言行錄‧三朝名臣言行錄》，卷十二之二〈樞密王公〉，頁 775～776。

　　翌日（庚申，初二），樞密院奏上熙河鄜延路詳細的戰報，說西夏殺擄人畜，攻毀烽火臺，但被經略司兵邀其歸路，已生擒其首領及斬獲首級。宋廷即詔諸路要誡約邊城寨的兵將，更要嚴斥堠做好防禦。如夏軍再來犯，就審時度勢，出奇設伏，乘便掩擊，但勿貪功為敵所誘，亦不得妄稱犯塞，引來邊患。又要考慮敵軍聲東擊西，而在別路尋隙。宋廷詔環慶等各路亦依此指揮行事。值得一提，就在同日，宋廷又特詔李憲任便居住。不過，宋廷卻沒有打算詢問李憲如何防禦西夏的意見。〔註46〕宋廷在此氣氛下，當然不會放棄兩堡。是月己巳（十一），阿里骨居然派他的死敵溫溪心入貢，〔註47〕那讓宋廷覺得，青唐終於聽命。

　　是月甲戌（十六），兩名李憲舊部葉康直和李察都主動要求調任閒職。葉康直本來在正月壬午（廿二）以寶文閣待制陝西都轉運使除潭州，他以疾辭免，這時就改知亳州。李察原本在正月丙戌（廿六）知亳州，現在就以右朝奉郎管勾仙源縣景靈宮太極觀，許他任便居住。〔註48〕蘇軾則在是月丁丑（十九）上書表白其屢遭人擠壓之情後，受知於高太后，獲從杭州召還任翰林學士承旨兼侍讀。蘇軾兄弟一直受高太后看重，但他們許多意見都不與主流廷臣相同。蘇轍所支持的鄜延帥趙禼卻在是月戊子（三十）卒於任上。王巖叟雖然在棄地事上與趙意見不同，但仍在高太后前說趙久在邊，累求歸不得，請厚恤之。王的請求得到呂大防等的支持，也獲高太后同意。就在趙禼離世前不久，宋廷收到熙河及鄜延的報告，說夏人又入侵漢界，已派兵邀擊並擒其首領各一名。宋廷詔將他們釋放，並令他們面諭夏人，雖然疆界事尚未畢，但夏人安可侵邊，本來要將他們斬首，現為好生之德才放回。西夏現已納常貢，要他們回去對梁乙逋等說，不得再放縱人馬犯境。早在力主棄地的趙禼卒前，宋廷已改持強硬態度，不輕易放棄李憲等辛苦得來之地。〔註49〕

〔註46〕《長編》，卷四百五十八，元祐六年五月庚申至甲子條，頁10954，10957。宋廷在是月甲子（初六），再命元老中太一宮使、觀文殿學士左銀青光祿大夫兼侍讀馮京為檢校司空充宣徽南院使判陳州。他在同月辛巳（廿三）辭免判陳州之任，他與在陳州的李憲到底緣慳一面。

〔註47〕《長編》，卷四百五十八，元祐六年五月己巳條，頁10959；《皇宋十朝綱要校正》，卷十三〈哲宗〉，頁356。

〔註48〕《長編》，卷四百五十八，元祐六年五月甲戌條，頁10963。

〔註49〕《長編》，卷四百五十八，元祐六年五月丁丑至庚辰條，頁10965～10968；甲申條，頁10971；丙戌至戊子條，頁10971～10972；《蘇軾文集》，第三冊，卷三十二〈奏議・杭州召還乞郡狀〉，頁911～914。關於趙禼之死，據宋人筆

西夏不識抬舉，仍派數萬人寇定西城及通渭寨，攻毀近邊崖巉，殺守巉人甚眾，又寇涇原，大掠開遠堡及得勝寨而去。六月癸巳（初五），執政聚議，本來打算絕西夏歲貢，但以高太后生辰坤成節快到，夏使已差不多抵達，就暫時擱置停西夏歲貢之議。宋廷在是月丙申（初八）以主張對西夏強硬、剛內召為戶部侍郎不久的范純粹代為鄜延帥，樞臣中尤以王巖叟力主用范純粹，這回蘇轍沒有反對。〔註50〕

六月壬寅（十四），范育為提高士氣，請宋廷再恩恤在永樂城死難的東上閤門副使景思誼的三女，宋廷從之，詔其三女之夫各授三班借職。〔註51〕

范育在六月中，又呈上一篇詳細的奏議，析論為何要保留質孤、勝如兩堡，以及保有熙河蘭州對國防之重要。他說宋廷詔本路與西夏議分界，自定西城以北二十里，與秦州隴諾堡界一抹取直，另質孤與勝如堡外亦打量二十里，而本路再陳努札形勢及一抹取直等處，曾請依本路的利害分畫，已獲宋廷許與西夏商量。但西夏在六月中卻舉兵攻質孤和勝如二堡，宋廷容忍而令西夏往延安府會議，惟西夏卻拒赴會，稱延安府無可斷之理，西夏所差之官已令赴熙河蘭岷路就六處城寨界首相會，批評延安府所差官就質孤勝如等堡及隴諾堡取直等事，斥宋廷反覆和昏賴，宋廷若有議和之意，就不要再提質孤二堡及隴諾堡之事。范育指夏人言詞簡慢不遜，宋廷方下指揮令遣官往熙河商量，夏人卻舉兵十餘萬入寇。他說先前已遣走崖巉的老小孳畜，為清野之計，並戒諸寨堅壁以守。當姚雄出兵奔衝要路，夏軍就駐兵蟾牟山、卜結隴川一帶，攻毀近邊崖巉，殺守巉人。當聞知熙河岷州兵已集，就一夕遁去而野無所掠。他說該處的弓箭手已復業，但崖巉既毀，弓箭手未有所歸，未毀者亦未得安居。他說雖委官員與姚雄察視舊巉，又擇要便之地重行修葺，但他以崖巉雖成，終非禦敵之計。

記所載，趙卨在元祐初年出帥延州後歲餘，忽染疾，數月方愈而復起視事。他顯然是一直帶疾從公的。他亡故的一天的辰巳間，令廳吏向他報告午時到臨。俟午時，他便命左右取公服穿上，並秉笏正身，端坐於府中，似有所待。他又命吏出望北方，有紫雲到便來報。當真的有紫雲自北來將臨公署而吏急報時，趙就離座而逝於私室。參見李獻民（？～1127後）（撰），儲玲玲（整理）：《雲齋廣錄》，收入戴建國（主編）：《全宋筆記》，第九編第一冊（鄭州：大象出版社，2018年3月），卷一，「趙密學」條，頁284。

〔註50〕《長編》，卷四百五十九，元祐六年六月癸巳至丙申條，頁10982～10984；《皇宋十朝綱要校正》，卷十三〈哲宗〉，頁356。

〔註51〕《長編》，卷四百五十九，元祐六年六月壬寅條，頁10988。

范育認為夏人這次所毀的諸巉都在一抹取直之內。夏人之謀，是以其地係現時爭執之處，肆行毀壞以示必爭之心。像去年毀質孤與勝如兩堡，就望宋廷不與之計較，若本路更不重修，就自以為得計。他指出質孤二堡內無居住人戶，外無耕種地土，只是差弓箭手留宿，及巡檢往來巡邏，為守禦之計，夏人既攻毀，就未可興工起兵，馬上修築。現時定西城以東一帶崖巉均是弓箭手居住，其傍土地都是弓箭手耕種，各已著業而歲月既久，所賴以衣食者千餘家達數千口，孳畜萬計，固不可不再修復，以保邊面。他以為如今修復之計，與其開崖巉，不若即建堡寨，計其人工，而使邊勢獲安。他指出夏人雖再來犯，但無復前日可毀之地，則為上策。他料夏人本為爭佔此地，故行攻毀，若今日修復，夏人就必萌犯邊之計，怕乘此秋因糧入寇。若崖巉規模仍舊，勢可復毀，就怕數千生聚不能保居，而遂資敵手。故他認為修寨之利，正在今日而不可緩。西夏以言詞來爭，我則以御扞應之，豈可憚之而不為？西夏毀我二堡，我就修李內彭及汝遮堡以禦其來，西夏毀定西以東崖巉，我就修數堡寨，這並非生事。

范育又重申本路邊防利害，並非特為熙州之重，是實繫西邊一方之重，西方一邊實繫天下之重。夏已據有西涼，開右廂之地，其勢加大。幸而宋廷收復熙河，斷其右臂，又得到蘭州之險固，定西之形勝。而據其上游，可以控其腹背而臨制其國。他強調質孤與勝如之於蘭州，定西以東川谷之於定西，足以全其形而壯其勢。蘭州北臨黃河，西邊之地偪隘，南有皋蘭、馬銜山之阻，惟龕谷、質孤和勝如土地平沃，且有泉水可以灌溉，古稱榆中，土地肥沃。至於定西以東，平原大川皆膏腴上田，其收畝有十餘斛，這都是朝廷之前遣官按視證明的事實。他又指出熙河數郡之地，以前都是屬國所佔，其在宋廷者十無一二，故民兵未眾，墾土未廣，穀未甚積，兵未甚強。現時二堡及定西之田，近一二萬頃，可置弓箭手近萬人，以布列二邊。自從佔其地，二州就有金湯之固，而熙河一路亦可減屯戍。另歲得穀近數百萬斛，人食其半，官糴其餘，則價益賤，內饋亦省。西夏本身閒田甚多，要取二堡只為毀宋藩籬，使蘭州和定西城難守。他重申無質孤、勝如則蘭州必危，無定西以北之地，則定西城必危。蘭州危則熙州有奔衝之虞，定西危則通遠軍有扼亢之患。二州危則河岷難守，熙河一路危則宋無臨制之形，西夏就有跋扈之勢。最後，范育申言當初神宗以天下富強之勢來開熙河，當初不無勞民費財之患，但經過二十年之經營，熙河諸州既已雄盛，人民既已富庶，法令既已整備，邊勢既已盛強，兵日益減，費日益省，穀日益賤，其規模之宏遠，可以保萬

世之安，然二州藩籬未有安者，輔成之策，修葺之計，正在今日。沒有理由徇夏人之意，棄其地而不與之爭。〔註52〕

乙巳（十七），宋廷宰執在都堂討論范育此奏。蘇轍一如前議，認為范育之議會引來與夏作戰，兵禍連結，三五年不得休。他批評從來大言會斷送用兵，指范育與姚雄都是狂生。他指夏軍壓境，姚雄引兵於榆木㟁堡中藏避不出，而王文郁擁兵三萬人於通遠軍，閉城三日，雖強弱不敵，亦足見熙河軍並非能以少擊眾而可以制敵。他又嚴厲批評熙河帥臣竟敢生事乞奏，不守誠信，乘夏人抽兵之際，移築堡寨。方今就是堡寨可築，夏人在秋高馬肥時來爭又如何？呂大防及劉摯覺得應準備有用兵之時，卻一時拗不過蘇轍，加上高太后表態說邊防忌生事。二人於是妥協，不納范育之請。蘇轍本來還要切責范育，但王巖叟堅持不肯，以職官論列職事，有何惡意，強敵在境，上又沮之，教下如何作。只肯輕輕一句說范所奏「顯屬生事」。〔註53〕

六月甲寅（廿六），苗授自請罷知潞州之任，宋廷允准，授他右衛上將軍提舉崇福宮（按：苗授墓誌銘稱他提舉鳳翔府上清太平宮），苗隨後遷居洛陽。次相劉摯對他批評一番，仍記得他是李憲部下，說他昔日在西邊，「諂事李憲，以軍功欺罔浸貴，遂授節鉞，領殿帥。然誾誾常懼人摘其惡。」又說他家富甲於洛陽，家業已成，居於洛陽的甲第，所謂「史館園」。又說他為官，官窮但家富，故時以去官為念，不復有報效朝廷之意，故前年託疾出知潞州，現時求宮觀祠職，卻不放棄其節度使之名銜，故得此除授。以金吾衛與左右衛，異於諸衛，俸有六千，而品級與節度使同，卻班在其上，實在是優命。〔註54〕

〔註52〕《長編》，卷四百六十，元祐六年六月丙午條，頁 10995～10999。

〔註53〕《長編》，卷四百六十，元祐六年六月丙午條，頁 10999～11001；《朱子全書》，第十二冊，《八朝名臣言行錄‧三朝名臣言行錄》，卷十二之二〈樞密王公〉，頁 776。

〔註54〕據苗授的部屬通判潞州李眾（1037～1090）的墓誌銘所記，苗授到潞州後，「至則臥閣自養，吏敢慢，文移閱月不省，動盈几格。」幸而靠通判李眾在他告假時，代他把公事處理好。又關於苗授洛陽這個「史館園」，屬於舊黨的邵博（？～1158）曾有詳細的描述，稱苗授既貴，欲找天下佳處以居，找到洛陽（河南府），而洛陽的園宅又號稱最佳居所，最後他購得太祖宰相王溥（922～982）故園。園既古，景物皆蒼然，於是他出全力以裝飾之，意欲凌駕洛陽諸園。園舊有七葉二樹，對峙高百尺，春夏天望之如山高，而創堂之北有竹萬竿，大滿有兩三圍，疏密琅玕，如碧玉椽。創亭之南，東有水。來自伊水。可浮十石舟，建亭壓其溪，有大松樹七株，現引水澆之，有池適合種蓮荷，令造水軒，板出水上。對軒有橋亭。邵博稱園中所制甚雕侈，然猶未盡說。邵博又提到在丞相

客觀而論，劉摯對苗授這番評論，並不公允，苗在李憲下，多立戰功故得授殿帥，絕非是靠諂李憲而得，他所以自請罷軍職以及求祠職，並非無報效之心，並非只爲了享受個人的榮華富貴。他大概看到舊黨回朝，對異己痛下殺手，他的上司李憲及熙河同僚多被貶黜，與其給人責降，不如自行告退。據宋人筆記所載，苗授倒是很知足的人，他曾說：「平生無大過，惟於熙河多得官爲恨。」大概以邊奏例以虛功而受厚賞之謂。這也看到李憲對下屬的厚待，連苗授也覺得賞得太厚。苗授對邊事頗有識見，他指出議者重遼而輕夏，卻不知遼人衣服飲食，以中國爲法，但夏人不慕中國，習俗自如，不可輕視。他又提到爲涇原總管時，曾雪夜巡邊，看到有馬跡，他派人逐得之，原來是夏之巡邏四更的人。他說夏人逐更而巡，是中國防禦所不及的。〈苗授墓誌銘〉、《東都事略・苗授傳》及《宋史》本傳記他「平居侃侃若儒者，至遇事則持議不苟」，又記他曾從大儒胡瑗（993～1059）學於太學，並曾補國子生。在李憲下的大將中，他是少數頗具儒士氣質涵養的人。他的爲人行事絕非劉摯所說那樣。幸而舊黨在紹聖元年失勢後，他仍有復出報效朝廷的機會。〔註55〕

　　范育的請求雖不被宋廷接受，但也沒有被責降。七月己未（初二），他上奏宋廷，說阿里骨以蕃字書來求遣回鬼章。鬼章已病死，宋廷以阿里骨尚算恭順，而鬼章子結瓦齪代其父管勾部族亦見寧靜，就從其請，詔西京焚鬼章屍，而將其骸骨付阿里骨的進奉人帶回，其鞍馬分物的也命歸還，仍命范育諭之。范在是月癸亥（初六），又奏上宋廷，稱與鬼章一同被擒的蕃酋心牟溫雞等四人，其中巴朗古卓幹也已病死，心牟溫雞二人現在留在熙州。今日阿里骨既然通和恭順，就請釋放他們以示恩信。宋廷從之，並命范育諭遣還之意。〔註56〕

　　故園（不詳指唐宋丞相何人）水東，爲直龍圖閣趙氏所得，亦大造第宅園林。這個直龍圖閣趙氏，是否趙濟？待考。參見本書附錄二〈苗授墓誌銘〉，頁381～383；《長編》，卷四百六十，元祐六年六月甲申條，頁11003；李昭玘（？～1103後）：《樂靜集》，文淵閣《四庫全書》本，卷二十八〈李奉議墓誌銘〉，葉六上至九上；邵博（撰），劉德權、李劍雄（點校）：《邵氏聞見後錄》（北京：中華書局，1983年8月），卷二十五〈苗帥園〉，頁196～197。

〔註55〕 本書附錄二〈苗授墓誌銘〉，頁382～383；《東都事略》，卷八十四〈苗授傳〉，葉四上（頁1283）；《宋史》，卷三百五十〈苗授傳〉，頁11067；陳師道（1053～1102）（撰），李偉國（點校）：《後山談叢》（與《萍洲可談》合本）（北京：中華書局，2007年11月），卷六，頁81，84。原書苗授寫作苗綬，李偉國考當爲苗授之訛寫。

〔註56〕 《長編》，卷四百六十一，元祐六年七月己未條，頁11015；癸亥條，頁11019。

　　七月甲申（廿七），三省與樞密院再會都堂，商議西界分畫之事。執政間分成兩派：王巖叟仍力主必守質孤、勝如和蘭州，而蘇轍則力主棄二堡，韓忠彥在可否之間。通遠軍之定西城、熨斗平堡、通西寨、榆木埊堡，夏人都想逐城打量二十里爲界，蘇、韓二人竟以夏人的要求爲是，並主張把七崖巉被毀之地盡與夏人。范育上奏堅持二堡不可棄，而熨斗等三城寨當初未在議地之內，夏人想併三堡直南北打界至，就會南逼通遠大路，如予之，通遠軍一帶就難保。據說知邊事者都認同范育的看法，只有蘇、韓二人接受夏人的說法。當西夏以五萬眾大舉入寇定西之東，通遠之北，毀七崖巉而去，又以十萬眾大掠開遠堡、蘭家堡、得勝及隆德寨時，范育就累疏請乘機進築堡寨，照定西而東至隆諾特大城努札，王巖叟深主范議，並力爭若順從夏人之議，則夏人脅迫之計得行，宋廷就會被夷人所輕。因意見不一，最後首相呂大防決定派王巖叟所薦的樞密院編修官蔡駰往熙州與夏人商議，王又請蔡就便點檢催促熙河河糧草五年之蓄。〔註57〕

　　王巖叟一派在這場爭議中明顯佔了上風，蘇轍的退讓政策並不得人心。八月己丑（初二），侍御史賈易（？～1093後）攻擊蘇軾和蘇轍兄弟，其中蘇轍罪名之一是「陝西地界，識者皆知不與爲是，轍則助其蜀黨趙峸，徼幸私己之邪議，力非憂國經遠之公言。」最後宋廷在壬辰（初五）將蘇軾出守潁州，將賈出知盧州以平息這次風波，蘇轍雖然仍留在政府，但他已成眾矢之的。〔註58〕蘇轍的立場始終不變，甚至後來在元符二年被貶龍川（今廣東河源市龍川縣）時，仍重提舊事，指責宋夏邊境不寧，是熙河將佐范育及种誼等違背前約，侵築堡寨而致夏人來犯。又批評范育和姚雄是狂生，一味主張出兵，然夏人入寇時，姚雄及王文郁卻擁兵不敢出。他一再指責是邊臣貪功生事而敗壞疆議。〔註59〕

〔註57〕 《長編》，卷四百六十二，元祐六年七月甲申條，頁11042～11044。

〔註58〕 《長編》，卷四百六十三，元祐六年八月己丑至壬辰條，頁11054～11060。。

〔註59〕 蘇轍（撰），俞宗憲（點校）：《龍川略志》（與《龍川別志》合本）（北京：中華書局，1982年4月），卷六〈西夏請和議定地界〉，頁35～38。考蘇轍晚年對元祐時期宋夏議和畫界的反覆爭議的記述，與他所上的奏議所記大體相同，部份內容亦爲李燾採入《長編》。蘇轍始終不改的棄蘭州主張，曾瑞龍稱這是一種以華麗辭語包裝的現實主義（Realist Rhetoric），認爲是緣於蘇轍的儒家價值觀加上其縱橫家的思維，主張以民爲本，講正道。與其在遠方行險用兵，他寧可採防禦的保守政策，以守護中國內地爲先。參見Shui-lung Tsang, "Song-Tangut Territorial Dispute over Lanzhou: A Legitimation Issue", pp. 63-65.

因正值防秋之時，宋廷又寬大處理李憲另一舊部知岷州康識。是月癸卯（十六），樞密院上言，以康識前知鄜州時，失入死罪，有詔特差替停職。現念他久在熙河，現係本路鈐轄知岷州，值防秋之時，請予開恩。宋廷詔只將他的磨勘展兩年，其差替謫命不行。〔註60〕因范育之故，許多原爲李憲舊屬的將校，又回歸熙河。他本人也在是月己酉（廿二）加寶文閣待制再任熙河帥。〔註61〕

范育陞職再任不久，在八月癸丑（廿六）便向宋廷奏報，蘭州沿邊安撫司申報，有西界水賊數十人浮渡過河，射傷伏路人，但與宋軍相鬥而被擒九人。宋廷詔熙河經略司將所獲人虜派人押往鄜延路經略司，令保安軍移牒宥州，並派人送至界首交割後奏。同日，在陳州的李憲，方慶熙河繼任有人時，便自請致仕。宋廷再授他武衛上將軍致仕，和其舊部苗授所授的官相同。然中書舍人孫升卻反對，孫在乙卯（廿八）上言，以李憲方在罪責之中，卻加恩禮，讓他致仕自便。他說若開此一例，今後有罪之人就以疾請致仕。宋廷於是又收回前命。〔註62〕

值得一提的是，苗授雖退下來，但其子苗履仍在西邊效命。他調離熙河後，在是月乙卯（廿八），以知鎮戎軍東上閤門使吉州防禦使，因擊退夏軍來犯功獲賜銀絹百匹兩。〔註63〕

閏八月壬戌（初六），樞密院上奏，稱諸路探報夏相梁乙逋將統領河南北人馬揚言犯邊。宋廷詔陝西河東諸經略司嚴備，惟不得張皇生事。因服除的前樞臣安燾出任知鄆州，宋廷在是月甲子（初八），將原知鄆州的蔡京徙知永興軍。據稱最初想用蔡京知渭州，將劉舜卿召還宿衛，但王巖叟認爲蔡京不更西事，不可任夏騎出沒的涇原，最後才委知永興軍。據陸游（1125～1210）的記載，蔡京在徽宗朝爲相，準備用兵西北，當考慮用何人時，蔡就對人說曾舊聞李憲言，「憲輩已老，西事當得信臣，有童貫者，雖年少，奇才也。」

〔註60〕　《長編》，卷四百六十四，元祐六年八月癸卯條，頁11083；李賢（1408～1466）等纂：《明一統志》，文淵閣《四庫全書》本，卷三十六，葉四十一上下。據《明一統志》的記載，康識守鄜州日，曾摘唐詩句建應玉亭。似乎他頗附庸風雅。
〔註61〕　《長編》，卷四百六十四，元祐六年八月己酉條，頁11086。
〔註62〕　《長編》，卷四百六十四，元祐六年八月癸丑條，頁11091～11092。蘇轍與王巖叟在是日又爲蘭州派人深入夏界查探而殺十餘人之事而爭吵，蘇轍以這樣做是生事，但王巖叟卻認爲敵兵在境，若不遠探，如何得知。他更向高太后申理。
〔註63〕　《長編》，卷四百六十四，元祐六年八月乙卯條，頁11094～11095；卷四百七十七，元祐七年九月戊子條，頁11359。苗履在元祐七年九月戊子（初八）再擢涇原路都鈐轄仍知鎮戎軍。

〔註64〕依陸游所記，似乎蔡京見過李憲，請教過西邊的事。筆者以為蔡京很有可能在快要徙知永興軍時，就從鄆州往陳州，登門請教李憲有關西事的問題，而已老疾退休的李憲就推薦他的門人童貫。

是月庚辰（廿四），宋廷將被貶降的另一內臣宋用臣敘用為忠州刺史。本來呂大防還建議用宋用臣管轄鴻慶宮，措置重修南都（即應天府）的宮闕。但劉摯及王巖叟極力反對。到宋用臣敘官忠州刺史，也馬上招來給事中范祖禹的反對，封還詔書，以宋用臣「凡所建置，莫非害民，大興土木，無時休息」。宋廷終收回宋除忠州刺史之命。〔註65〕這和李憲授右衛上將軍致仕的恩命卻被收回一樣。宋廷文臣對於他們眼中的內臣四凶仍是不肯寬容。

西夏軍果然在閏八月壬午（廿六）以十五萬眾入寇，包圍麟州及神木等寨，李憲的舊部知麟州孫咸寧以下諸將不敢戰，蕃漢居民多為其殺掠，夏人又焚蕩廬舍，擄掠畜產甚多。時知太原府的范純仁，早前還多次上奏，請宋廷答應西夏熙河畫界的要求以息兵。今次他管轄的河東路被西夏入侵，就顯得他先前的想法是一廂情願，他於是引罪自劾，請賜責降並移知河南府（即洛陽）。樞密院在九月丁亥（初二）收到麟州被犯的報告，即令河東路做好應變的方法，並令鄜延帥范純粹依牽制策應之詔擇機進兵。范純粹可不像乃兄那樣「君子可以欺其方」，他主張強硬對付已入侵的西夏，不讓西夏年年入侵，殘害生靈。而秦鳳帥呂大忠及環慶帥章楶的覆奏，均同意絕其歲賜，呂建議於熙河路近定西城北石峽子外、秦鳳路相近淺井、涇原路相近沒煙峽口各置一大寨。范純粹還批評范育先前以蘭州通遠軍地界分畫的方案是下策。章則力主防禦至上，「宜戒敕諸路，休養兵民，修嚴警備，事事整辦，毋妄作輕舉。」范純粹又提出給路帥權力，讓他們據實際情況而作出的防禦措施，並厚賞出塞軍民。范純粹在是月辛亥（廿六）再奏上一篇禦夏的策略。〔註66〕因西夏

〔註64〕《長編》，卷四百六十五，元祐六年閏八月壬戌至甲子條，頁11101～11102；陸游（撰），孔凡禮（點校）：《家世舊聞》（與《西溪叢語》合本）（北京：中華書局，1993年12月），卷下，頁206。據陸游所記，他這則記載得自其父陸宰，陸宰又得自兩宋之交的著名內臣邵成章（？～1129後）。

〔註65〕《長編》，卷四百六十五，元祐六年閏八月庚辰條，頁11114。宋用臣的任命最後在九月初四收回。

〔註66〕《長編》，卷四百六十五，元祐六年閏八月壬午條，頁11115～11117；卷四百六十六，元祐六年九月丁亥至壬辰條，頁11126～11132；辛亥條，頁11135～11139。宋廷又在是月辛亥，封賞阿里骨的進奉使多人官職，旨在繼續籠絡西蕃各部。

的入侵，宋廷主張退讓的聲音就不再。

宋廷在九月甲寅（廿九），首先處分了知麟州孫咸寧，以他斥候不明，讓夏軍攻擾，令先次衝替。〔註67〕十月丁巳（初二），被召還京師的孫路被任為徐王府侍講的閒職。孫稍後卻被御史中丞鄭雍（？～1099）列為劉摯之黨。三天後（庚申，初五），宋廷收到涇原路探報的好消息，西夏國相梁乙逋及其黨梁阿革被殺。西疆暫得安寧，而西夏也無由再向宋索地。宋廷也在癸亥（初八）為提高士氣，詔管軍帥劉昌祚、姚麟以及陝西、河東各路安撫使、總管、秦鳳路鈐轄、蘭、岷、河、環知州，鎮戎軍、德順軍知軍，河東路及鄜延路鈐轄，各舉奏大使臣有材武謀略或曾立戰功勇於臨敵，可以統眾出入的人二員至五員以聞。〔註68〕

言官以御史中丞鄭雍、殿中侍御史楊畏（1045～1113）為首，在十月癸酉（十八）藉王鞏（1048～1117）的事牽連劉摯與蘇轍，猛烈攻擊二人朋黨，其中孫路被指為劉黨。高太后尚未有定奪之時，樞密院則於甲戌（十九）建議招納夏將人多凌丁之子人多保忠，說他久據西南部落，素來桀黠，又與邈川首領溫溪心鄰境相善。說已令溫溪心委曲開諭，許除節度使，令保守舊土自為一藩。因他為梁乙逋猜忌而事中輟，現梁已死，樞密院認為可以利用他來制西夏。宋廷即命范育與劉舜卿乘此機會密切措置。〔註69〕

〔註67〕《長編》，卷四百六十六，元祐六年九月甲寅條，頁 11140。考孫咸寧到紹聖三年（1096）前又復知麟州。

〔註68〕《長編》，卷四百六十七，元祐六年十月丁巳至庚申條，頁 11145～11146；癸亥條，頁 11148；癸酉條，頁 11151～11152。

〔註69〕《長編》，卷四百三十九，元祐五年三月辛卯條，頁 10582～10583；卷四百五十七，元祐六年四月癸丑條，頁 10948～10949；卷四百五十八，元祐六年五月庚午條，頁 10960；丙戌條，頁 10971；卷四百六十二，元祐六年七月辛未條，頁 11033～11034；卷四百六十三，元祐六年八月壬辰條，頁 11062～11063；癸卯條，頁 11082～11083；卷四百六十七，元祐六年十月癸酉至甲戌條，頁 11151～11153；卷四百六十七，元祐六年十月癸未至甲申條，頁 11160～11164；劉安世：《盡言集》，卷十二〈論楊畏除御史不當‧第一至第五〉，頁 137～139；《宋史》，卷三百五十五〈楊畏傳〉，頁 11183～11184；劉成國：《王安石年譜長編》，第五冊，卷五〈熙寧六年（1073）〉，頁 1692～1693。按宋廷招納人多保忠的事終不成。又奏劾劉摯與蘇轍的殿中侍御史楊畏值得注意。楊畏字子安，洛陽人。《宋史》卷三百五十五有傳。他是一個投機份子，據劉成國的考證，他幼孤，事母考。登進士第後，不急於求官，刻志經術，到熙寧六年以所著書謁王安石與呂惠卿，於是獲除鄆州教授。自此尊王安石之學，以為得聖人之意，後除西京國子監教授，他在元豐年間議論與新黨合，獲薦為監察御史。到元祐五年（1090）三月辛卯（廿六），卻獲舊黨執政起用，自永興軍提點刑獄擢為監察

當廷臣言官仍爲劉摯及蘇轍的去留的權力鬥爭而互攻時，遠在熙州的范育仍爲西疆的防禦奏上他的計畫。他以其所統的蘭州至定西城，從定西城至秦州隆諾堡，三百里之間只有一城，故夏人無所限隔，通谷大河，可長驅而入。前日夏軍曾攻蘭州，又攻定西，幸而夏人未爲深入之計，只頓兵於堅城之下才無功而還。若夏軍懂得深入，就不知如何抵禦。他以朝廷詔城李諾，並敕熙河路圖上定西以東及訥迷諸堡，他以此功一成，或更先據汝遮堡之利，則東西三百里間，就會城障相望，屹然有金湯之勢，宋軍移兵屯聚，就可以制敵。他又說宋方可藉其傍膏腴之地，可置弓箭手不少於萬人，依山據險，悉爲崖巘，以便耕作，生利財賄。過去曾置近壘，敵小至則避崖巘，大至則入保城郭。伺其歸去，就乘機邀擊，使敵進無所得，退有所失。他說待諸堡興修畢，兵力少休後，可將一番兵將，分作數番，每番不過三五千人，屯要寨以伺敵。他請歲分二番，春秋止三兩月，三歲乃遍使，就可使兵力不勞。〔註70〕

十一月乙酉（初一），劉摯罷相出知鄆州，當年痛劾蘇軾和蔡確的給事中朱光庭被御史中丞鄭雍指爲劉的同黨，結果也在壬辰（初八）被出知亳州。原知亳州的葉康直就召入爲兵部侍郎。同日，宋廷也將麟州的幾員守將責降：皇城使嘉州防禦使管勾麟府路軍馬張若訥降一官充鄜延路兵馬鈐轄，皇城使太原府路都監知麟州孫咸寧降兩官衝替，皇城使象州防禦使知府州折克行（1050～1110）罰金二十斤。御史中丞鄭雍以責薄，於是孫咸寧降監臨差遣，

御史。但舊黨的言官左諫議大夫劉安世、右諫議大夫朱光庭、御史中丞梁燾一齊上奏反對，說他從王安石之學，議論駁雜，到呂惠卿用事，又傾心附託，後得舒亶之薦，用爲御史。又說觀其所主，固已刻薄，考其素履，尤爲乖異。宋廷在五月丙戌（廿二）罷他御史之職。但到元祐六年（1091）四月癸丑（廿四），因御史中丞趙君錫討好時任次相的劉摯，就舉薦他自戶部員外郎爲殿中侍御史。當日反對他任御史的言官全部去職，只得時任簽書樞密院事的王巖叟移簡詰問劉摯，但劉不聽。楊畏在五月庚午（十二），以母老辭殿中侍御史之任，宋廷從之，並要御史中丞趙君錫別舉官一員以聞。不過，楊似乎只是作態。同月丙戌（廿八），趙君錫再舉薦楊畏，他就接受殿中侍御史之職，並在七月積極地上奏論兩浙水災，八月壬寅（十五）連上箚子兩道，論侍御史賈易不當出知廬州。劉摯這時才看出楊畏反覆的面目，後悔不聽朱光庭之言，怪責趙君錫推薦他。據李燾所記，楊畏起初討好劉摯，劉這時與首相呂大防爭權，結果二人都想得楊畏之助。楊畏就討好二人，依違其間，也討好蘇轍。劉摯後來沒想到，楊畏最後幫助呂大防打倒他。王巖叟在十月癸未（廿八）及甲申（廿九）兩度上奏爲劉摯辯護時，便直指楊畏是呂惠卿門人，並受張璪知遇最深，王力斥楊的話不可信。楊的投機惡行見下文。

〔註70〕《長編》，卷四百六十七，元祐六年十月甲申條，頁11164～11165。

張若訥充鄜延路兵馬都監，折克行降一官。〔註71〕

　　當年力攻蘇軾與蔡確另一言官，後擢至中書侍郎的傅堯俞在十一月辛丑（十七）卒。他曾推薦的右司郎中穆衍，於翌日（壬寅，十八），因王巖叟的極力推薦，被任爲權陝西路轉運使，負責按視各路備禦的情況，凡與經略司有關的，而必欲向經略使面陳己見的，亦得聽候穆的回奏。〔註72〕范育曾任他在戶部的上司，而他們守禦西邊意見沒有很大的分歧，王巖叟舉薦他爲專使，也志在意見統一。

　　就在穆衍出發不久，環慶路打了一場勝仗，章楶派本路都監張存、第二將張誠（？～1104後）、第三將折可適（1051～1110）統兵出界，以淺攻的戰法，在是月己酉（廿五），攻討韋州辢韋疆、安州川霄、柏州及延州祖逋領不經掌等多處夏軍據點，獲首級千一百四十八人，生擒二人。〔註73〕

　　十二月丙寅（十二），才獲內召任兵部侍郎的葉康直卒。一個多月後，前任熙河帥、現任步帥兼涇原帥的劉舜卿，本來奉召回京統領禁軍，卻在元祐七年（1092）正月己酉（廿六）卒於道。宋廷贈奉國軍節度使諡毅敏。葉、劉二人比李憲還早過世。〔註74〕

〔註71〕《長編》，卷四百六十八，元祐六年十一月乙酉至壬辰條，頁11167～11170；卷四百七十三，元祐七年五月甲申條，頁11279；戊申條，頁11287～11288；卷四百七十五，元祐七年七月乙巳條，頁11322。折克行在元祐七年五月甲申（初二），以戰功復爲西上閤門使。但張若訥及孫咸寧在五月戊申（廿六）再被貶降，張罷分路都監，添差鄜延第一將，孫貶爲涇原路準備差使。七月乙巳（廿四），又因御史之劾，孫咸寧再降添差監邵州（今湖南邵陽市）酒稅。

〔註72〕《長編》，卷四百六十八，元祐六年十一月辛丑至壬寅條，頁11172～11173；卷四百七十八，元祐七年十一月癸卯條，頁11395～11396；卷四百七十九，元祐七年十二月庚戌條，頁11400。順便一提，穆衍獲授權陝西路轉運使同日，當年順從神宗之意，開脫李憲之罪的酷吏楊汲，亦自知徐州任爲江淮荊浙等路發運使。楊汲在元祐七年十一月癸卯（廿四），再自知襄州集賢殿修撰徙知越州，到十二月庚戌（初二），再復知襄州加集賢殿學士。

〔註73〕《長編》，卷四百六十八，元祐六年十一月己酉條，頁11175；卷四百六十九，元祐七年正月乙巳條，頁11203。宋廷在元祐七年正月乙巳（廿二）賞功，張誠以環慶第七將內圜使特遷兩官，權發遣本路都監。張存加遙郡刺史。

〔註74〕《長編》，卷四百六十八，元祐六年十二月丙寅條，頁11183；壬申條，頁11185；卷四百六十九，元祐七年正月己酉條，頁11207；卷四百七十，元祐七年二月丁卯條，頁11225；辛未條，頁11226。宋廷在十二月壬申（廿四），已委直龍圖閣知鳳翔府謝麟權知渭州。劉舜卿當已於是日前離涇原往京師。宋廷因劉舜卿猝逝，宿衛乏人，就在七年二月丁卯（十四）召入步軍都虞候定州路副都總管劉斌，命權同管勾馬軍司。同月辛未（十八），殿前都虞候姚麟陞任步軍副都指揮使加定州觀察使。

誠如李華瑞所言，宋廷在元祐六年底已放棄先前對夏的妥協退讓政策，而改用環慶新任帥臣章楶在正月壬子（廿九）奏上的積極防禦方略。他提出淺攻擾耕之策，對西夏而言，只是皮膚之患，不能病其心腹，而堅壁清野，足以禦寇而未足以制寇。他提出多項更進取的方案，特別是進築夏人腹心之地橫山之議。執行這項計劃，他就特別推許本路總管李浩之才，說他「久經戰陣，在熙河蘭岷屢嘗出塞，動有成功，其人果敢有謀，不妄舉動，漢蕃之人，素所信服。臣累與李浩謀議，皆與臣合。亦嘗持此奏示浩，以謂皆可施行。」章請朝廷特降指揮，如將來遣師出擊，就專委李浩統制二路兵眾，攻計進止，並聽李浩處分。〔註75〕章楶再在二月辛酉（初八）再上一奏，詳細論析在環慶路山谷深阻的形勢下使用堅壁清野戰法的利弊，他並具體說明在本路各州包括帥府慶州他可以使用的漢蕃兵力，而當環慶沿邊近裡城寨共三十餘處，遇上夏兵併力入侵時應採的防禦方案。〔註76〕

章楶是哲宗朝文臣中難得的將才，他敢攻能守，進築橫山之謀議，雖然並不發自李憲，但他倚重執行此計畫的，卻是李憲的愛將李浩，使李憲有知，他也應引以為慰的。庚辰（廿七），章便派環慶路第七將折可適統兵八千九百餘出界，討蕩韋州監軍司的夏軍，而獲斬級七十，獲馬牛等二千餘口的戰果。〔註77〕

范育也不讓章楶專美，當游師雄和穆衍先後到來按視，游相度熙河修築堡寨十一處後，便請在蘭州李諾平抵定西城及通渭寨間，建汝遮、納迷、結珠龍三寨及置護耕七堡，而穆請於質孤與勝如二堡之間建李諾平城，以控要害，並言納迷、汝遮、淺井、隆諾皆宜起亭障，以通涇原。范育就應宋廷之詔，覆議游、穆二人的建言。他提出與二人略有不同的意見外，又具體指出所議修之堡寨的先後緩急，而本路修堡之原則有四：一據要害，二護居民，三相接應，四守信約。其中他以為首應修汝遮堡，因將來要掃天都，復會州，

〔註75〕 《長編》，卷四百六十八，元祐六年十二月壬申條，頁11185～11186；卷四百六十九，元祐七年正月壬子條，頁11208～11214。李華瑞指出，范純仁在元祐六年十二月壬申（十八）上言，承認早前禦戎失策而累上章待罪，宋廷只將他罷太原帥移知河南府。范怕未符公議，而自請再降職。宋廷因此將他自太中大夫降為中大夫。李華瑞認為對夏妥協政策的始作俑者范純仁被貶，是元祐妥協退讓政策的正式破產。而宋廷不得不改圖他策，於是採用章楶淺攻之策。李氏所論大概正確。不過，章楶所提出的策略，不限於淺攻擾耕之策。參見李華瑞：〈論宋哲宗元祐時期對西夏的政策〉，頁148。
〔註76〕 《長編》，卷四百七十，元祐七年二月辛酉條，頁11219～11223。
〔註77〕 《長編》，卷四百七十，元祐七年二月庚辰條，頁11228。

定河南，就需城汝遮。王巖叟由始至終都支持范育，於是說服呂大防，主張
先修汝遮，次納迷等諸堡。然呂大防很快又改變主意，而得到蘇頌、蘇轍及
韓忠彥的支持，王以一敵三，仍堅持熙河修堡，不是開拓，而是據險自全。
宋廷中樞仍務保守，惟在邊的帥臣卻進取。同日，鄜延帥范純粹便覆奏論析
諸路出兵牽制以備禦的利弊，他指出諸路出兵就是掌握主動權，讓敵人看不
清宋軍的動向，而不敢貿然進犯，他又引述以前應援成敗的例子，說明採此
策利多弊少。〔註78〕

　　章楶又在三月丙戌（初三），奏報新獲的敵情，他特別提到宋廷可以考慮
聯絡在西夏東北的塔坦，可以在河東或邀川界求訪間道，遣使至塔坦，以金
帛厚結之，使攻西夏，並以邀川相爲犄角。宋廷對此議則不置可否。〔註79〕
按章楶所指的塔坦，相信就是八年前李憲派皇甫旦嘗試出使的韃靼。章的建
議這次並不很現實。他在是月甲午（十一）上奏分析折可適出界攻略韋州監
軍司獲勝的原因，雖有點自吹自擂，但也看到章用兵既果斷又謹慎。他的用
兵頗有當年李憲的影子。李浩在他麾下，難怪得到賞識。〔註80〕

　　范純粹也不甘後人，是月庚子（十七），他奏上奉旨往漢地生界內，選擇
形勢要害堪作守禦寨基的去處，研究修建城寨。范純粹並不只說中聽的話，
還提出宋廷要乘時進築，令各路恢復進取之策，會有四憂：一是諸路中必有
元豐五年的永樂城之禍，二是它日無息兵之期，三是人力不足，四是支費難
以負擔。〔註81〕

　　范育在四月丁巳（初五），以邊事未寧，又請在蕃兵五將各添管押蕃兵使
臣二員，他說依條令，本將可選擇諳曉蕃情使臣，而申本司審察奏差，等邊
事息日減罷。宋廷從其請。〔註82〕

　　就在章楶、范育和范純粹幾位有爲的邊臣積極謀議禦邊時，年事已高的
高太后，大概覺得來日無多，就在四月己未（初七）爲哲宗冊立孟皇后（1073

〔註78〕《長編》，卷四百七十，元祐七年二月辛巳條，頁11229～11235。
〔註79〕《長編》，卷四百七十一，元祐七年三月丙戌條，頁11238～11239。
〔註80〕《長編》，卷四百七十一，元祐七年三月甲午條，頁11244～11246；卷四百七
　　　　十八，元祐七年十月辛酉條，頁11383。李浩在是年十月辛酉（十二），以復
　　　　爲觀察使，就復爲環慶路副都總管。
〔註81〕《長編》，卷四百七十一，元祐七年三月庚子條，頁11249～11251。
〔註82〕《長編》，卷四百七十二，元祐七年四月丁巳條，頁11263；甲子條，頁11268
　　　　～11269。范育在是月甲子（十二）又因阿里骨之請，請宋廷釋放囚於岷州包
　　　　順處羈管的鬼章部隴逋遵安。宋廷從其請。

～1131）。〔註83〕

范育等用了二十四日修好了定遠城（即李諾平），宋廷詔獎諭經略使范育、副總管王文郁和鈐轄知蘭州种誼。范育隨即上奏，再請宋廷下指揮讓他盡快修汝遮堡，他說乘土消日舒，工役可興之際，而夏人草枯馬瘠，敵兵難集時動工。〔註84〕可惜，范在朝中最大的支持者王巖叟卻因侍御史楊畏的嚴劾，在是月丙午（廿四）罷樞出知鄭州。而他的同志穆衍在按視邊備，並築城定遠後，就被復召爲左司郎中，不再權陝西轉運使。〔註85〕

〔註83〕 《長編》，卷四百七十二，元祐七年四月己未條，頁 11267～11268。

〔註84〕 《長編》，卷四百七十三，元祐七年五月甲申條，頁 11279～11282。據《長編》引〈种誼墓誌〉所記，修定遠城由种誼獨力負責，故宋廷賜他銀絹各百五十。又范育在元祐五年至七年爭取修築汝遮城的努力，尚平一文亦有討論。參見尚平：〈北宋汝遮城進築中的地理議論（1082～1096）〉，頁 292～297。

〔註85〕 《長編》，卷四百七十三，元祐七年五月丙午條，頁 11285～11286；卷四百七十，元祐七年二月丁巳條，頁 11217～11218；卷四百七十一，元祐七年三月丁亥條，頁 11239；庚寅至辛卯條，頁 11242～11243；丁酉條，頁 11246～11248；卷四百七十四，元祐七年六月甲戌條，頁 11311；卷四百七十五，元祐七年七月壬辰條，頁 11320；卷四百七十七，元祐七年九月戊子條，頁 11361；甲午條，頁 11371；卷四百七十八，元祐七年十月乙丑條，頁 11385；卷四百八十一，元祐八年二月己酉條，頁 11435；乙卯條，頁 11442；卷四百八十一，元祐八年二月丙寅條，頁 11448～11449；辛未條，頁 11451；卷四百八十四，元祐八年五月辛卯至丙申條，頁 11495～11505；甲辰條，頁 11509；六月己未條，頁 11512～11513。考攻倒劉摯的楊畏在元祐七年以後很活躍，不斷言事，也不斷獲委要差。他在元祐七年二月丁巳（初四）上奏反對左朝議大夫魏廣任徐王府侍講，說魏廣行治不著，碌碌無可言。三月丁亥（初十），他又劾左朝奉大夫前權知和州孫賁初聞弟喪，卻仍用女優飲宴，又說他交結權貴。宋廷就責孫差替。三天後（庚寅，十三），他又與御史中丞鄭雍共劾知絳州安鼎到任表語涉詆毀，又說他與劉摯朋比，請行黜責。宋廷從其奏，翌日（辛卯，十四）將安鼎差知高郵軍。同月丁酉（二十），他又與鄭雍一同上奏反對左朝奉郎王雍除利州路轉運判官，說他治事非有足取之處，只爲他是翰林學士梁燾表弟，以及王巖叟的表叔。宋廷從之，將王雍改知遂州。楊畏在六月甲戌（廿二）再擢爲侍御史。七月壬辰（十一），他又上奏論在京刑獄姦弊之情。九月戊子（初八），他又奉詔與吏部侍郎范純禮、刑部侍郎曾肇以下朝臣二十二人共議即將舉行的南郊典禮。同月甲午（十四），他又上言吏部銓量官員職位姓名，應依三省及樞密院奏除人例，而關報他所管的御史臺，以憑考察。宋廷詔銓量到人依條聞奏外，仍關吏部，置簿籍記，倒沒照他的建議，關報御史臺。十月乙丑（十六），他又爲自請出知徐州的刑部侍郎曾肇說話，說曾近以論天地不當合祭，因其言不從，故自請罷去，不算被斥，請宋廷審察。到元祐八年二月己酉（初二），他又與監察御史來之邵上言，以張利一素無實望，兵機將略皆非所長，反對任他知渭州。宋廷又從其議，罷張利一渭州之任，乙卯（初八），改以新知慶州的孫覽代知渭州。楊畏在二月丙寅（十九），又借次相蘇頌稽留賈易知蘇州詔命二十餘日之事，與監察御史來之邵嚴

　　范育又為蘭州諸族蕃官以親人為質戶，置之城中的問題與宋廷討論。因有言者指這些質戶自歸宋後，頗安其業，請留在質院，如願歸本族的亦聽便。知蘭州种誼認為如都許他們歸族下，因蘭州與夏人隔河相對，每年冰合後，又許他們入城，就會增加疑惑，他請擴大質院，其他依舊。他又稱得到其首領準覺斯之狀，說質院各有自置房屋，每日有蕃客安泊，足以自資，願且於質院居住。范育奉旨研究這問題，他請依準覺斯所求，仍置質院，至於有提議修蕃市，他以工程浩大，又怕引起西夏疑慮，就請緩辦。宋廷再詔他切實斟酌事宜以聞。與此同時，章楶又申前議，請進築洪德寨（今甘肅慶陽市環縣洪德鄉）西北的白馬川，地名灰家觜者，又請修復大順城（今寧夏固原市中河鄉大營村硝河西北岸黃嘴古城）和廢安疆寨（今甘肅慶陽市華池縣紫坊鄉高莊行政村郭畔自然村之城子山古城），但宋廷在王巖叟罷樞後，在六月辛酉（初九）晉位執政的范百祿（1029～1094）、梁燾、鄭雍及劉奉世（1041～1113）均無人支持章的進取計劃。值得注意的是，梁燾獲擢尚書左丞時，曾一度請辭，又上疏高太后推薦范育，以今邊事為急，范育治邊有功，宜先用他為執政。可見范育治理熙河之成績，也得到朝中大臣的認同。〔註86〕

　　范育又在是月甲戌（廿二）申報宋廷，稱西蕃洮納等族叛阿里骨，投奔西夏與回紇。他們兩界往來，謀取董氈的姪兒溪巴溫（？～1099 後）之子董

劾蘇頌。蘇頌受不了，也許看到高太后老病，朝局不穩，就在三月甲申（初七）自請罷相而去。楊畏的屬害，呂公著子、兵部員外郎呂希哲在二月辛未（廿四），辭任左司諫時，就對范祖禹諷刺楊畏說：「若辭不獲命，當以楊畏為首。」時人以楊畏方在言路，以險詐自任，故呂希哲這樣說。五月辛卯（十五），監察御史董敦逸和黃慶基劾蘇軾蘇轍兄弟援引黨與，徇私不法。但蘇軾反擊，連上章自辨。高太后本來一向欣賞他，就將董、黃二人罷御史職出為荊湖北路及福建路轉運判官，這時的楊畏看出高太后心向蘇軾，就轉風使舵反過來與御史中丞李之純攻擊董、黃二人誣害忠良，請再將二人重貶，給果二人再責知臨江軍與南康軍。楊畏之險詐可見一斑。當董、黃二人被罷，宋廷命兩省各舉臺官兩員時，楊畏又在是月甲辰（廿八）上奏，認為御史與執政最為相關之地，不宜由宰相舉御史。高太后從其議。六月己未（十三），高太后驛召知潁昌府范純仁回朝拜相，楊畏知悉後，就上表攻擊范純仁守太原的過失，又說范師事程頤，闇狠不才，於國無補。當范純仁抵京後，楊又劾他自潁昌府被召，未入見而張蓋過內門為不恭。幸而這次高太后沒聽他妄言。當時有論者說，楊畏與蘇氏兄弟都是蜀人，他前擊劉摯，後擊蘇頌，都是暗中為了蘇轍拜相。當高太后覺得楊有私心，就在外召回范純仁。這時楊畏又說蘇轍不可大用。楊畏在哲宗親政後的投機惡行在下一章再有論述。

〔註86〕《長編》，卷四百七十四，元祐七年六月辛酉條，頁 11301～11302；庚午至壬申條，頁 11307～11311。

菊（即隴拶或攏拶，賜名趙懷德，？～1108 後）爲主。另蘭州沿邊安撫司又探到董氈另一姪瞎養兀兒從西海率吐蕃與回紇人馬，往青唐城二百里駐兵，已有洗納、心車及隴逋三族歸之。阿里骨見狀，即派其弟扶麻、姪結叱兀等率兵追捕，卻爲瞎養兀兒所敗。范又稱，聞說瞎養兀兒，是洗納等三族所召，欲以繼承董氈。以阿里骨承襲以來，因他本非青唐元種，故部族頗不服。范奏稱尚不知瞎養兀兒與董氈是何親屬，青唐部族是否信服他。他說若瞎養果是董氈親人，就會人心歸屬，漸次招集不順，而阿里骨部族勢須持久。他又稱近日青唐不與西夏通婚，怕西夏乘機援助瞎養，窺伺青唐，於邊防非便。他以阿里骨若勢弱而求援於宋，若拒而不納，可他是朝廷封襲之人，不幫助他說不過去，而怕他反順西夏就不妥。若加以援助，倘瞎養果是董氈親人而爲部族信服者，又道理講不過去。他就請宋廷指示如何措置。宋廷也無主意，只叫范育再探明事實，精心講慮方略以聞。〔註87〕

　　就在范育籌議如何利用青唐各族的矛盾，以尋求熙河最大的利益時，熙河的開創人李憲就在六月戊寅（廿六）以宣州觀察使提舉明道宮的職位卒於陳州，得年五十一。〔註88〕他逝世時，宋廷主政的文臣認爲他是帶罪之身，故沒有給他甚麼恩恤。因李憲的墓尚未發現，墓誌銘或行狀一類史料並未傳世，故他是否歸葬開封不詳。

　　范育在是年十月乙亥（廿六）內召爲給事中前，他在熙河克盡厥職，盡他邊臣的責任，他曾向宋廷提出七項建議，以管治西蕃各部，防止他們與西夏聯結，特別是處置鬼章子結瓦齪、阿里骨與包順的問題。在他的保薦下，大將東上閣門使知蘭州种誼加領保州團練使再任。他繼續在洮州等處修城寨，並向宋廷即時報告阿里骨與其敵人邈川溫溪心的動向，另也緊密注意西夏的動向，在通遠軍界屯兵爲備。他也向宋廷請旨，若西夏進攻青唐，熙河應採何策援助。〔註89〕

〔註87〕《長編》，卷四百七十四，元祐七年六月甲戌條，頁 11312～11313。
〔註88〕《長編》，卷四百七十四，元祐七年六月戊寅條，頁 11313～11315；卷四百七十九，元祐七年十二月乙卯條，頁 11402；《東都事略》，卷一百二十〈宦者傳・李憲〉，葉六下；《宋史》，卷四百六十七〈宦者傳二・李憲〉，頁 13640。順帶一提，李憲死後半年，在同年十二月乙卯（初七），當年追隨他的前涇原帥而在元祐三年被責降罷守宮祠的盧秉，以龍圖閣直學士大中大夫提舉洞霄宮卒。
〔註89〕《長編》卷四百七十五，元祐七年七月癸巳條，頁 11321；卷四百七十六，元祐七年八月丁巳至己未條，頁 11340～11341；己卯條，頁 11350～11351；卷四百七十七，元祐七年九月辛巳條，頁 11353；丙戌至戊子條，頁 11358～

接替范育任熙河帥是曾任陝西轉運使，審理過李憲屬下過失的戶部侍郎寶文閣待制蔣之奇。值得一提的是，蔣之奇的故交呂陶以五言古詩一首相送，除了說蔣之奇爲人「彊裕清敏，蓋得奇家法外」，又惜他「還朝才幾時，何時又補外」，另又描述蔣之奇接任時熙河的情況：

> 河湟復古地，形勢壯且大。冊府圖籍存，充國城壘在。臨洮建都府，
> 節制中機會。守之扼喉吭，動則攻腹背。西羌輒犯順，種落異向背。
> 吁嗟秦雍間，氛祲恐未艾。連年困飛輓，何日貯倉廥。一病費調養，
> 已甚其可再。綏懷與剪蕩，黑白燦利害。

呂陶當然希望蔣之奇不要大事更張，「吾君鑑勤遠，靜制六合內，仁如天地心，萬類悉容貸，不矜靈旗伐，未奏短簫凱。」〔註90〕

蘇軾與秦觀（1049～1100）也有詩相送。有趣的是，秦觀送蔣之奇的第二首詩卻說：「莫許留犂輕結好，便令甌脫復游魂。要須盡取熙河地，打鼓梁州看上元。」與呂陶不同，秦主張蔣進取。據徐培均的考證，蔣之奇當是在元祐八年始赴熙河任，據施元之注蘇軾詩所記，蔣抵達後，夏人請畫疆界，卻伏兵於山谷。幸而蔣也以兵自衛，而令其屬下至定西城會議。宋夏會議往來兩年，議卒不合，宋廷知夏人詐而罷之。事實上，蔣任熙河帥之時日不長，他在任也沒有改范育之政。《宋史・蔣之奇傳》記他出知熙州後，夏人議和，請畫界，但蔣看出夏人並非誠心，他務修守備，謹斥堠，常若敵至。〔註91〕

11359；癸亥條，頁 11374～11375；卷四百七十八，元祐七年十月乙亥條，頁 11389。范育在七年七月癸巳（十二）向宋廷報告于闐進奉使密告，中途被青唐酋緬藥所掠之事，他請宋廷發兵攻滅緬藥。宋廷不置可否，只命他選使臣押于闐使赴闕。八月丁巳（初六），范育又上奏，批評樞密院在處理河南蕃族利害的事上未盡事理，他提出七項全面的建議，以解決各樣可能發生的問題。他也在九月戊子（初八），上奏宋廷關於青唐聚兵一公城（即循化城，今甘肅甘南藏族自治州夏河縣甘加鄉斯柔村）的事，他認爲事有可疑，宋廷就命他密諭康識與王克平詳細查探以聞。

〔註90〕　《長編》，卷四百七十八，元祐七年十月乙亥條，頁 11389；《宋史》，卷三百四十三〈蔣之奇傳〉，頁 10916；呂陶：《淨德集》，卷三十〈五言古詩・送蔣熙州〉，頁 317。

〔註91〕　蔣之奇在徽宗繼位後再拜翰林學士，擢同知樞密院事。建中靖國元年知院事。但在崇寧元年罷樞出知杭州，並以棄河湟事而奪職，由正議大夫降中大夫。因以疾告歸，提舉靈仙觀。崇寧三年（1104）卒，年七十四。徽宗後以其嘗陳紹述之言，盡復其官職。順帶一提，據知相州劉航（？～1093 後，劉安世父）在元祐八年十月爲通直郎太子中舍知平定軍樂平縣事（今山東聊城市西南）韓應（1019～1076）撰寫墓誌銘所記，負責書寫墓銘的是左承議郎前管

對李憲來說，他十多年來苦心經營的熙河蘭州，在元祐後期，幸得「李規范隨」，而繼任的蔣之奇，加上王文郁諸將的捍衛，仍能維持其原來所定之規模，並且有所發展，不致人亡政息，這當是值得他欣慰的。

值得一提的是，李憲在熙河的事業繼承人范育，在元祐七年十月罷熙河帥入爲給事中後，八年三月癸卯（廿六）遷戶部侍郎，他上表辭免，當制的范祖禹代宋廷詔不允范所請，也公允地稱許范育「分閫於外，捍邊有勞，以治軍旅之餘，而當金穀之問，足以優裕副茲簡求」。而據《宋會要輯稿》所記，宋廷在紹聖二年（1095）四月，特贈他寶文閣直學士，表揚他在元祐中「議獨與眾異」，堅持不可棄守熙河和蘭州。他大概在這年四月前已逝。《大清一統志》所記，他與其父范祥之墓在邠州，當地且建有范學士祠以祀之。又據哲宗時人張禮（？～1086後）所記，他在熙寧中（三年至四年）任侍御史（當是監察御史裡行）時，曾向尚書郎胡拱辰購入在長安，原屬唐杜佑（735～812）的別墅，因號范公莊，俗稱御史莊，中有溪柳、巖軒、江閣、圃堂及林館，故又稱爲五居。該處大概是范育晚年所居。〔註92〕誠如上文所述，他與李憲似乎並無甚麼交往，但二人在開拓熙河的事上卻是同心的。

最後宜一談李憲與童貫的關係。據前引陸游《家世舊聞》的說法，李憲在晚年曾向蔡京推薦童貫，說他知兵。而《東都事略》及《宋史》都多處載

勾熙河蘭岷路都總管經略安撫司機宜文字武騎尉安師文（？～1103後）。安師文當是范育的機宜文字，他隨范的離任而去職。而據汪藻所記，蔣之奇就奏用他的幼子壽州司戶參軍蔣瑎（1063～1138）爲書寫機宜文字。當夏人來議疆事，蔣之奇就命兒子館待夏使。這時夏人以重兵屯山谷。使者援例以爲宋方必會讓步。蔣瑎對夏使陳以禍福，不以少屈，夏人無計。蔣之奇召還，蔣瑎也罷爲保寧鎮南兩軍節度推官。參見《宋史》，卷三百四十三〈蔣之奇傳〉，頁 10916～10917；汪藻（1079～1154）：《浮溪集》，《叢書集成初編》本（北京：中華書局，1985 年新一版），卷二十七〈誌銘·徽猷閣待制致仕蔣公墓誌銘〉，頁 341～343；鄭茂育、劉繼保（編著）：《宋代墓誌輯釋》，第一五四篇，〈宋故通直郎守太子中舍知平定軍樂平縣事兼兵馬都監贈右承議郎韓府君（應）墓誌銘〉，頁 350～351。

〔註92〕《長編》，卷四百八十二，元祐八年三月癸卯條，頁 11473；《宋會要輯稿》，第四冊，〈儀制十一·從官贈職〉，頁 2537；《范太史集》，卷二十九〈賜新除守戶部侍郎范育辭免不允詔〉，葉二下至三上；穆彰阿（1782～1856）（纂）：《大清一統志》，文淵閣《四庫全書》本，卷一百九十四〈邠州·宋范祥范育墓·范學士祠〉，葉十六下至十七上。張禮（撰），史念海（1912～2001）、曹爾琴（校注）：《遊城南記校註》（西安：三秦出版社，2003 年 6 月），「復涉滈水游范公五居」條，頁 128～129。

童貫少從李憲，是李憲的門人，又說徽宗用李憲故事，命童貫爲監軍，而《東都事略・夏國傳》更說童貫後來的開拓西北行動，都依從李憲的謀略：

> 种諤謀取橫山，故興靈州之師。及王師失利，李憲始獻進築之議。
> 神宗厭兵不克行。童貫舊常從李憲，得其彷彿，故獻議進築，遂領
> 六路邊事，將諸路兵。六七年進築軍壘，建立堡砦，遂得橫山之地，
> 夏人失所恃，遂納款。夏國自是少衰矣。〔註93〕

　　群書均沒有記載童貫在何時何地追隨李憲，李憲歷次戰役從征的將校都沒有童貫的名字，按童貫生於至和元年（1054），熙寧五年（1072）李憲副王韶開邊時，他年十九，而元豐八年（1085）李憲解兵職時，他已三十一。他這十多年大概隨侍李憲，作他的親信侍從。據《宋史・童貫傳》所記，崇寧二年（1102）蔡京舉薦童貫輔王厚出兵重奪青唐時，蔡就說童曾十次出使陝右，最清楚陝西五路事宜與諸將的能否。〔註94〕因資料不足，暫未能確定童貫十次出使陝右，是在李憲掌軍時，抑罷職後。由於童貫在欽宗靖康元年（1126）身敗名裂，他的生平被選擇地刪削，爲此，他早年從征的事蹟得不到保留，是故他與李憲的交往只留下一鱗半爪的記載。他師承李憲，而在徽宗朝長期執掌軍政大權，這對李憲在徽宗朝的評價與形象有重要的影響。

〔註93〕陸游：《家世舊聞》，卷下，頁206；《東都事略》，卷一百二十一〈宦者傳・童貫〉，葉一上；卷一百二十八〈附錄六・夏國傳二〉，葉四下；《宋史》，卷四百六十八〈宦者傳三・童貫〉，頁13658。

〔註94〕《宋史》，卷四百六十八〈宦者傳三・童貫〉，頁13658。

第十章　虎父犬子：李彀事蹟考

　　李憲在元祐七年六月卒後，舊黨主政者並沒有給他甚麼恩恤；但一年多後哲宗親政，李憲很快便獲宋廷賜諡追贈官職，而且在重修的神宗實錄中獲得很高的評價。影響李憲身後評價的因素有三：第一是新舊黨勢力的消長，即宋廷對他執行神宗開拓西北策略或路線的態度。第二是他的子弟門生故吏在朝內朝外的勢力。第三，官方所修的實錄和國史對他的評價。而第一和第二點又影響了第三點。本章主要考論李憲養子李彀在哲宗親政以後在宋宮地位的升降，以及其行事為人與朝臣對他的評價。另外也論及從元祐末年以迄建炎初年宋廷的政局。

　　李彀自元豐八年四月被調出宮外後，事蹟不詳，相信是隨侍李憲於陳州。繼元祐六年三月修畢元祐本的《神宗實錄》，就在李憲死後一月，宋廷在七年七月癸巳（十二），詔以翰林學士范祖禹、樞密直學士趙彥若修《神宗皇帝國史》，並由首相呂大防提舉，著作佐郎張耒（1054～1114）編修，限一年畢功。宋廷稍後再詔范為翰林侍講學士兼修國史。〔註1〕由舊黨中堅范祖禹負責編修的神宗國史，自然不會對李憲有甚麼好話。據紹聖本的《神宗舊錄》所記，李憲家（可能在開封，也可能在陳州）藏有神宗給他的詔書三百篇及他所上的奏議七十卷、經制財用三十卷。〔註2〕李彀當然不會在這時獻上作修史之用，而會奇貨可居，等待有利時勢才呈上。與其父李憲並列四凶的宋用臣本來在八月獲敘遙郡刺史，許外州任便居住，但中書舍人孔武仲（？～1098）卻繳還詞頭，其令不行。而王中正在元祐八年（1093）正月本來已復敘文州

〔註1〕　《長編》，卷四百七十五，元祐七年七月癸巳條，頁11320～11321。
〔註2〕　《長編》，卷四百七十四，元祐七年六月戊寅條注，頁11315。

刺史、昭宣使，但一樣被延兩期才再取旨敘官。〔註3〕不過，李毂出頭，已是指日可待。

熙河路自從范育在元祐七年十月內召爲給事中，到元祐八年初由蔣之奇接任熙河帥後，歷任的熙河帥都沒有改動李憲、范育之政策（事見下文）。值得一提的是，李憲大將熙河蘭岷路鈐轄康識，曾在元祐八年初，與其麾下諸將率兵出塞牽制夏軍於打繩川。二月己酉（初二）獲得宋廷賜銀合茶藥有差，以賞其功。〔註4〕

宋廷很快便變天，高太后大概在是年七月得疾，她在七月丙子（初一）召回舊黨的溫和派范純仁任次相。八月辛酉（十六）高太后病重，延至九月戊寅（初三）崩。哲宗隨即在十月戊申（初四）親政，準備紹述神宗之政。中書舍人呂陶（1028～1104）看到哲宗召回元豐舊臣，於是在哲宗親政前兩天（丙午，初二）便上奏諫止，他解釋高太后爲何罷廢神宗的新政，與及貶逐熙豐之臣。他在奏中還點了已死的李憲的名，說他邀功生邊事，罪不容誅：

> 昔元祐之初，臣任臺官，嘗因奏事簾前，恭聞德音宣諭云：朝廷政事，若果於民有害，即當更改，其他不繫利害者，亦不須改。每改一事，必說與太后，恐外人不知。臣深思此語，則太皇太后凡有更改，固非出於私意，蓋不得已而後改也。至如章惇悖慢無禮，呂惠卿姦回害物，蔡確謗毀大不敬，李定不持母喪，張誠一盜父墓中物，宋用臣掊斂過當，李憲、王中正邀功生邊事，皆事積惡盈，罪不容誅。若敗露於先帝之朝，必須不免竄逐，若暴揚於陛下之手，亦合正以典刑。以此而言，則太皇太后所改之事，皆欲生民之便，所逐

〔註3〕 《長編》，卷四百七十六，元祐七年八月己卯條，頁11351：卷四百八十，元祐八年正月庚寅條，頁11418。

〔註4〕 《長編》，卷四百八十一，元祐八年二月己酉條，頁11435：王明清（1127～1204後）：《揮麈錄》（上海：上海書局出版社，2001年8月），餘話卷之二，頁238。考康識卒年不詳，紹聖元年之後之事蹟亦不載。他的兒子康倬（？～1131），字爲章，以父補右班殿直，少時不羈，後折節讀書，易文資，官至朝奉大夫知臨江軍，據說有名於世。據李裕民所考，康倬卻在紹興元年（1131）二月庚午（初三），當邵友犯臨江軍（今江西宜春市樟樹市）時，他棄城遁去，宋廷在五月丁酉（初二）將他貶秩一等並衝替，他當於半年後卒。康倬有子名康與之，事蹟不詳。參見李裕民：《宋人生卒行年考》（北京：中華書局，2010年9月），卷三，頁199。

之臣，盡是天下之惡，豈可以爲非乎？〔註5〕

哲宗並不納呂陶之諫，還在十月庚午（廿六），命入內都都知張茂則傳旨，要替換內廷舊人，而由轉出的內臣中的大使臣內抽取數人，令他們寄資充宮中差遣。蘇轍向張茂則表示異議，認爲要謹慎用人，張奉命宣旨，只能唯唯而退，向哲宗覆命。哲宗並不理會蘇轍的反對意見，十一月丙子（初二），即令樞密院出內臣劉瑗等十人姓名，詔他們並換入內供奉官。呂大防等倉卒之間無法細審，除了將查出有過犯的馮景和黃某二人，以及尚在持服守制的劉瑗與李毅剔除外，其餘六人就召入，當中還包括王中正子。蘇轍在戊寅（初四）入見哲宗，婉轉表示哲宗的做法不妥，但哲宗不理，甲申（初十），樞密院又出哲宗批示，以他的隨龍人內侍劉惟簡除內侍押班權入內押班，梁從政除內侍都知，吳靖方帶御器械。命下，中書舍人呂希純（？～1106後，呂公著子）即封還詞頭。在蘇轍等力爭下，哲宗暫收回成命。〔註6〕

素惡李憲的翰林學士兼侍讀范祖禹連上兩奏，提出哲宗召入李毅及王中正子會引來朝臣的憂慮，他論古今內臣之害，而一再點了李憲的名，痛陳其過惡：

> 至熙寧、元豐間，內臣之中，李憲、王中正、宋用臣三人最爲魁傑。憲總兵熙河，兼領三路，中正總兵河東，兼領四路，其權勢震動中外。自陝以西，人不敢斥言憲名。中正口敕募兵，州郡不敢違，師徒凍餓奔潰，死亡最甚。憲陳再舉之策以誘夏賊，致永樂陷沒，在

〔註5〕呂陶：《淨德集》，卷五〈奏乞察小人邪妄之言狀〉，葉八上下；《長編》，卷四百八十四，元祐八年六月甲寅條，頁11509；楊仲良（？～1184後）：《通鑑長編紀事本末》，收入趙鐵寒（1908～1976）（主編）：《宋史資料萃編》第二輯（臺北：文海出版社，1967年11月），第六冊，卷一百一〈哲宗皇帝・逐元祐黨人上・編類章疏附〉，葉一上至二上（頁3113～3115）；《皇宋十朝綱要校正》，卷十三〈哲宗〉，頁359；《宋史》，卷十七〈哲宗紀一〉，頁336～337。按呂陶在元祐八年六月甲寅（初八）自起居舍人擢中書舍人。

〔註6〕蘇轍：《龍川略志》，卷九〈議除張茂則換內侍舊人〉，頁55～57，60；《通鑑長編紀事本末》，第六冊，卷一百一〈哲宗皇帝・逐元祐黨人上・編類章疏附〉，葉二上下（頁3115～3116）；《皇宋十朝綱要校正》，卷十三〈哲宗〉，頁359；《宋史》，卷十七〈哲宗紀一〉，頁337；佚名（撰），汪聖鐸（點校）：《宋史全文》（北京：中華書局，2016年1月），第三冊，卷十三下〈宋哲宗三〉，頁875。考《通鑑長編紀事本末》及《宋史全文》等書所記哲宗甫親政即擢用親信內臣之事，當是沿用蘇轍的說法。又《龍川略志》將李毅寫爲「李愨」。該書的點校者俞宗憲稱傅增湘本《龍川略志》寫作「李毅」，他據其他版本改作「李愨」。而考《宋史全文》亦將李毅訛寫爲「李毅」。

熙河僭擬不法。用臣興土木之役，無時休息，榷舟船，置堆垛，網市井之微利，奪細民之衣食，專用刻剝，爲國斂怨。此三人者，雖加誅戮，未足以謝萬姓。朝廷止從寬典，量加廢黜。惟憲獨死，中正、用臣猶存，陛下近召內臣十人，續又召數人，而李憲、王中正之子皆在其中，又除押班二人，帶御器械一人，中外無不駭愕。既而聞二人以執政言其有過先罷，三人以舍人繳詞頭且報，然前來指揮，首違故事。又李憲、王中正之子既得入侍，則中正、用臣亦將進用，人心不得不憂，故臣敢極言之，陛下與太皇太后同聽政之初，外逐蔡確、章惇、呂惠卿等及群小人，故朝廷肅清；內逐李憲、王中正、宋用臣等及群小人，故宮禁肅清。內外皆無凶人，故天下安靜。……自聞近日兩次指揮以來，外議洶洶，皆云大臣不能爭執，陷陛下於過舉。〔註7〕

可哲宗一意孤行，沒有理會范的勸諫，照樣任用劉惟簡等心腹內臣。〔註8〕同月，侍御史楊畏上奏求講法制，成紹述之道。哲宗召見，問熙豐之臣誰可用。楊推薦章惇、安燾、呂惠卿、鄧溫伯及李清臣等人，而特請相章惇。哲宗接受其議。十二月，即恢復章惇爲資政殿學士，呂惠卿除中大夫。給事中吳安詩及中書舍人姚勔反對無效。〔註9〕

〔註7〕 范祖禹：《范太史集》，卷二十五〈論召內臣箚子〉，葉十五下至十六上；卷二十六〈論宦官箚子〉，葉四下至五下；《宋朝諸臣奏議》，上冊，〈百官門・內侍下・上哲宗論自古及今用內臣之害・元祐八年十一月上〉（范祖禹），頁700～701；《通鑑長編紀事本末》，第六冊，卷一百一〈哲宗皇帝・逐元祐黨人上・編類章疏附〉，葉三上下（頁3116～3117）；《宋史》，卷三百三十七〈范祖禹傳〉，頁10798～10799。

〔註8〕 劉惟簡在紹聖三年三月戊午（廿八）以入內押班卒，贈昭化軍留後。他應該在紹聖元年底或二年初除入內押班。他在元符二年（1099）八月丙申（廿六）再獲追贈節度使。梁從政後來並沒有擢爲內侍都知，他在紹聖三年九月時仍爲入內押班。參見《長編》，卷五百十四，元符二年八月丙申條，頁12230；《皇宋十朝綱要校正》，卷十四〈哲宗〉，頁369。

〔註9〕 《通鑑長編紀事本末》，第六冊，卷一百一〈哲宗皇帝・逐元祐黨人上・編類章疏附〉，葉三上至四上（頁3117～3119）；《皇宋十朝綱要校正》，卷十三〈哲宗〉，頁360；《長編》，卷四百七十六，元祐七年八月丁巳條，頁11340；《宋史全文》，第三冊，卷十三下〈宋哲宗三〉，頁876，880，884，887；卷十四〈宋徽宗〉，頁930。據《宋史全文》所載，起初呂大防想用楊畏爲諫議大夫，范純仁反對，說楊傾邪不可用；但呂大防不聽，以楊敢言，又密約他助己，並許擢楊爲禮部侍郎。卻不料楊竟背叛呂大防，上疏哲宗請復用章惇等人。據載當呂大防超擢楊畏時，楊以章惇必將獲復用，就私下見章惇妻姪張攟，向章惇輸誠，

　　哲宗在翌年（1094）改元紹聖，宣示要紹繼神宗之政。正如楊小敏的分析，紹聖紹述，在內政上恢復熙豐新法，在對外關係上恢復神宗時的拓邊政策。在人事上，哲宗就盡罷元祐舊黨，而復用新黨。二月丁未（初五），哲宗首先授新黨的李清臣和鄧潤甫爲中書侍郎及尚書右丞。三月乙亥（初四），罷首相呂大防爲觀文殿大學士知潁州（後改永興軍）。丁丑（初六），哲宗詔自

表示他審度時勢輕重後，就借呂大防與蘇轍之手逐去劉摯與梁燾，然後再找機會逐去呂、蘇二人，但其後爲二人所覺而被罷去言職。他自陳迹在元祐而心在熙豐，願首先爲章惇開路。紹聖元年五月己未（廿五）章惇回朝時，百官郊迎，楊畏單獨見章，向章輸誠，語多斥呂大防，再申他「迹在元祐而心在熙豐」。據說當時有直省官聞之，就嘆曰：「楊侍郎前日諂事呂相公，亦如今日見章相公也。」章惇相信其言，就在五月己未（十九）擢他吏部侍郎。右正言孫諤（？～1099 後）後來在紹聖三年翻楊畏的舊賬，稱他是投機小人，指他在元豐年間議論與新黨合，到元祐末年又討好劉摯與蘇轍。劉摯與呂大防爭權，楊畏又幫助呂大防打倒劉。當哲宗親政，他又叛呂大防而迎合哲宗，天下人稱他爲三變。楊畏後來又陰附與章政見不同的李清臣和安燾，而爲章惇所察覺，於是在紹聖二年正月丙午（初九）授他寶文閣待制出知成德軍，將他逐出朝。考孫諤在元祐七年八月丁巳（初六）以太常丞權利州路轉運判官，是時楊畏正任侍御史，不斷劾奏朝臣。到紹聖三年正月庚子（初九），他因孫諤之言先被貶知河中府，落寶文閣待制，再以盛陶之言，移知虢州。崇寧元年（1102）九月丁未（廿五），宋廷頒下元祐姦黨名單，楊畏名列待制以上官。到崇寧三年（1104）六月甲辰（初三），宋廷再詔元符末姦黨並通入元祐籍，楊畏依然名列其中，而不獲出籍。據其妻王氏（1059～1024）的墓誌銘所載，他後來請求宮祠，退居洛陽二十年，到政和三年（1113）才獲召，但未獲復用已卒。參見《宋會要輯稿》，第八冊，〈職官六十八・黜降官五〉，頁 4877；郭茂育、劉繼保（編著）：《宋代墓誌輯釋》，第二一九篇，〈宋故碩人王氏（楊畏妻）墓誌銘并序〉，頁 492～494。值得注意的是，在宣和六年（1124）十月，楊畏的夫人碩人王氏之兄中奉大夫直龍圖閣王純（？～1124 後），爲其妹撰寫墓誌銘時，就爲已死的妹夫楊畏的生平寫了很正面的記述，稱「至元豐末，楊公初自御史出提點夔州路刑獄，開府（指王氏父王宗望）時領轉運使，以楊公風度凝遠，問學高妙，甚器之。逮元祐間，楊公再擢爲御史，以太夫人年高，有再醮意。聞碩人有賢行，來求之，曰：是必能事吾母而母吾子也。及歸，姑果稱其孝，而子愛其慈。」墓銘又記楊畏的政治取態，說「楊公自昔立朝，志在裕陵。會元祐更法，公爲御史，明目張膽，推明國是，多所排擊，時論稱之。紹聖間，謀在北帥，自吏部侍郎以寶文閣待制守常山，其後進退逡巡，請宮祠居洛，垂二十年，處之裕如，而碩人亦未嘗以出處爲欣戚。……政和癸巳，朝廷亟召，方將大用，而遽以疾不幸矣，士論惜之。碩人於侍郎公之出處向背，皆能析其是非。」當然，王純說楊畏死，時論惜之，似不可信，只是親人溢美之辭，楊畏在宋人的評價不高。又張晨光近期曾對楊畏及其兩名妻子的墓誌作出考論。其中楊畏墓記僅有 33 字，只有他的姓名別字，最後之職及贈官以及下葬日期，甚爲罕見。參見張晨光：〈北宋楊畏夫婦墓誌記發覆〉，載《宋史研究論叢》，第二十一輯，頁 221～228。

今舉行御試仍要試策論。在外久不得志的李清臣就在擬進策問題時，迎合哲宗之意，首倡紹述之論，而鄧潤甫附和之。李清臣所擬之題略曰：「復詞賦之選，而士不加勸；罷常平之官，而農不加富；可差可募之說雜，而役法病；或東或北之論興，而河患滋；賜土以柔遠也，而羌夷之侵未已；弛利以便民也，而商賈之路不通。可則因，否則革，惟當之爲貴，聖人何有固必焉？」其中擬題令哲宗動容的，就有批評元祐臣僚「賜土以柔遠也，而羌夷之侵未已」的失計。到考試時，初考官本來取贊成元祐之政的人，但已陞任禮部侍郎，一意迎合哲宗的楊畏覆考，就悉反之。哲宗親試舉人，賜畢漸以下及第，所取的盡是主熙豐之政的人，於是國論大變，士大夫爭相陳紹述之議而元祐之人相繼被黜。蘇轍兩度上疏論御試策題有復熙豐之政之意，卻開罪了哲宗。哲宗聲色俱厲地責備蘇轍不該以漢武帝比神宗。范純仁爲蘇辨解無效。丁酉（廿六），蘇轍罷門下侍郎知汝州。四月壬子（十一），哲宗再將蘇軾貶知英州（今廣東英德市）。甲寅（十三），以王安石配享神宗廟庭。同日追復蔡確爲右正議大夫。壬戌（廿一），以章惇爲首相，而罷范純仁知潁昌府。戊辰（廿七），同修國史的蔡卞請重修《神宗實錄》。閏四月甲申（十四），被黜多時的安燾爲門下侍郎。丙申（廿六），章惇獲命提舉修《神宗國史》。五月己酉（初九），曾布請以《王安石日錄》載入《神宗實錄》。六月甲戌（初五），呂大防及劉摯落職，呂改知隨州，劉摯自青州改知黃州，蘇轍降官知袁州，蘇軾再貶惠州安置。癸未（十四），曾布拜同知樞密院事。七月丁巳（十八），又將已死的司馬光、呂公著及王巖叟贈官奪去，另將呂大防、劉摯、蘇轍、梁燾、劉安世、吳安詩、韓川（？～1104）及孫升等舊黨宰執及言官貶官落職。十一月壬子（十四），哲宗特追贈蔡確觀文殿大學士。十二月甲午（廿七），范祖禹、趙彥若及黃庭堅（1045～1105）坐修神宗實錄詆誣，責授散官安置遠州：范安置永州，趙澧州（今湖南常德市澧縣東南），黃庭堅黔州（今重慶市彭水苗族土家族自治縣）。另呂大防也在紹聖二年（1095）二月乙亥（初九）以監修史事失實貶秩，分司南京，安州居住。〔註10〕

〔註10〕 楊小敏在考論蔡京與蔡卞兄弟在哲宗親政獲得重用時，談到哲宗紹述新政的背景，引述王曾瑜教授的研究，指出哲宗本是個非常有性氣和心胸狹隘的人。可惜高太后及多數元祐諸臣（除了蘇頌少數人）均不懂得因應他的個性導之向善，不懂得尊重他的帝王意志，反而過度約束他。哲宗因長期受到抑壓，就造成他日後對祖母的逆反與不滿心態。參見楊小敏：《蔡京、蔡卞與北宋晚期政局研究》（北京：中國社會科學出版社，2012年3月），第二章第一節〈哲

　　據《揮麈錄》所載，黃庭堅及秦觀在紹聖初年被貶，也與李憲的熙河舊部胡宗哲有關。胡宗哲在元祐期間被貶後，在紹聖初年獲復用為兩浙轉運副使。哲宗要整肅元祐舊黨，秦觀坐黨籍出通判杭州，御史劉拯論他修神宗實錄時有所增損，再貶監處州（今浙江麗水市西）酒稅。《宋史・秦觀傳》記「使者承風望指，候伺過失，既而無所得，則以謁告寫佛書為罪，削秩貶郴州，繼編管橫州，又徙雷州。」這個使者就是胡宗哲，《揮麈錄》說他「觀望羅織，劾其敗壞場務，始送郴州編管。」至於黃庭堅，就給胡宗哲的女婿、湖北轉運判官陳舉，為了迎合上司趙挺之，舉報黃含怨謗訕，結果黃被編管宜州（今廣西河池市宜州市）。〔註11〕胡宗哲翁婿二人迎合朝中新黨，也挾怨報復秦、黃二人。也許胡認為，當年舊黨也是羅織罪名，打擊他們，現時一報還一報。胡宗哲在元符元年（1098）被右正言鄒浩（1060～1111）劾他在處置兩浙鹽賦上只言其利，不言其弊。他是李憲熙河的屬下中，到哲宗親政後惟一還能復出並掌管地方財賦的人。〔註12〕

　　值得一提的是，秦觀雖是蘇軾門人，在政見上屬於舊黨；但在熙河棄守的事上，他與蘇軾兄弟的看法可不一樣。除了前文所記，他給出守熙州的蔣之奇贈詩中，表明他反對棄地的立場外，他在元祐三年九月應賢良方正試所上的幾篇進策，便有相當進取的看法，例如他在〈進策・邊防上〉便說：

　　　　宗紹述新政〉，頁53～62。關於哲宗罷免元祐舊黨大臣，起用新黨的經過，參
　　　　見《通鑑長編紀事本末》，第六冊，卷一百一〈哲宗皇帝・逐元祐黨人上・編
　　　　類章疏附〉，葉四上至十五下（頁3119～3142）；《皇宋編年綱目備要》，下冊，
　　　　卷二十四，紹聖元年正月至六月，頁581～587；《皇宋十朝綱要校正》，卷十
　　　　三〈哲宗〉，頁360～363；《宋史》，卷十八〈哲宗紀二〉，頁339～342；佚名
　　　　（撰），汪聖鐸（點校）：《宋史全文》，第三冊，卷十三下〈宋哲宗三〉，頁876
　　　　～878。按鄧潤甫在二月丁未（初五），拜右丞，五月乙丑（廿五）便卒於任
　　　　上。
〔註11〕《揮麈錄》，餘話卷之二，頁236～237；《宋史》，卷三百五十一〈趙挺之傳〉，
　　　　頁11093～11094；卷四百四十四〈文苑傳六・秦觀〉，頁13113。王明清說陳
　　　　舉迎合「中司趙正夫」而舉報黃庭堅，趙正夫即新黨的趙挺之，他當年以維
　　　　護蔡確被高太后貶降。趙當時的官職是權吏部侍郎抑給事中，他的本傳沒有
　　　　記載。
〔註12〕《長編》，卷五百十一，元符二年六月壬午條，頁12162。按李燾在注中稱鄒
　　　　浩此奏上於元符元年二月後。考胡宗哲在元符以後的事蹟不詳，據《天台續
　　　　集》收錄他七律一首，云：「昔人亭榭久荒殘，今復高軒峙翠巒。眺望可周千
　　　　里景，宴遊非止一時歡。樓臺遠近看如畫，日月高低轉似丸。最好使君登覽
　　　　罷，夕陽群騎簇離鞍。」參見林師蒧等（編）《天台續集》，文淵閣《四庫全
　　　　書》本，卷上，葉三十二下。

狄道枹罕，五泉會寧，皆中國故地，自漢唐以至國初，不聞苦其難守，以靈武內屬故地也。今置靈武於度外八十餘年，蕃漢地形相錯如繡，耕鑿則有踩踐之患，饋運則有鈔奪之虞，是以苦其難守也。若遂取橫山，次復靈武，則蘭會熙河自為內地，尚安有數百萬之費乎？……為今計者，獨有取橫山而復靈武耳，羈縻不絕之說可復道哉？……橫山、靈武，亦蘭會、熙河之手足，而蘭會、熙河，亦橫山、靈武之齒齒也。功成於彼，則患紓於此也。〔註13〕

秦觀又在另一篇進策很有信心地指出，「我之勝勢已具，彼之敗形未成者，元豐之初是也。我有必勝之勢，彼有必敗之形者，今日是也。且時難得而易失，一日縱敵，數世之患。奈何不議取橫山而復靈武哉？」值得注意的是，秦觀提出「願陛下擇大臣知兵者一人統帥，盡護諸將之軍，使之毋顧小利，毋急近功，而專以橫山、靈武為事，不過三年，河南之地復歸於中國矣。」〔註14〕關於委任將帥的問題，他在另一篇論將帥的進策上主張「西北二邊，宜各置統帥一人，用大臣材兼文武，可任天下之將者為之。凡有軍事，惟以大義上聞，進退賞罰，盡付其手，得以便宜從事，如此則雖有邊警，可以不煩廟堂之論。而豪傑之材，得成其功矣。」〔註15〕秦觀可沒有想到，徽宗後來便委用李憲的門人童貫，擔任全權統帥專取橫山。

正如上述，哲宗在親政的第一年，便罷黜舊黨大臣，復用新黨的章惇等。據馬力的研究，就在紹聖元年四月，哲宗便與章惇等籌劃恢復對西夏開邊，到紹聖二年八月即開展大規模的軍事行動，以進築堡寨，淺攻撓耕和各路策應的戰術，奪取橫山之地。〔註16〕哲宗要宣示復行神宗之政，自然表揚及彰

〔註13〕 秦觀：《淮海集箋注》，上冊，卷九〈送蔣穎叔帥熙河二首〉，頁355～356，注一；卷中，卷十八〈進策·邊防上〉，頁655～657；下冊，徐培均：《秦觀年譜》，頁1690。秦觀這篇進策撰寫的年月不詳，據徐培均所撰的《秦觀年譜》所考，此策論應撰於元祐三年九月，他應賢良方正試時。但秦觀被人誣以過惡，他這次應試不成，沒有獲官。

〔註14〕 秦觀：《淮海集箋注》，中冊，卷十八〈進策·邊防中〉，頁661～663；〈進策·邊防下〉，頁670～672。按秦觀在〈邊防下〉再提出以秦鳳等五路之兵，與蘭會相表裡，約以兵萬人，歲各一出，而擾夏人。他又說為「今之策，莫若興屯田，而置使者一人專領其事，凡要害之地，盡發吏卒屯之，濬溝澮，繕亭障，頻出騎士以為田者遊兵，積粟數百萬斛，則靈武在吾掌股中矣。」他的想法與熙河邊臣並無不同。

〔註15〕 秦觀：《淮海集箋注》，中冊，卷十六〈進策·將帥〉，頁608～609。

〔註16〕 馬力撰於1987年的專文，概述了哲宗親政的紹聖、元符時期開邊西北，奪取

顯助神宗推行新政諸臣，執行神宗開拓西北有功的李憲終於在此時得以恢復名譽。他在紹聖元年便自宣州觀察使獲追贈兩官爲武泰軍節度使，諡敏恪。而與李憲齊名而碩果僅存的宋用臣也在是紹聖元年底復爲宣政使，並獲委主持導洛入汴的工程。〔註17〕

　　群書均未載李憲獲追贈節度使的月日，是誰爲他請命及乞恩？相信是他的家人，包括其弟李宇，特別是獲得召用的李毂。考李宇在紹聖三年（1096）七月丙辰（廿九），以禮賓使充撫諭使，往青唐曉諭阿里骨等。他應該在紹聖元年已任此職。〔註18〕而李毂在元符元年（1098）九月前已擔任入內供奉官勾當東門司的近要職務。他大概在紹聖初年已任此一近職。〔註19〕相信李宇及李毂在哲宗重修神宗實錄時，即獻上神宗批示李憲的詔書三百篇，以及李憲歷年論邊事的奏稿。他們大概在這時乘機請哲宗還給李憲的公道，並請予李憲贈典。哲宗嘉納，於是給李憲贈官賜諡。至於李憲獲贈官的日期，按哲宗在紹聖元年閏四月下詔重修神宗實錄，五月詔修神宗國史，而在五月後基本上已將元祐舊黨貶逐出朝，故李憲很有可能在是年五月後獲得追贈。

　　值得注意的是，哲宗在紹聖元年正月庚寅（十八），因殿帥劉昌祚病逝，出人意表地重新起用李憲的頭號大將、在元祐六年自請罷知潞州而提舉鳳翔府上清太平宮，年已六十五的前殿帥苗授，第二度出任殿帥並加保康軍節度使。武臣兩度擔任三衙管軍之首的殿帥，在整個宋代只有太宗朝的戴興（？～999）、仁宗朝的許懷德（978～1061）及苗授三例。宋廷賜苗授的制文，除了稱許他「爲時虎臣，學古兵法」外，就特別重提他「智略發於洮隴，威名

大片疆土，迫使西夏妥協，從而確立元符宋夏新疆界的過程。惟馬氏沒有討論哲宗君臣在開邊策略上，其實繼承了神宗與李憲在元豐時期的做法。該文只在注24（頁150）略提及李憲諸人當年請築汝遮川，而紹聖時期哲宗築定西城的關連。參見馬力：〈宋哲宗親政時對西夏的開邊和元符新疆界的確立〉，載鄧廣銘、漆俠等（主編）：《宋史研究論文集》（一九八七年年會編刊）（石家莊：河北教育出版社，1989年5月），頁126～154。

〔註17〕《長編》，卷四百七十四，元祐七年六月戊寅條注，頁11313；《宋會要輯稿》，第四冊，〈儀制十三·內侍追贈·贈節度使〉，頁2570；《東都事略》，卷一百二十〈宦者傳·李憲〉，葉六下；《宋史》，卷四百六十七〈宦者傳二·李憲〉，頁13640；《通鑑長編紀事本末》，第六冊，卷一百十二〈哲宗皇帝·回河下·導洛〉，葉十九上（頁3561）。考宋用臣於紹聖二年正月戊戌（初一）已自宣政使上言關於導洛入汴之事，他應在紹聖元年已復任宣政使。

〔註18〕《宋會要輯稿》，第十六冊〈蕃夷六·吐蕃〉，頁9924。

〔註19〕《長編》，卷五百一，元符元年九月癸卯條，頁11945。

震乎邊庭。」〔註20〕哲宗擢用苗授二度出掌殿帥重任，就很有像徵意義，他
要紹述神宗之政，對祖母高太后之政，就要「送舊迎新」，重用仍然在世的新
黨或新政執行人，李憲獲得平反，那就很順理成章。曾依附舊黨後來投靠新
黨的權吏部尚書侍讀同修國史林希（1034～1101），在紹聖二年九月，奉哲宗
之命爲苗授撰寫墓誌銘時，除了誇獎苗授「披荊棘，冒矢石，攻堅陷敵，挺
身弗顧，復境拓土，論功居多」，並譽之爲名將外，更迎合哲宗紹述之意，借
爲苗授表功而爲哲宗說出其欲重新開拓西邊的政策：

> 臣讀實錄，伏見神宗皇帝既考正百度，遂立武事以威四夷，謀臣猛
> 將爭效智力，材官衛士，一藝必賞。天下府庫皆利器，郡縣皆精兵，
> 以戰則克，以計則服，而河湟之功尤爲俊偉。〔註21〕

〔註20〕 參見本書附錄二〈苗授墓誌銘〉，頁381，383～384；邵伯溫：《邵氏聞見錄》，
卷八，頁84；《東都事略》，卷八十四〈苗授傳〉，葉四上（頁1283）；《宋史》，
卷三百四十九〈劉昌祚傳〉，頁11055；卷三百五十〈苗授傳〉，頁11067；《宋
會要輯稿》，第四冊，〈儀制十一・武臣追贈・管軍節度使〉，頁2540；不著撰
人（編），司義祖（點校）：《宋大詔令集》，卷一百二〈軍職八・苗授殿前副
都指揮使保康軍節度使制・紹聖元年正月庚寅〉，頁376。按劉昌祚在紹聖元
年正月在殿前副都指揮使武康軍節度使任上卒，年六十八，贈開府儀同三司，
諡毅肅。關於苗授兩任殿帥的事，新出土的苗授墓誌銘、《東都事略》及《宋
史》的苗授本傳，以及邵伯溫的《邵氏聞見錄》都有言及。而林希所撰的苗
授墓誌銘，更特別指出苗授是繼戴興及許懷德第三人，再任殿帥。關於戴興
及許懷德兩任殿帥的事，可參見《宋史》，卷二百七十九〈戴興傳〉，頁9475
～9476；卷三百二十四〈許懷德傳〉，頁10477。

〔註21〕 關於苗授的卒年，《宋會要・禮四十一》繫於紹聖二年九月，惟《宋會要・儀
制十一》則繫於紹聖三年九月。因《長編》缺紹聖二年及三年，而群書亦無
記載。幸而新近出土的〈苗授墓誌銘〉清楚記載苗授卒於紹聖二年九月戊戌
（初六），而其子苗履於同年十一月庚申（廿八）將他葬於衞州共城縣卓水原。
故可知《宋會要・儀制十一》一條所記，錯將二年九月訛寫爲三年九月。林
希大概是在是年九月初六至十一月廿八前撰寫苗授墓誌的。又據《景定建康志》
卷廿六的〈侍衛馬軍司題名記〉所載，李憲另一員大將姚麟在紹聖元年正月
除馬軍副都指揮使，二年九月改差。按該記所謂改差，多半指邊職。據《宋
史・姚麟傳》所記，姚麟在紹聖三年，本來自馬帥建武軍留後出知渭州，知
樞密院事安燾請將他留在京師，雖然曾布反對，但韓忠彥爲姚說話，故「尋
拜武康軍節度使、殿前副都指揮使」。據此可知苗授殿帥的職位，後來由姚麟
繼任。筆者懷疑《宋史・姚麟傳》所記的紹聖三年，可能又是紹聖二年的筆
誤。苗授以保康軍節度使檢校司空卒，年六十七，宋廷念其功，優贈開府儀
同三司，諡莊敏。據他的墓誌銘所記，他勳至上柱國，爵封濟南郡開國公，
又據蘇頌的制文，苗的食邑初時爲三千三百戶食實封五百戶，後增至四千一
百戶食實封九百戶。雖然苗授的孫子御營統制苗傅（？～1129）在高宗建炎

　　故此，李憲舊部仍存的就獲重新任用，好像李憲麾下的內臣大將、已陞任宣慶使階州防禦使之熙河蘭岷路都鈐轄總領岷州蕃兵將的李祥，哲宗以他已歷五任十一年，累有功，就特加他內侍省押班，仍令他久任熙河。〔註22〕至於已歿的人，包括支持李憲開邊政策的人便獲得追封。在紹聖二年四月病

三年（1229）三月發動苗劉之變，失敗後被誅，苗家被列為逆臣，但苗授墓在金人控制的衛州，宋人無從將之毀壞，而金人也似沒有將之破壞，故到清代仍有苗授墓的記載。據清初修纂的《河南通志》的記載，他的墓在河南輝縣（今河南新鄉市輝縣市）城北閣社村。據《輝縣網》2011年4月27日的報導，1990年5月初，輝縣市火電廠在施工時於大門東側100米處發現一座宋墓，經新鄉市文物管理委員會和輝縣市博物館共同發掘，確定該墓是苗授及其夫人劉氏的合葬墓。墓壁似有盜洞，墓底全用大塊精緻青石鋪成。出土碗、板、環以及錐形器和龍首形器等鐵器，還有苗授及劉氏兩合墓誌銘。據報導墓誌銘的內容較《宋史》所記豐富。該墓所在為輝縣市也和《河南通志》所記吻合。筆者從2011年開始，便留意苗氏夫婦墓誌有否公開發表，在2017年8月初，獲河南大學歷史文化學院仝相卿教授來郵相告，苗授的墓誌銘拓片，原來早已在1996年刊於輝縣市政協輝縣市委員會文史資料委員會編的《百泉翰墨》刊出，仝教授並隨即訂購此少為人注意的地方文獻，並掃描苗授墓誌銘電郵予筆者。筆者隨即將此一珍貴出土文獻錄讀，並附於本書的附錄。此墓誌由權吏部尚書兼侍讀同修國史林希奉哲宗命撰寫。對研究苗授以及李憲的事蹟甚有幫助。惜《百泉翰墨》未有同時刊出苗授夫人永嘉郡君劉氏的墓誌，暫不知劉氏的家世。參見《宋會要輯稿》，第三冊，〈禮四十一・報朝・管軍節度使〉，頁1665；第四冊，〈禮五十八・群臣謚〉，頁2064；〈儀制十一・武臣追贈・管軍節度使〉，頁2540；第十四冊，〈刑法四・獄空〉，頁8494；《宋史》，卷三百四十三〈林希傳〉，頁10913～10914；卷三百四十九〈姚麟傳〉，頁11059；卷三百五十〈苗授傳〉，頁11068；蘇頌：《蘇魏公集》，上冊，卷二十一〈內制・保康軍節度使苗授加食邑制〉，頁284～285；馬光祖（修）（？～1269後），周應合（？～1275後）（纂）：《景定建康志》，收入王曉波、李勇先、張保見、莊劍（點校）：《宋元珍稀地方志叢刊・甲編》（成都：四川大學出版社，2007年6月），卷二十六〈官守志三・侍衛馬軍司題名記〉，頁1245。王士俊（1683～1750）（纂）：《河南通志》，文淵閣《四庫全書》本，卷四十九〈陵墓・衛輝府・宋苗授墓〉，葉十七下；《輝縣網》，2011年4月27日，「文物古迹」考古發掘之四——宋代苗授墓，http://bbs.huixian.net/thread-89119-1-1.html；〈苗授墓誌銘〉，頁381～384。林希，字子中，福州人，他是林旦之兄，《宋史》有傳。關於林希的生平事蹟，特別是他在神宗哲宗朝的投機作風，可參考李華瑞：〈林希與《林希野史》〉，載雲南大學中國經濟史研究所、雲南大學歷史系（編）：《李埏教授九十華誕紀念文集》（昆明：雲南大學出版社，2003年11月），頁44～57。

〔註22〕《宋史》，卷四百六十八〈宦者傳三・李祥〉，頁13649；《宋會要輯稿》，第七冊，〈職官三十六・內侍省〉，頁3898；第八冊，〈職官六十・久任官〉，頁4676。李祥一直任職熙河二十年，一直至紹聖三年四月仍任宣慶使階州防禦使內侍押班，他以後的事蹟不詳，疑在紹聖四年卒。

逝的前熙河帥范育，哲宗又以他在元祐中議與眾異，將他自戶部侍郎寶文閣待制特贈寶文閣直學士。所謂議與眾獨議，就是涇原帥章楶在紹聖四年（1097）八月壬辰（十一）為他請追贈時所說的「范育任熙河經略使日，於元祐棄地畫疆之時，獨能抗朝廷意指，反覆敷陳利害，又嘗陳進築之策，持論堅確，人莫能奪。」當宋廷在紹聖二年四月追贈范育官位，而再於四年八月接受章楶的請求，特贈范育子或孫一名郊社齋郎時，於熙河開拓有大功的李憲，在紹聖元年及四年先後獲追贈恩典及賜諡，在時間上是很有可能與范育之追贈互相引例而成。另外，正如御史中丞邢恕在四年十一月癸酉（廿三）上言所說，宋廷所以贈范育寶文閣直學士，另又官其一子，是為了「罪元祐棄地而育獨為國家惜地不忍棄，故賞育，所以勸忠也」。李憲加諡「忠敏」，正是表揚其為國取地之忠。〔註23〕

　　因《長編》散佚了元祐八年七月到紹聖四年三月的記載，加上李彀在《東都事略》及《宋史》均無傳，故他在這段時期的事蹟，僅有《通鑑長編紀事本末》保留的一條，記在紹聖三年四月丙戌（廿七），三省同呈上李彀來自熙河的報告，言及熙河糴給蕃官米糧斛斗事等。〔註24〕可知李彀這時出使熙河。他大概也以出使而獲遷官。其父李憲在在紹聖四年，獲得改諡忠敏更高的諡號，相信與李彀的求請有關。〔註25〕

〔註23〕 《宋會要輯稿》，第四冊，〈儀制十一・從官贈職〉，頁 2537；《長編》，卷四百八十九，紹聖四年七月癸丑條，頁 11609；卷四百九十，紹聖四年八月壬辰條，頁 11625；庚子條，頁 11638；卷四百九十三，紹聖四年十一月癸酉條，頁 11702；《宋史》，卷三百三〈范祥傳附范育傳〉，頁 10051。按紹聖四年八月庚子（十九），因委朝奉郎安師文為提舉涇原路沿邊新弓箭手，曾布對哲宗說范育在西邊，論邊事多中理，而安師文此時就在他幕府。哲宗只評說范育是呂大防的親黨，這時哲宗對剛在四月貶死虔州的呂大防心存憐惜，對范育也沒有惡感。就同意用安師文。高宗紹興中，宋廷獎范育抗論棄地及進築之策，再贈他寶文閣學士。

〔註24〕 《通鑑長編紀事本末》，第七冊，卷一百三十〈徽宗皇帝・久任曾布〉，葉八下（頁 3936）。按文中的李彀訛寫作「李縠」。另《續資治通鑑長編拾補》的點校本，在此條下仍沿用《通鑑長編紀事本末》的錯誤，仍將李彀訛寫為「李縠」。參見黃以周（1828～1899）等輯注，顧吉辰（點校）：《續資治通鑑長編拾補》（北京：中華書局，2004 年 1 月），第二冊，卷十三〈哲宗紹聖三年〉，四月丙戌條，頁 507～508。

〔註25〕 《長編》，卷四百七十四，元祐七年六月戊寅條注，頁 11313；《宋會要輯稿》，第四冊，〈禮五十八・群臣諡〉，頁 2065；《東都事略》，卷一百二十〈宦者傳・李憲〉，葉六下；《宋史》，卷四百六十七〈宦者傳二・李憲〉，頁 13640。

據宋人筆記所載，宋代文臣諡忠敏的有高宗朝的知樞密院事沈與求（1086～1137）和徽宗初年的舊黨言官的任伯雨（1047～1119）。武臣則只有李憲的部將姚麟，而內臣惟有李憲獲此美諡。〔註26〕

李彀所屬的入內內侍省的最高主官入內都都知張茂則死於紹聖元年，在紹聖年間至元符元年擔任入內副都知的先後有劉有方（？～1100後）、馮宗道和梁從政，入內押班則有馮世寧（1051～1117）和藍從熙（？～1119後）。他要晉陞押班，既要累積年資及建立功績，還要看上述這些都知、押班與他父子的交情，肯否加以提拔推薦。值得注意的是，當年與其父並列四凶而尚存的宋用臣在元符二年（1099）初已復為皇城使。〔註27〕

李彀在元符元年八月癸亥（廿八），本來以入內供奉官、勾當內東門司的職位獲委按閱開封府界及京東路將兵。不知何故，宋廷改命內侍押班閻安（？～1105後）代替其差遣。可能宋廷覺得他沒有按閱兵將的本事。〔註28〕值得一記的事，厭惡李憲父子的范祖禹在是年十月甲午（二十）卒於化州（今廣東化州市）貶所。而與李憲同貶的王中正也在元符二年三月己巳（廿六）以昭宣使嘉州團練使提舉太清宮任上卒。〔註29〕

李彀在元豐八年二月離開熙河，到元符二年閏九月癸酉（初四），相隔十四年後終於重返熙河。宋廷給他一項優差，命他往熙州照管向宋投降的青唐主攏拶。早在元符二年七月，李憲舊部皇城使榮州防禦使熙河蘭會都監知河州、兼管勾洮西沿邊安撫司公事兼第三將王贍，與王韶子、熙河蘭會路經略安撫司勾當公事王厚率兵收復邈川（改名湟州）。九月己未（二十），二人再復青唐（宋廷改名為鄯州，以之為隴右節度），招降了青唐主瞎征（？～1102）

〔註26〕《揮麈錄》，後錄卷之五，頁107，109～110。按在元符三年卒的宋用臣則諡僖敏，沒有李憲所得到的忠字美諡。

〔註27〕《長編》，卷四百九十七，元符元年四月庚子條，頁11834；卷四百九十九，元符元年六月丙戌條，頁11876；卷五百十三，元符二年七月甲寅條，頁12199；曾布（撰），顧宏義（校點）：《曾公遺錄》（北京：中華書局，2016年3月），卷七，頁24，劉有方是哲宗召入的內臣劉瑗之父，他在元符二年七月位景福殿使，是資格最老的入內副都知。梁從政與馮宗道都是哲宗的隨龍人。梁從政在元符元年四月庚子（廿二），自宣慶使榮州防禦使入內押班擢為入內副都知，惟入內副都知宣政使馮宗道則於是年六月丙戌（初九）卒。又宋用臣在元符二年四月乙未（廿三）已復任皇城使。

〔註28〕《長編》，卷五百一，元符元年八月癸卯條，頁11945。

〔註29〕《長編》，卷五百三，元符元年十月甲午條，頁11981；卷五百七，元符二年己巳條，頁12090。

和攏（隴）拶，以及所屬的心车欽氊、青歸論征結、鬼章子結瓦齪、鬼章孫邊廝波結（？～1099 後）等及大小首領。宋廷令心车等人令隨溪巴溫、攏拶父子與瞎征作兩番赴闕朝見。宋廷詔在元符元年八月丙子（初一）已復名爲熙河蘭會路經略司的熙河帥胡宗回，等到攏（隴）拶到熙州，就館舍供帳，優加禮待。宋廷命瞎征爲一番，由入內供奉官黃經臣（？～1126）陪同，而攏拶的一番就由李毂負責，宋廷指示要務從優渥。宋廷又制訂了在宣德門受降，引見瞎征的儀注。〔註30〕

　　李毂來到熙州，可說已是人面全非。與其父對敵多年的青唐第三代主阿里骨早在紹聖三年九月己亥（十三）卒，瞎征是阿里骨子，隴拶則是董氊之姪，溪巴溫則是其父。至於與其父交戰多年的鬼章子孫則仍在。〔註31〕而熙河帥從元祐七年十月乙亥（廿六）范育召還，改以蔣之奇繼任後，〔註32〕其後擔任熙河帥的，在紹聖四年四月壬辰（初九）前先有李憲的大將殿前都虞候王文郁，然後是直龍圖閣張詢，再到李憲舊部龍圖閣直學士孫路，最後由胡宗回接任。值得注意的是，在取青唐事上，同是李憲舊部的王瞻與孫路卻

〔註30〕《長編》，卷四百九十四，元符元年正月癸酉條，頁 11736；卷五百十六，元符二年閏九月癸酉條，頁 12267～12268；丙子條，頁 12272；《宋史》，卷十八〈哲宗紀二〉，頁 350，352～353；《宋會要輯稿》，第十六冊，〈蕃夷六‧吐蕃〉，頁9927。附帶一談，郭聲波在 2010 年出版的點校本《宋會要輯稿‧蕃夷道釋》在此一條卻將本來沒有寫錯的李毂，據下文多處誤寫作李毅，而錯校爲李毅。參見郭聲波（點校）：《宋會要輯稿‧蕃夷道釋》（成都：四川大學出版社，2010年 10 月），〈蕃夷六〉，頁 497～498。又考王瞻早在紹聖四年四月自皇城使領榮州防禦使，出任熙河蘭岷路都監知河州，並管勾洮西沿邊安撫司公事兼熙河第三將。宋廷在元符元年正月癸酉（廿四），詔他在任滿後再續任。另考黃經臣在靖康之難中，就比獻納軍庫予金人以求生的李毂強得多，據其子黃彥節所述，黃以不忍見失守之辱，於京師積薪於庭，自焚而卒。參見洪邁：《夷堅志補》，載《全宋筆記》第九編第七冊，卷一。「續鄮都使」條，頁 11。

〔註31〕《長編》，卷五百五，元符二年正月壬戌條，頁 12037～12038；《宋史》，卷十八〈哲宗紀二〉，頁 345～346。瞎征於紹聖三年九月繼位，翌年（紹聖四年）正月庚寅（初五），宋廷正式承認他的地位，授他河西節度使、邈川首領。宋廷再在元符二年正月壬戌（十九）特授他金紫光祿大夫，仍爲西蕃邈川首領，以安其心。關於瞎征的生平事蹟，以及瞎征繼位前後的情況，最近期的研究，可參閱齊德舜：《唃廝囉家族世系史》（蘭州大學博士論文，2010 年 3 月），第八章第五節〈阿里骨去世，瞎征執政〉，頁 128～130；齊德舜：〈《宋史‧瞎征傳》箋證〉，《西藏研究》，2013 年第 3 期（2013 年 6 月），頁 17～26。又大小隴拶在青唐政權崩潰前的作爲，可參見齊德舜：《唃廝囉家族世系史》，第九章〈隴拶、小隴拶繼立——唃廝囉政權的崩潰時期〉，頁 131～139。

〔註32〕蔣之奇繼任熙州的事蹟，可參見第八章註 91。

意見不合，最後章惇等支持王贍，罷免了孫路。〔註33〕李憲的熙河舊部，李
浩與復任殿帥的苗授已先後於紹聖二年（1095）正月及九月逝世，而王文郁
也在及元符二年（1099）六月卒。到李轂重來時，亡父的舊部尚在的，除了
王贍外，還有引進使吉州防禦使知蘭州苗履、熙河總管王愍、四方館使熙河
蘭會路兵馬都監知會州姚雄以及蕃官包順、李忠傑、李蘭氈納支等。而李憲
當年未取得的會州，終於在是年八月攻取，宋廷並詔依蘭州規模修築城池。
另外哲宗又對宰執表明：「元祐之人云窮天下之力，以奉熙河之路，又以爲可
棄。此言皆不當，莫不足取。」間接肯定李憲開熙河之功。〔註34〕

〔註33〕《長編》，卷四百七十八，元祐七年十月乙亥條，頁 11389；卷四百八十五，
紹聖四年四月壬辰條，頁 11522；甲午條，頁 11527；卷五百一，元符元年八
月壬寅條，頁 11941；卷五百四，元符元年十二月己卯條，頁 12013；卷五百
五，元符二年正月庚戌條，頁 12028；卷五百七，元符二年三月己丑條，頁
12085；卷五百十一，元符二年六月辛巳條，頁 12161；卷五百十四，元符二
年八月丙戌條，頁 12217～12218；《宋會要輯稿》，第四冊，〈儀制十一・武臣
追贈・觀察使追贈・贈留後〉，頁 2545；《宋史》，卷三百五十〈王文郁傳、李
浩傳〉，頁 11075，11079。李浩在擔任環慶路副都總管後，最後以馬軍都虞候
黔州觀察使再知蘭州，於紹聖二年正月卒於任上，宋廷贈他安化軍留後。王
文郁大概在這時接李浩知蘭州，他在紹聖四年四月壬辰（初九），以殿前都虞
候秦州防禦使權發遣熙河蘭岷路經略安撫司事上，以目疾請罷軍政，宋廷許
之，命權提舉崇福宮。同月甲午（十一），以築金城關畢功，王文郁除正任觀
察使，賜銀絹各五百疋兩。王在元符二年六月辛巳（初十）以冀州觀察使提
舉崇福宮卒。至於接替王文郁的張詢，在元符元年八月壬寅（廿七）卻以熙
河路經略判官鍾傳出師卻虜報戰功坐罪罷任，由時知慶州的孫路接替。孫路
在元符二年八月丙戌（十六）以措置邈川事乖錯罷，宋廷即以寶文閣待制知
慶州胡宗回移知熙州。胡宗回當是胡宗哲的族兄弟。
〔註34〕《長編》，卷四百八十六，紹聖四年四月戊申條，頁 11558；卷四百九十一，
紹聖四年九月癸丑條，頁 11649；乙丑條，頁 11656；丁丑條，頁 11662～11666；
卷五百一，元符元年八月壬寅條，頁 11941～11943；卷五百十，元符二年五
月庚午條，頁 12150；七月丙寅條，頁 12203；卷五百十四，元符二年八月己
卯條，頁 12212～12214；辛巳條，頁 12216；丁亥至戊子條，頁 12220～12221；
卷五百十六，元符二年閏九月乙亥條，頁 12271；卷五百十七，元符二年十月
乙巳條，頁 12296；《宋史》，卷三百五十〈苗授傳附苗履傳〉，頁 11069。考
苗履在紹聖三年以事被竄房州，到四年初才起爲西上閤門副使熙河都監，但
不知何故，又被責右清道率府率嶺州酒稅。同年九月丁丑（廿七）才以依
赦及出塞立功復授四方館使遙郡團練使並陞本路鈐轄。惟有記載稱他出師失
利卻諉過於人。苗履在元符元年八月壬寅（廿七），由哲宗親自提名，自四方
館使吉州防禦使權鄜延路都鈐轄權熙河蘭會路都鈐轄兼知蘭州，代替虛報戰
功的知蘭州王舜臣。同日，宋廷亦以孫路代替張詢知熙州。元符二年五月庚
午（廿八），苗履以進築天都山之勞，自四方館使遷引進使。同日，姚雄也自

李彀尚在往熙河途中，與他同召入的內臣劉瑗，已比他快一步，在閏九月戊寅（初九），自入內供奉官、寄皇城使遙郡刺史陞一級爲昭宣使寄資。同日，本無降宋之意的蕃酋心牟欽氊等，卻與城外羌兵裡應外合重奪青唐。而在青唐不遠的邈川稍後也受到數千羌人及來援的夏人十餘萬攻擊。王瞻把心牟欽氊、結瓦齪等九人誅殺於城中後，就率兵與麾下蕃官李忠力戰，加上邈川守將熙河路都鈐轄王愍堅守十六日，蘭州苗履、秦鳳姚雄以及涇原李忠傑的援兵及時趕到，而蕃官熙州總領蕃兵將高永年（？～1105）所部奮戰，十月己酉（十一），羌兵終解圍而去。這一役宋軍化險爲夷，還是靠李憲幾個舊部作戰英勇。〔註35〕

李彀大概在十月中已抵熙州，他在是月丙辰（十八），奏請厚待瞎征妻契丹公主。宋廷詔令優加待遇。丁巳（十九），宋廷又詔獎助平羌亂的蕃部邊廝波結爲供備庫使遞郡刺史，妻尊廰特支賜銀絹各三百疋兩，長子欽波結爲供備庫副使充講朱等四城巡檢，次子角氊爲東頭供奉官充本族巡檢。他們在庚申（廿二）赴闕受賞，宋廷即令李彀負責照管。〔註36〕

就在李彀準備赴京時，權熙河蘭會路鈐轄兼知河州、管勾洮西沿邊安撫司公事种朴（？～1099）在十月己未（廿一），卻意外地中羌人郎阿克章的埋伏，戰歿於一公城（今甘肅甘南藏族自治州夏河縣甘加鄉斯柔村）外。蕃官李蘭氊納支及李世恭亦陣亡，宋軍慘敗，大大打擊了熙河宋軍之士氣。〔註37〕

宋廷在十一月己巳（初一）收到熙河奏報，知种朴陣亡。遠在熙州的李彀卻並不知种朴陣亡的消息，他這一次來熙河，做的是押送蕃部首領的工作，他在是月癸酉（初五），向宋廷奏報他的工作，稱奉旨照管瞎征、隴拶、邊廝波結及角氊等赴闕，請賜忠順等旗，讓他們知宋廷恩寵。其中瞎征、隴拶等以忠勇及心白爲三等，仍等第推恩，賜以銀帛袍帶，並貸其罪，令赴闕朝見，

泰州刺史知鎮戎軍遷四方館使。八月丁亥（十七），姚再徙知會州兼管勾沿邊安撫使充熙河蘭會路兵馬都監。

〔註35〕《長編》，卷五百十六，元符二年閏九月戊寅條，頁12274；壬辰條，頁12286～12289；卷五百十七，元符二年十月癸卯至丁未條，頁12296～12297；己酉條，頁12299；《曾公遺錄》，卷八，頁126～128。

〔註36〕《曾公遺錄》，卷八，頁130；《長編》，卷五百十七，元符二年十月丁巳條，頁12303。

〔註37〕《長編》，卷五百十七，元符二年十月己未條，頁12303～12304；戊辰條，頁12313～12314。种朴是种諤子，种誼姪。他擔任乃父的機宜文字出身，是出色的參謀人才。他的戎馬生涯及戰死一公城的始末，可參閱曾瑞龍：《拓邊西北——北宋中後期對夏戰爭研究》，第五章〈參謀作業與拓邊戰爭——种朴的軍事活動〉，頁165～212。

他又請選現留的諸族首領，自歸順及曾立功的人，權補管勾部族及帶巡檢，給予俸，將來與正補管勾，宋廷從其請。〔註38〕

　　十一月乙亥（初七），樞密使曾布向哲宗報告种朴陣亡及鄯州事宜。哲宗依從曾布的建議處置。哲宗又令王瞻軍回，而護送遼夏三公主來闕之任務，就特命由李譏相度。如三公主已有來期，就和瞎征、隴拶一同起發；如三公主未有來期，就先管押隴拶等赴闕。丙子（初八），宋廷又詔贈种朴防禦使，與十資恩澤，母特封郡太君。辛巳（十三），宋廷除命令熙河經略司勘查苗履、姚雄及种朴下的亡失使臣及士卒人數外，又命李譏因便犒設將士，密切勘查陣亡人數聞奏，以言官李夷行奏苗履在青唐奏功不實，而經略司不奏故。甲申（十六），哲宗又命李譏體量青唐、邈川河南事宜以來前後覆沒的兵將情況聞奏。〔註39〕

　　李譏在同月辛卯（廿三）奏上瞎征、隴拶等一行赴闕人數。甲午（廿六），他又上奏請早令王瞻返回湟州並焚毀青唐巢穴。他在奏中連番攻擊熙河帥胡宗回，並誇大青唐危急之狀。然他才具有限，更非亡父得君之專。他才出使熙河便想藉議事邀寵，還以為哲宗真的讓他做打探邊情的耳目。哲宗收到他的奏報後，卻馬上給他一記耳光，詔熙河經略司不得輒有焚毀，更不可焚毀青唐城，以朝廷方議將青唐還給董氊後人。哲宗又對曾布等說：「此輩所言，未可盡信。」宰執難得哲宗這樣斥罵李譏，自然一致附和，說誠如聖諭。哲宗又說內臣好貨，及作氣燄，凡所好惡，就毀譽過實。又說內臣中，利珣喜歡奏事，卻又好貨。章惇回答說利珣最貪財。曾布再對，哲宗即論及李譏等之過。曾布自然又滿口恭維，說哲宗察見內臣之情況，真是天下之福。〔註40〕

　　李譏不識好歹，又上奏說這次隴拶赴闕，若沿路官吏懈慢，就以違制論，並以此劾之。曾布在丙申（廿八）收到李的奏報後，就對哲宗批評李譏所陳未成文理，說他已就隴拶赴京事別草定文字，請依此行下。哲宗不但同意曾布的意見，還指著李譏奏章所寫的恩「讎」字錯寫作「酬」字，譏笑他不學。〔註41〕

〔註38〕　《曾公遺錄》，卷八，頁 134，143；《長編》，卷五百十八，元符二年十一月己巳條，頁 12317；癸酉條，頁 12323；《宋會要輯稿》，第十六冊，〈蕃夷六·吐蕃〉，頁 9928。

〔註39〕　《曾公遺錄》，卷八，頁 135，140；《長編》，卷五百十八，元符二年十一月乙亥至丙子條，頁 12324～12326；辛巳條，頁 12331。

〔註40〕　《曾公遺錄》，卷八，頁 147～148；《長編》，卷五百十八，元符二年十一月甲午條，頁 12338。

〔註41〕　《曾公遺錄》，卷八，頁 150。

十二月庚子（初三），李敻再上奏說青唐已送到契丹公主，稱公主年六十四，頗能漢語，並自言是遼興宗耶律宗真（1016～1055，1031～1055 在位）之女，遼道宗耶律洪基（1032～1101，1055～1101 在位）之妹。她說願早到京師向遼使詢問遼廷的現況。哲宗向宰執表示，胡宗回也這樣回奏，可見今次李敻所奏屬實。〔註42〕在這件小事上看出哲宗並不完全相信李敻。

辛亥（十四），胡宗回等請立溪巴溫於鄯州，並令他招誘疊州首領。翌日（壬子，十五），李敻卻再一次上奏說他在青唐探報得危急之事，又攻擊胡宗回為避棄地之責，就不肯依朝旨令王瞻退保湟州。〔註43〕

癸丑（十六），樞密院以曾布為首，反對立溪巴溫或其子隴拶，認為應立唃廝囉（997～1065）在河州已歸順的嫡長曾孫左騏驥使趙懷義。哲宗卻決定當隴拶抵京，就授他河西節度使差知鄯州軍州事，充西蕃都護，並依府州折氏之例，世襲知鄯州，管轄其部族。至於趙懷義就除廓州團練使同知湟州軍州事，兼本州管下部族同都巡檢使。若溪巴溫肯返鄯州與其子隴拶同處，或願同其幼子小隴拶在溪哥城同住亦聽從便。王瞻就授鄯湟等州都護，依舊熙河鈐轄、隴右緣邊安撫使、都巡檢，與隴拶同管勾軍馬司。李敻在乙卯（十八）又上奏論青唐事，仍請立溪巴溫，又說王瞻是一罪魁不足惜，稱一行的將佐何辜，請早令大軍返湟州。哲宗收到此奏，猶豫不已，當初的如意算盤落空，青唐的蕃部並不聽命於宋廷，在省章峽的叛羌，擁立小隴拶與宋軍對峙其勢甚熾，隴拶不可能作青唐主。而在鄯州的王瞻部，隨時陷入羌人的圍攻中。己未（廿二）到庚申（廿三），王厚與胡宗回均催促王瞻率兵返回湟州。〔註44〕在這事上，李敻的判斷似乎正確，不過他在熙河，恃著自己是哲宗派來的內臣，就一再與帥臣胡宗回及王瞻意見不合，他的行事遠不如李憲的老練。他的氣燄也為宋廷執政側目，卻不自知。哲宗似乎並不像神宗信任李憲般信任他。他的表現可說是虎父之犬子。

在是年十二月已病情不輕的哲宗，雖捱過了年，卻終在元符三年（1000）正月己卯（十二）崩。在神宗向太后（1046～1101）一力扶持下，皇弟徽宗繼位，由向太后垂簾聽政。〔註45〕

〔註42〕 《曾公遺錄》，卷八，頁 151。

〔註43〕 《曾公遺錄》，卷八，頁 153～154。

〔註44〕 《曾公遺錄》，卷八，頁 154～156，159；《長編》，卷五百十九，元符二年十二月癸丑至乙卯條，頁 12348～12350；己未至庚申條，頁 12351～12352。

〔註45〕 《曾公遺錄》，卷九，頁 171～174；《長編》，卷五百二十，元符三年正月己卯條，頁 12356～12358。

　　徽宗繼位第二天（庚辰，十三），宋廷委任入內副都知吳靖方、入內押班藍從熙、入內押班馮世寧、內侍押班閻安及已恢復內侍押班之職的宋用臣負責爲哲宗修陵諸事。因哲宗突然去世，宋廷命押隴拶赴京的李虁暫留在京西待命，故不預修陵事。宋用臣還在三天後（癸未，十六），自宣慶使瀛州防禦使內侍押班陞任入內副都知。他是神宗「內臣四凶」中尚存而且能恢復高位的幸運兒。另徽宗的隨龍人劉瑗也在七天後（庚寅，廿三）自昭宣使遙郡刺史特授宣政使遙郡團練使。相較之下，李虁雖也算是徽宗的隨龍人，但他要陞遷就要看有否立功了。〔註46〕

　　向太后在二月壬戌（廿五）斥逐哲宗寵信的內臣劉友端和郝隨，以二人在禁中的修造，侈華太過。李虁這時又獲得另一份差事，奉命與太常少卿孫傑，逐一勘查郝隨和劉友端所領後苑造御前生活所、翰林書藝局造御生活所、修萬壽觀本命等殿所收支官物。向太后又命李虁先往逐處查封現在官物的簿曆，以及拘收有關係的人。因這三所，前後所費甚大。李虁這份差事當然是一份肥缺，李虁等於接收了原屬劉、郝二人的地盤。〔註47〕

　　李虁負責押送的青唐貴人包括隴拶、瞎征、契丹公主、西夏及回鶻公主一行人等終於在三月乙酉（十八）入見徽宗及向太后。他在翌日（丙戌，十九）上奏，稱他沿路及到驛，得到隴拶、瞎征及三公主送上土物，但他未敢收下。他這番表態後，向太后就命他可以收下這些禮物。據曾布的記載，這些禮物都是珠玉、犀、牛黃之類。曾布早就在哲宗前說李虁好貨，此事又多一證明。也許向太后覺得李虁辦事仍算得力，就在庚寅（廿三），命他裁定山陵車馬人從的食錢等事。四月庚子（初四），宋廷以李虁照管隴拶赴闕之功，給他轉官及減磨勘，另賜縑，這次他大概獲授遙郡刺史。他總算給向太后及徽宗良好印象。〔註48〕而溫溪心家族自此歸順宋廷，李虁也算有一點功勞。〔註49〕

〔註46〕《曾公遺錄》，卷九，頁185～186；《長編》，卷五百二十，元符三年正月庚辰條，頁12370～12371；丙戌條，頁12377～12378；庚寅條，頁12381。

〔註47〕《皇宋編年綱目備要》，卷二十五〈哲宗皇帝〉，頁620～621；《皇宋十朝綱要校正》，卷十四〈哲宗〉，頁379。按《皇宋編年綱目備要》仍將李虁訛寫爲「李殼」。

〔註48〕《曾公遺錄》，卷九，頁228～230，232，239；《宋會要輯稿》，第三冊，〈禮二十九・歷代大行喪禮上・哲宗〉，頁1361；第十六冊，〈蕃夷六・吐蕃〉，頁9929～9930。按《宋會要・禮二十九・歷代大行喪禮上・哲宗》一條，將李虁之名訛寫爲「李遇」，大概「李遇」與「李遘」的字型相近，而李虁與李遘讀音相同，才有此失。

　　四月庚戌（十四），李譽大概收了三公主的厚禮，就上奏代她們求請，容許其青唐舊使留下侍奉。辛酉（廿五），徽宗因慶祝長子（即欽宗）出生，就給所有隨龍人推恩，御藥劉瑗寄資延福宮使晉州觀察使，閻守懃遙郡刺史，李譽加遙郡團練使，另更減二年半磨勘。連曾布都認為恩典太高，前所未有。〔註50〕

　　李譽仕途得意，可王厚及王瞻就被宋廷重責，將失去鄯州的責任歸罪二人。五月丁卯（初一），王瞻貶右千牛衛將軍，安置房州（今湖北十堰市房縣），王厚監隨州酒稅。〔註51〕己丑（廿三），向太后令復司馬光、呂公著、文彥博及韓維等官職。九月辛未（初八），首相章惇罷知越州。十月丙申（初三），

〔註49〕關於溫溪心家族後來的歷史，高宗、孝宗朝屢任成都府官屬的蜀人李石（1108～1181），曾為溫溪心孫趙懷恩（？～1162）撰寫墓誌銘，記溫溪心最後官至瓜州團練使，其子溪巴溫在元祐六年授勝州刺史，封西平王。長子趙懷德（即隴拶）封安化郡王。幼子趙懷恩本名益麻黨征（亦譯作尼瑪丹津），崇寧間請以其世有之地內屬，賜名趙懷恩。他歸宋後，授武功大夫留京師。欽宗即位加右武大夫恩州觀察使。西夏乘金人入侵，聯合諸羌攻西寧府（今青海西寧市），宋廷於是派他往西邊安撫蕃部。建炎元年（1127）六月乙酉（廿七），高宗以他素為蕃部推服，將他自恩州觀察使右武大夫主管西蕃部族晉封隴右郡王。他起初率部從熙河入蜀，依閬州宣撫司。後宣撫司廢，他徙居成都府。紹興六年（1136）十月，宋廷命四川制置大使司月支供給他錢百千。他以後居於成都。二十三年（1153）七月癸巳（初六），宋廷以他自熙州觀察使都總領河南蕃兵將為鼎州觀察使充成都府兵馬鈐轄，二十七年（1157）六月壬戌（廿九）再添差成都府兵馬鈐轄。他約卒於紹興三十二年（1162）。據洪邁的記載，他的孫襲爵為安化郡王，後入蜀，曾任成都路兵馬鈐轄。此人天性橫霸，佔了大慈寺四講院屋宇並併居之。他之行為，殊為一邦之患苦。不過寺內保福禪院西堂僧智則，卻和他常往來，多有點化他。不過，智則死後才一年，他卻開罪了西川制置使曹庭堅，將他父子下獄，查得他許多不法事。最後他死於獄中。趙懷德這支後人大概就沒落。參見李心傳（編撰），胡坤（點校）：《建炎以來繫年要錄》（北京：中華書局，2013 年 12 月），第一冊，卷六，建炎元年六月乙酉條，頁 187～188；第五冊，紹興六年十月乙酉條，頁 2001；第七冊，卷一百六十五，紹興二十三年七月癸巳條，頁 3137；卷一百七十七，紹興二十七年六月壬戌條，頁 3388；《宋會要輯稿》，第十六冊，〈蕃夷六·吐蕃〉，頁 9932；李石：《方舟集》，文淵閣《四庫全書》本，卷十六〈趙郡王墓誌銘〉，葉二十六上至三十下；《夷堅志·支丁》，載《全宋筆記》第九編第五冊，卷六，「成都趙郡王」條，頁 355～356。

〔註50〕《曾公遺錄》，卷九，頁 246，253；《宋史》，卷二十三〈欽宗紀〉，頁 421。按欽宗於元符三年四月己酉（十三）出生。

〔註51〕《曾公遺錄》，卷九，頁 256；《皇宋十朝綱要校正》，卷十四〈哲宗〉，頁 379；《宋史》，卷三百五十〈王君萬傳附王瞻傳〉，頁 11072。

章再責散官潭州安置。翌日（丁酉，初四）向太后復用舊黨韓忠彥為首相，而以新黨的知樞密院事曾布為次相。十一月庚午（初八），再貶蔡卞及蔡京兄弟。〔註52〕

徽宗在翌年（1101）改元建中靖國，正月甲戌（十三），已還政的向太后崩。在舊黨韓忠彥主政，而主張放棄青唐的情況下，三月壬午（十五），宋廷再詔王瞻除名勒停，配昌化軍（即儋州，今海南儋州市西北）。王瞻怨氣難平，不久自縊於穰縣（今河南南陽市鄧州市）。王厚則責授賀州別駕，安置郴州。〔註53〕李憲部將中，以王瞻下場最悲慘。若他不尋短見，他當會被復用。因為徽宗其實和哲宗一樣，主張開拓西北，收復鄯州和湟州。〔註54〕

徽宗翌年（1102）再改元崇寧，表明崇奉熙寧之政。二月甲午（初九），以蔡確配享哲宗廟廷。五月庚申（初六），罷韓忠彥。庚午（十六），將司馬光等官職降等或奪去。庚辰（廿六），擢蔡京為尚書左丞。閏六月壬戌（初九），罷去曾布後，七月戊子（初五），再任蔡京為次相。十月戊寅（廿七），以蔡卞為知樞密院事。在崇寧元年一年內，徽宗盡貶罷舊黨大臣，任用同意他開邊政策的臣僚。〔註55〕

因《長編》散佚了徽宗朝的記載，李彀在崇寧年間的事蹟不詳。《宋會要‧職官六十八》記在崇寧元年（1102）七月庚寅（初七），宋廷「降授皇城使、秦州居住李穀責授單州團練副使，秦州安置，以議棄河湟地故也。」〔註56〕從此人的名字「穀」與「彀」的字型相近，以及其官皇城使以及他會議論棄或守河湟的背景，筆者懷疑這個被責降的李穀，很有可能就是李彀的訛寫。他可能在向太后臨朝時，投機地附和舊黨朝臣棄守河湟的主張，這時給政敵或言官翻舊賬，而受到貶官安置秦州的處分。

〔註52〕《曾公遺錄》，卷九，頁274；《皇宋十朝綱要校正》，卷十四〈哲宗〉，頁380～381。

〔註53〕《皇宋十朝綱要校正》，卷十六〈徽宗〉，頁430～431；《宋史》，卷十九〈徽宗紀一〉，頁360～361；《宋會要輯稿》，第十六冊，〈蕃夷六‧吐蕃〉，頁9930～9931。

〔註54〕徽宗的西北政策的改變，以及開邊的效果，近年鄭煒有專文論述，參見鄭煒：〈從棄守湟鄯到繼述開拓──論宋徽宗西北邊策〉，《敦煌學輯刊》，2015年第3期，頁92～103。

〔註55〕《皇宋十朝綱要校正》，卷十六〈徽宗〉，頁433～437；《宋史》，卷十九〈徽宗紀一〉，頁363～366。

〔註56〕《宋會要輯稿》，第八冊，〈職官六十八‧黜降官五〉，頁4876。

　　值得注意的是，李憲曾向蔡京稱許不已的門人童貫，當徽宗在元符三年在杭州置明金局，訪求古法書和圖畫，即命童貫以入內供奉官主之。當時蔡京尚在謫中，就刻意與童交遊，蔡善書，就自書屏障扇帶由童貫獻給徽宗。徽宗於是在崇寧元年召他自永興軍還朝，從翰林學士承旨拜尚書左丞再拜次相。〔註 57〕蔡京兄弟執政後，就贊成復取青唐，蔡卞舉薦王厚，而蔡京就力薦童貫。王厚因上次欠內助而失敗，這回他除了力薦蕃官大將知岷州高永年從征外，也請徽宗命內臣隨軍。於是徽宗命童貫用李憲的故事監其軍，崇寧二年正月丁未（廿七）王厚等率兵十萬出征青唐。〔註 58〕徽宗爲何不用李殼而用童貫從征？李殼完全有蔡京稱道童貫的資歷：多次出使西邊而且熟悉亡父麾下將校的能力。他沒被徽宗委以重任，一方面如上文所述，他在崇寧元年七月以曾主張放棄收復河湟而失寵被責，另一方面，很可能是蔡京向徽宗引述李憲當年大力舉薦童貫的話，另一方面大概徽宗有知人之明，知道李殼的軍旅本事，比其父李憲差得太遠，李憲是虎，李殼最多只是犬。

　　李殼甚麼時候被召回朝？據岳珂（1183～1243）的《寶眞齋法書贊》所記，大概在政和元年初，時爲太子的欽宗曾手書四行並加押賜李殼，命他向內藏庫支錢一萬貫，支給徽宗鄭皇后（1079～1130）作修造使用。李殼因這差使乃與欽宗親近。據此，李殼大概在大觀年間已獲召還並復得徽宗寵信。〔註 59〕

〔註 57〕《皇宋十朝綱要校正》，卷十六〈徽宗〉，頁 433；《東都事略》，卷一百二十一〈宦者傳·童貫〉，葉一上；《宋史》，卷十九〈徽宗紀一〉，頁 360，364；卷四百六十四〈宦者傳三·童貫〉，頁 13658。考《皇宋十朝綱要校正》記童貫在崇寧元年三月往杭州經辦御用物品，惟據《東都事略》及《宋史》，童貫往杭州辦事，應早在元符三年十月前，按蔡京在元符三年十月丙申（初九）出知永興軍，蔡當在之前與童貫交遊。

〔註 58〕關於徽宗再取青唐的決定，以及王厚復用始末，可參閱何冠環：〈北宋綏州高氏蕃官將門研究〉，頁 454～455。

〔註 59〕岳珂：《寶眞齋法書贊》，文淵閣《四庫全書》本，卷二〈欽宗皇帝御押內藏御筆·行書四行〉，葉十一下至十二上；《宋史》，卷二十〈徽宗紀二〉，頁 385；卷二十一〈徽宗紀三〉，頁 398；卷二百四十三〈后妃傳下·徽宗鄭皇后〉，頁 8639。據岳珂所記，這幅欽宗手書李殼的四行行書帖，是他在嘉定癸未（十六年，1223），因遣間者至燕京境，遇到使者苟夢玉還，他得之於宣德州（今河北張家口市宣化縣）民間。岳珂考出帖中的內臣李殼，是在中興（即南渡）後更名李志道，以避高宗諱改。考帖中的道君皇后即徽宗鄭皇后，徽宗在大觀四年（1110）十月丁酉（初二）詔冊貴妃鄭氏爲皇后，政和元年（1111）二月壬寅（初九）行冊禮。據其本傳所記，她將受冊，有司要創製冠服，她說國用不足，冠珠費多，請命工改製爲貴妃時舊冠。大概徽宗接受她請求後，就命欽宗從內藏庫支錢一萬貫給她改製冠服。又徽宗在政和七年（1117）四

　　政和二年（1112）四月甲午（初八），徽宗宴復相的蔡京於太清樓，據蔡京所作之記，詔他赴宴的是童貫子四方館使童師敏，總領其事的高級內臣有內客省使保大軍留後譚稹（？～1126）、同知入內內侍省事（按：崇寧二年五月丙戌（初八）由入內副都知改）楊戩（？～1121）、內客省使保康軍留後賈祥、引進使晉州觀察使勾當內東門司梁師成（？～1126）等人，而以西上閤門使尚藥局典御鄧忠仁等十三人掌內謁者職。赴宴的除蔡京外，還有宰執大臣鄭紳（？～1123 後）、吳居厚（1039～1114）、劉正夫（1062～1117）、侯蒙（1054～1121）、鄧洵仁（？～1135）、鄭居中（1059～1123）、高俅（？～1126）及童貫。〔註 60〕李穀的名字沒有出現這張名單中，他可能在在鄧忠仁的十三人內，也可能因地位不夠高，沒有隨侍。

　　徽宗朝出任中書舍人的翟汝文（1076～1141），曾撰一制文〈熙河奏李憲立廟推恩李搆等制〉，很有可能是當熙河路向宋廷請求為李憲立廟，而李穀就向徽宗求恩典，而得到徽宗的允許。這篇制文是宋朝官方繼紹聖元年及三年追贈李憲節度使，賜諡敏恪和忠敏，另在紹聖本神宗實錄稱許李憲功績後，第四次肯定了熙河開拓功臣李憲的功績：

> 昔我神考，疆理西夏，有信臣憲，戮力機事，實著顯庸，肆推餘澤，施及其後。蓋君子聽鼓鼙則思將帥之臣，而《春秋》之義，善善及子孫。增爾爵秩，稱朕念功懷人之意。〔註61〕

月庚申（初二）自號道君皇帝。這帖的道君皇后的稱號是後來追加的，還是這帖書於政和七年後，待考。

〔註60〕《宋會要輯稿》，第七冊，〈職官三十六·內侍省〉，頁 3899；《宋史》，卷二十一〈徽宗紀三〉，頁 389；《揮塵錄》，餘話卷之一，頁 213～214。按徽宗在崇寧二年五月丙戌（初八），詔改入內內侍省都知為知入內內侍省事，副都知為同知入內內侍省事，押班為簽書入內內侍省事。

〔註61〕翟汝文：《忠惠集》，文淵閣《四庫全書》本，卷四〈熙河奏李憲立廟推恩李搆等制〉，葉十一下；《宋史》，卷一百五〈禮志八·諸祠廟〉，頁 2562。關於李憲在熙河立廟的問題，據《宋史·禮志八》的記載，這是宋廷允許的做法，新立廟的既有以有功一方者的，也有以政有威惠的，有以為人除患的，有死於亂賊的，而好像王韶於熙河，李憲於蘭州，劉滬（1000～1047）於水洛城（今甘肅平涼市莊浪縣城），郭成（？～1130）於懷慶軍，折御卿（958～995）於嵐州（今山西呂梁市嵐縣），王吉於麟州神堂砦（今陝西延安市吳旗縣西北前城子溝），都各以功業建廟。大概李憲的廟建於蘭州，惟後來情況如何，就不可考。王道鵬論宋代西北邊臣祠神的塑造一文，也留意李憲一例，但他以為宋廷由上而下令地方祠奉宦官李憲，民間應該很難接受。這是他不大了解李憲在經營熙河以至蘭州多年的功績，大概王氏認為李憲為宦官，不應受到

　　李轂在這次的恩典中遷甚麼官？其父李憲在熙河立廟的情況又如何？可惜均文獻無徵。翟汝文撰寫這篇制文於何年月不詳，似乎是政和年間，多半是政和三年（1113）前後。〔註62〕而制文所提及的李搆，筆者懷疑是李轂的訛寫。考《建炎以來繫年要錄》記建炎元年（1127）十二月庚午（十五），本來被除名勒停的李轂，高宗特復他職爲內客省使、保慶軍承宣使、添差入內內侍省都知。李心傳注明他是李憲養子，又說他的名犯上（指高宗）嫌名，故以字志道行。這說明李轂在高宗即位後改名李志道，是因犯了高宗的名諱而改。按轂、穀、搆及遘四字同音或同形，群書往往將這五字混淆或誤書，經宋元以後輾轉抄錄，於是李轂有時被誤寫爲「李穀」（影印本《宋會要輯稿》多處及《舊聞證誤》都是），或寫成「李搆」，甚至誤寫或別寫成「李遘」。王曾瑜先生談徽宗朝宦官一文提到金兵破開封時，引《三朝北盟會編》的記載，有宦官李遘向金人獻上「黑漆皮馬甲二萬副，太祖平唐火箭二萬集，金汁火砲樣、四勝弩。」這個李遘其實就是李轂的訛寫或別寫，考《宋會要‧刑法六》記：

　　（宣和）六年四月二十一日，責授岳陽軍節度副使致仕李遘，可特從寬貸，降充團練副使，依舊致仕，免除名安置，坐令京東窰務監官收買木植並不依價支錢，又支官錢買賣求玉入家。法寺奏除議減外，徒三年，合追見任幷歷任兩任文字。詔以遘被遇神考及累立戰功，故有是旨。

　　再參考《宋會要‧職官六十九》的記載：

　　（宣和五年八月）十三日，檢校少保、安德軍節度使、醴泉觀使李

供奉爲祠神的待遇。參見王道鵬：〈神爲人用：宋代西北邊臣祠神的塑造與演變〉，載姜錫（主編）：《宋史研究論叢》，第十九輯（保定：河北大學出版社，2016 年 12 月），頁 553，559，563。

〔註62〕翟汝文字公巽，潤州丹陽（今江蘇鎮江市）人。元符三年登第，他在大觀二年（1108）八月以起居郎任時爲太子的欽宗的侍講。但言官說他從蘇軾與黃庭堅遊，不宜任太子的贊書，他後出知襄州、濟州、唐州、陳州，然後召拜中書舍人，人稱他的外制典雅。他在政和三年七月已任中書舍人，這篇制文大概是政和三年前後寫的。他後來又獲命同修《哲宗國史》。參見徐夢莘（1126～1207）：《三朝北盟會編》（上海：上海古籍出版社影印清光緒三十四年（1908）許涵度刻本，1987 年 10 月），下冊，卷二百四十八〈炎興下帙一百二十八〉，紹興三十一年五月二十二日條，葉五下（頁 1638）；《宋史》，卷三百七十二〈翟汝文傳〉，頁 11543～11544；徐乾學（1631～1694）（編）：《資治通鑑後編》，文淵閣《四庫全書》本，卷九十八〈宋紀〉，葉十四上。

穀責授岳陽軍節度副使致仕。以言者論其子雍奏乞析居，而穀遂逐之，不以爲子、慈孝兩失故也。雍亦追毀出身以來文字，放歸田里。
〔註63〕

我們從這兩條記載可以確定李遘與李穀是同一人。至於李穀是否在大觀五年前本名李搆或李遘，到大觀元年（1107）五月乙巳（二十）高宗出生後才改名李穀？最後到高宗即位後又以其字行作李志道，那就需更多史料詳考。

王曾瑜先生據《舊聞證誤》所考，李穀在政和三年（1113）當徽宗建延福宮時，李穀與內臣何訢（？～1118後）和藍從熙等五人提舉，謂之延福五位，位居高級內臣「巨璫」之列。〔註64〕

李穀位列高級內臣，他的兒子李雍也受蔭獲官。翰林學士慕容彥逢（1067～1117）大概在政和年間所撰的一道遷陞十三名入內內侍省的內臣的制詞，便有李雍的份兒；不過，李雍是個不長進的人，後來便因分家財而與李穀反目（事見下文）。〔註65〕

據《宋會要‧后妃四》的記載，政和四年（1114）七月丁丑（初四），徽宗詔於宮城西北隅創建館宇，專充掖庭宮人養疾之所，以「保壽粹和」爲館

〔註63〕李心傳（1167～1224）（撰），崔文印（點校）：《舊聞證誤》（與《遊宦紀聞》合本）（北京：中華書局，1981年1月），卷三，頁43；《建炎以來繫年要錄》，第一冊，建炎元年十二月庚午條，頁290；《宋會要輯稿》，第八冊，〈職官六十九‧黜降官六〉，頁4904；第十四冊，〈刑法六‧矜貸〉，頁8544；《三朝北盟會編》，卷九七〈靖康中帙七十二‧諸錄雜記〉，葉五下（總頁715）；《宋史》，卷二十四〈高宗紀一〉，頁439；王曾瑜：〈宋徽宗時的宦官群〉，頁171，179。按王氏據《三朝北盟會編》引夏少曾《朝野僉言》的記載，稱金兵破開封後，有宦官「李遘」向金兵獻上軍器。按王氏失考《宋會要‧刑法六》這一條，不知這個熟悉宋軍武器庫的珍藏，當非尋常內侍的李遘，就是李穀，按李穀在金兵圍城時曾提舉京師防禦（事見下文），他一向提舉軍器所，當然知道宋軍武器庫所在。又李穀在宣和六年四月再降團練副使，並非王先生所說的復職。

〔註64〕《皇宋十朝綱要校正》，卷十七〈徽宗〉，頁480，484；《舊聞證誤》，卷三，頁43；王曾瑜：〈宋徽宗時的宦官群〉，頁171。考《皇宋十朝綱要》記徽宗在政和二年八月始大增造延福宮，命楊戩等五內侍提舉。到政和四年八月，新延福宮成，徽宗自作記。

〔註65〕慕容彥逢：《摛文堂集》，文淵閣《四庫全書》本，卷七〈入內內侍省官朱祐之、石瑾、張補之、李雍、陳思恭、王堯臣、張正夫、賈蒙、江語、張欽若、許佃、容誼、趙贊可各特轉一官制〉，葉九下至十上。考慕容彥逢在政和元年任翰林學士，七年（1117）卒。他這道制文疑撰於政和五年前後。

名。徽宗差同知入內內侍省事李穀提舉。〔註66〕這個李穀應該也是李彀的訛寫。

李彀在大觀、政和年間除了在宮中當差外，據上引《宋會要‧刑法六》的記載，徽宗本來要在宣和六年責降他，但念在他「被遇神考及累立戰功」，就放過了他。諷刺的是，「被遇神考及累立戰功」一語，用來形容李憲才恰當，李彀有何累立的戰功？

據慕容彥逢在政和年間所撰的另一道制文〈宣政使金州觀察使李某可宣慶使依前金州觀察使制〉云：

> 敕：朕遠勵庶工，協濟萬務，凡以勞列聞於朕者，雖在疏逖，賞不淹時。矧宮省近臣，克有勤職，耳目所及，其可弭忘。具官某，賦材敏明，迪巳莊慎，業履之美，朕所眷知。曩資其能，總按戎器，製作犀利，工用不怨，宜錫恩章，昭示嘉獎。宣慶置使，品峻秩隆，往其欽承，勿替忠恪。可。〔註67〕

慕容彥逢筆下這個宣政使金州觀察使李某，筆者認為正是李彀，可能後來為了避高宗諱，就以「某」代替他的本名。制文說李某獲遷宣慶使的原因，是他「總按戎器，製作犀利，工用不怨」，完全吻合下文談到他執掌軍器庫的能力。而李某的宣政使金州觀察使官位，也與李彀在政和年間應得的職位接近。至於他製作軍械之功，算不算戰功？而他有否其他平亂之戰功，則暫無記載。

據李心傳所述，在政和宣和年間，徽宗打破真宗以來內臣只授遙郡承宣使（即留後）的成例，授童貫、楊戩、梁師成、譚稹、李彀及梁方平（？～1126）等十餘人為節度使。〔註68〕可知李彀最晚在宣和年間已建節，惟具體年月及他建節的理由不詳。他在宣和五年（1123）八月已官至檢校少保、安德軍節度使、

〔註66〕《宋會要輯稿》，第一冊，〈后妃四‧內職雜錄〉，頁329。

〔註67〕慕容彥逢：《摛文堂集》，卷四〈宣政使金州觀察使李某可宣慶使依前金州觀察使制〉，葉十九下至二十上。按這道制文的撰寫年月不詳，據註65所考，慕容彥逢任翰林學士在政和元年至七年，前注所引卷七一道制文似撰於政和五年前後，則卷四這道制文應早於政和五年，可能在政和四年前後。

〔註68〕李心傳（撰），徐規（1920～2010）（點校）：《建炎以來朝野雜記》（北京：中華書局，2000年7月），上冊，甲集卷十二〈宦官節度使〉，頁240。據李心傳所記，當欽宗即位後，就將童貫等人的節度使官盡販奪之。欽宗且誅童貫、梁師成及梁方平等三人。又李心傳在這一條仍將李彀訛寫作「李彀」，而徐規先生未有校正出來。

醴泉觀使，名位已在其父之上。李憲一生百戰功高，礙於文臣的反對，一直得不到節度使的官職。李慤無才無德，只爲徽宗朝濫封內臣爲節度使，而他辦差事爲徽宗滿意，於是雞犬皆仙般擢領節度使，縱使文臣如何不滿也無可奈何。不過，是年八月癸巳（十三），如上文所述，他的兒子李雍要求分家，他不但不允，還將兒子趕走。這給言官找著他的把柄，劾他此舉失父慈子孝之意。他大概漸失徽宗寵信，就被貶爲岳陽軍節度副使致仕，李雍也追毀出身文字，放歸回鄉。不過，他的貪婪性格不改，宣和六年（1124）四月戊辰（廿一），再給言官劾他向京東窰務監官收買木植，卻不依價支錢，又支官錢買賣玉器入己家。御史臺奏上徽宗，定他的罪責，除議減刑外，徒三年，應追其現任及歷任兩任文字。徽宗總算念舊，考慮他受神宗知遇，又屢立戰功，就特從寬貸，只將他從節度副使降團練副使，依舊致仕，免除名安置。〔註69〕

　　翌年（宣和七年，1025）十二月戊戌（初一），金人以宋敗盟，兩路南侵。是月庚申（廿三），徽宗禪位欽宗。壬戌（廿五），大赦天下。李慤大概在這時獲得復職。〔註70〕

　　李慤在徽宗一朝的表現如何？當他在建炎元年（1027）十二月庚午（十五）議復官時，右諫議大夫衛膚敏（1081～1129）給他的惡評是：「志道在上皇朝用事最久，其弄權怙寵，勢可炙手。一時達官貴人，多出其門，撓法害政，以亂天下，其惡不在童貫、譚稹、梁師成之下。」而據黃震的說法，當時便有兩宋之際頗有詩名的朝士韓駒（1080～1135）諂附李慤，獻賦入仕。〔註71〕

　　徽宗爲何一直眷寵這個惡評如潮，卻未見有何功績的內臣？可能一方面李慤與童貫等朋比爲姦，童、梁等人爲他掩飾罪過，另一方面可能是徽宗的

〔註69〕 宋會要輯稿》，第八冊，〈職官六十九・黜降官六〉，頁 4904；第十四冊，〈刑法六・矜貸〉，頁 8544；楊時：《楊時集》，第三冊，卷三十六〈誌銘七・周憲之墓誌銘〉，頁 891。據楊時所記，有份奏劾李慤的朝臣是徽猷閣直學士周武仲（1076～1128），楊時在周的墓誌銘稱「宦官李某之子李雍，奏乞與某析居，某遂奏令雍認姓。公（按:指周武仲）謂雍之悖德亂常，其罪固不容誅，而某爲近臣，聞其子妄有奏陳，不能頓首謝，乃敢肆爲忿戾，上瀆君父，故某亦降秩。」楊時筆下這個內臣李某，顯然就是李慤。

〔註70〕 《皇宋十朝綱要校正》，卷十八〈徽宗〉，頁 538～539。

〔註71〕 《建炎以來繫年要錄》，卷十一，建炎元年十二月庚午條，頁 290；黃震：《黃氏日抄》，載《全宋筆記》第十編第九冊，卷四十一〈讀本朝諸儒理學書九・龜山先生文集〉，「奏議」條，頁 252。按黃震引述大儒楊時的奏議，提到宣和年間朝臣都依附眾內臣。其中李慤訛寫作「李穀」。

帝王術，刻意用廷臣切齒的內臣為心腹，刺探外情，為他做事，而不計較他的品德，只要對徽宗忠心就行。

李彀在徽宗朝長期得寵，加上徽宗實行開邊政策，並令李憲門人童貫執行。童貫掌軍政二十多年，他一日當權，李憲的評價就不會負面。李憲當年所開的熙河蘭會路，在崇寧四年（1105）正月庚午（初一），因收復湟州而改為熙河蘭湟路，並在同月丁酉（廿八），一如神宗任李憲，授童貫為熙河蘭湟秦鳳路經略安撫制置使。到宣和元年（1119）三月乙卯（初九）又以取得廓州，再改為熙河蘭廓路。這都肯定了李憲的功勞。徽宗在崇寧三年（1104）六月壬寅（初一）命圖熙寧、元豐功臣於顯謨閣，當中有否李憲的份兒，因文獻無徵，暫難確定，筆者以為李憲有頗大的機會入選。在這對李憲有利的政治環境下，李憲應當維持自哲宗親政以來的正面評價，何況李彀在徽宗朝的權勢，士大夫自然不會也不敢批評李憲。〔註72〕當然，李彀為士大夫所痛恨，當他在欽宗朝失勢後，也影響廷臣對李憲的評價。

李彀並無亡父一點像樣的戰功，卻獲授節度使的高位。徽宗破壞制度，任用寵信的內臣佔據高位而敗壞政治，這是不可原諒的失政，這也是南渡後文臣痛恨內臣的原因。

欽宗繼位後翌年（1026）正月，改元靖康。宋廷政局大變，朝臣將金兵入侵歸罪於徽宗所寵信之臣僚及內侍敗政，欽宗順應朝議，將他們一一貶逐甚至誅殺。正月己巳（初三），名列所謂宣和六賊的內臣安德軍承宣使李彥（？～1126）首先被賜死，家財被籍沒。同日，導致花石綱弊政的寧遠軍節度使朱勔放歸田里，力主聯金滅遼而已罷相的王黼（1079～1126）責散官安置永州。庚寅（廿四），王在途中被刺客殺於雍邱縣城南永豐鄉。太學生陳東（1086～1127）在四天後（甲午，廿八）上書請誅蔡京等六賊。翌日（乙未，廿九），另一權勢薰天的內臣淮南節度使梁師成被賜死於八角鎮。宣和六賊的四人，在靖康元年正月便三人被誅一人被貶。只剩下蔡京與童貫尚未被貶逐。同月，另一內臣譚稹也遠貶。〔註73〕

令人切齒的是，從正月癸酉（初七）到二月丙午（初十），京師被金兵圍

〔註72〕《宋史》，卷十九〈徽宗紀一〉，頁 369；卷二十〈徽宗紀二〉，頁 373；卷二十二〈徽宗紀四〉，頁 405。

〔註73〕《皇宋十朝綱要校正》，卷十九〈欽宗〉，頁 560～561；汪藻（1079～1154）（撰），王智勇（箋注）：《靖康要錄箋注》（成都：四川大學出版社，2008 年7 月），上冊，卷一，頁 171，191；卷二，頁 265。

困的三十二日期間，李漖不但沒被治罪，還獲得復用勾當御藥院，並負責守城及監造樓櫓守禦。時任國子祭酒的大儒楊時（1053～1135）兩度上書欽宗，切論不可復用內臣。在他第二通書奏，他點了李漖及另一內臣之名，嚴厲指出：

> 梁平、李漖之徒，皆持權自若，氣焰復熾，未識陛下亦嘗察其所以然否乎？臣謹案梁平嘗爲大理寺、開封府承受，結爲陰獄，殺無罪之人不可數計。罪盈惡貫，人所切齒，陛下之所知。今復處之御藥院，果何意邪？李漖嘗管幹京城，監造軍器，奸欺侵蠹，無所不至。近興復濠之役，調夫數萬，減剋口食，殘虐百端，役夫至于殍踣，逃亡亦不可勝計。近在國門之外，陛下其亦聞之乎？」〔註74〕

李漖能獲得欽宗任用，除了之前受到欽宗委用支錢給鄭皇后之淵源外，可能的原因是他管理軍器所頗有一套方法。高宗在紹興六年（1136）六月戊申（十二）與宰相趙鼎（1085～1147）討論軍器所時，便稱許內侍中亦有動人的，好像軍器所初因李志道（李漖）措置得法，至今整齊。高宗又說李漖在夜間每著帽而寢，半夜起來治事，可以左手運籌，右手書計而不差毫釐，眞是人妖。趙鼎不喜歡李漖，就加一句評說「惟其精敏如此，便非國家之福。」〔註75〕

李漖守城的工作做得如何？朝臣李光（1078～1159）在是月奏上〈乞修京師守禦之備箚子〉就指出：

> 臣訪聞朝廷專委李漖開撩城濠，日役萬人，而將作監分管東壁、樊家岡一帶六十八萬餘工，比之別壁，工料最爲浩大。見役本監並步軍司人兵不滿千人，兼聞本監長貳未差正官，張元幹書生不足倚辦。欲望聖慈特降指揮，令李漖將所轄兵夫，與將作監就城東駐箚，併力先從東壁開掘，兼新除少監井度見在蜀中，未有到任之期。乞逐急選任有材幹官，同共管幹，所役兵夫逐日興工放散，各依時刻，

〔註74〕 《宋朝諸臣奏議》，上冊，卷六十三〈百官門・內侍下・上欽宗論不可復近奄人・第二狀・靖康元年正月上〉（楊時），頁704～705。

〔註75〕 《建炎以來繫年要錄》，卷一百二，紹興六年六月戊申條，頁1928；熊克（撰）（1118～1190），顧吉辰、郭群一（點校）：《中興小紀》（福州：福建人民出版社，1985年9月），卷十九，頁232；熊克：《皇朝中興紀事本末》（北京：北京圖書館出版社，2005年3月），下冊，卷三十四，紹興五年七月壬申條，葉一上下（頁681～682）。熊克將高宗論李漖之事繫於紹興五年七月壬申（初一）條。現從《要錄》。

仍日輪從官及臺諫官一員，躬詣檢察，庶幾早得辦集，敵人聞之，有所忌憚，不勝幸甚。〔註76〕

李光當日沒有怎樣批評李敭開挖城壕的工作，但到五月壬申（初七），監察御史胡舜陟（1083～1143）便上奏痛劾李敭玩忽職守的罪過，而且歷數李敭在徽宗朝種種的過惡，說他是徽宗朝的內臣十惡之，甚至把他比作唐朝的權閹仇士良（781～843），又說他還安插其子李亶在內廷：

竊觀陛下遠鑒漢唐，近法祖宗，痛抑宦官之權，而有罪者斥之，此實祖宗之福庇。然猶有小人尚蒙任使，李敭是也。按敭暴悍慘酷，尤于虎狼，冒於貨賄，恣爲不法，與童貫、譚稹、梁方平輩世號爲十惡。昔置東莊北宅，窮奢極侈，令翟祐之等盜官筏巨材以營堂室，廝役兵匠，計工數萬，又磨河堤取水爲池，又盜官玉，令陳宗妙等造帶及器物，強買人戶劉宗愿屋產，而低償其值，於軍器所前後盜用官錢，不計其數。其甚則竊弄權柄，自作威福，上皇御筆放逐使臣史義，敭輒追還，以一時私怨，勒停翟通，責降晁敏中等，人皆側目，恐遭毒螫。上皇以其罪大，嘗盡褫其官，盡沒其別業。陛下棄咎錄用，是爲隆恩，宜其改行，仰副委任。訪聞提舉京城，肆行殘驁，給予不時，而廣固、廣備指揮，逃者過半，招填者不至，濠寨官不勝其苦，有致仕者。董役使臣皆以其家畫工充之，未嘗督役，而虛竊廩祿，以城兵私用日不減百人。其妄作如此，必至誤事。復聞敭屢獻花果及獻錢於禁中，多爲釣具，以奉游幸。此皆前日內侍應奉之具，今日復啓其端，原其用心尤爲可惡。唐仇士良教中人事主之術曰：『天子不可令閒暇，暇必觀書，見儒臣則又納諫，智慮深遠，減玩好，省游幸，吾屬恩且薄而權輕矣。爲諸君計，莫若殖財貨，盛鷹馬，日以毬獵聲色蠱其心，極侈靡，使悅不知息，則必斥經術，闇外事，萬機在我，恩澤權力欲焉往哉！』敭欲以士良之術熒惑陛下，竊恩寵而據權勢。殊不知陛下素儉寡慾得於天縱，紛華盛麗不入聖心，雖有士良之巧計，不能惑也。敭之用心如此，罪莫大焉。今雖罷睿思殿職事，而其子亶在內，與之傳導語言，時乞宣喚。萬一使之親近，爲害可勝言哉！此奸人之雄，國之巨賊，伏望

〔註76〕 楊士奇（1364～1444）：《歷代名臣奏議》，文淵閣《四庫全書》本，卷二百二十三〈兵制〉，葉十六下至十七上。按李光此箚子未收入其《莊簡集》內。

－326－

睿斷，特行竄斥，與貫、積等同科，天下幸甚。〔註77〕

　　胡舜陟這番擲地有聲的劾章代表廷臣言官對李轂的極端痛恨和不信任，但李轂並未馬上失寵。至於胡提到的內臣十惡之一的梁方平早在二月辛酉（廿五）以黃河失守被誅，而童貫也在七月辛卯（廿七）被誅於南雄（今廣東韶關市南雄市），而蔡京也早在是月乙酉（廿一）卒於潭州貶所。至於另一內臣譚稹也在九月癸酉（初十）安置昭州（今廣西桂林市平樂縣西南），並被籍沒家財。〔註78〕在廷臣言官們的眼中，李轂成為奸惡內臣的漏網大魚，然欽宗寵信他如故，言官無可奈可。

　　在八月己未（初二）拜少宰的唐恪（？～1127），據監察御史胡舜陟在閏十一月壬辰（初一）所言，唐恪只知交結內侍盧端和王若沖，而每當召李轂至中書議事，聽到李轂發言就徐以手握李之腰帶，說由他處置，怎會有錯？胡劾唐恪百端諂奉李轂等，為吏所恥笑。〔註79〕從胡這番話來看，李轂依舊為欽宗信任，而那些軟骨頭的宰執卻去奉迎他。

　　因欽宗及其宰執處事無方，和戰不定，幾番派兵援救太原均失利，當金兵在九月丙寅（初三）攻破太原後，欽宗卻一點退敵的方法都拿不出，連遷都避敵的主意也拿不定。十一月乙酉（廿四），東西兩路金兵會師京城下。〔註80〕是歲深秋，李轂再次獲委治兵械負責城守，欽宗命他閱兵城外的劉家寺，他因取兵器、砲架、砲石置於寺中，卻不點明數目。閏十一月庚子（初九），金兵急攻善利及通津兩門，盡奪劉家寺所藏的兵器和砲石。欽宗於是將李轂除名勒停，並下旨待金兵解圍後將他遠貶。金兵卻在同月丙辰（廿五）攻陷京師。〔註81〕

　　靖康二年（即建炎元年，1127）正月甲午（初四），徽、欽二帝尚未被擄北遷前，侍御史胡舜陟再度上奏力數徽宗朝的宦禍，他既嚴斥已誅或已死的四大內臣，也痛責其他弄權的內臣，包括獲罪卻被赦免的李轂：

〔註77〕《靖康要錄箋注》，上冊，卷五，頁742～743。

〔註78〕《皇宋十朝綱要校正》，卷十九〈欽宗〉，頁563～569；《宋史》，卷四百六十六〈宦者傳三·童貫〉，頁13661。

〔註79〕《皇宋十朝綱要校正》，卷十九〈欽宗〉，頁567；《靖康要錄箋注》，下冊，卷十三，頁1321。

〔註80〕《皇宋十朝綱要校正》，卷十九〈欽宗〉，頁568～571。

〔註81〕《靖康要錄箋注》，下冊，卷十三，頁1347～1348；《皇宋十朝綱要校正》，卷十九〈欽宗〉，頁571；《建炎以來繫年要錄》，卷十一，建炎元年十二月庚午條，頁290。

童貫握兵柄於外以壞軍政，梁師成執國政於內以壞朝政，李彥掊克
之害民，楊戩營繕以傷財。此則內侍之渠魁者。其他營求聲色，挑
造游晏，更新侈靡，市花木禽獸以熒惑人主之心術者，如王仍、張
見道、鄧文誥之徒，不可悉舉。賞罰生殺，出自其口，所喜則致之
青雲，所怒則擠之陷穽，差除舉措，悉由中出，宰相充位，奉行文
書。至政和、宣和間，其勢尤盛，各立門戶，公受貨賄，以販鬻官
爵。凡駔儈小流，奴隸庸材，皆引以爲公卿侍從、牧守使者，故政
和、宣和所除宰執，盡出其門。當時大臣與梁師成書，顯稱門生，
略無羞愧。士大夫相習成風，皆以附麗內侍爲榮。自大臣以至州縣
小吏，皆汲汲貪狥財利，以爲致身之資，禮義廉恥，蕩然不復張矣。
是以今日人才極乏，風俗極弊，生靈極弱，而夷狄憑陵，莫之能禦，
職此之由也。……

但陛下仁恕有餘，而罪或縱釋，隆寬廣問，而言或聽從，故使贅御
尚循故態。臣何以言之？蓋臣嘗論李轂奏狀至詳，謂轂不可提舉京
城所，其詞痛切，不蒙施行。臣又嘗論轂於京城所拘占店宅物業，
沮上皇罪己之詔，乞賜廢斥，不蒙施行。〔註82〕

從胡舜陟的沉痛陳詞，可以看到欽宗雖然處死了徽宗朝的幾名內臣渠
魁，但他依然寵信李轂一班內臣，直至城破仍然不悟。〔註83〕

三月丁酉（初七），金人立張邦昌（1081～1127）爲楚帝。四月庚申（初

〔註82〕《靖康要錄箋注》第三冊，卷十五，靖康二年正月初四條，頁 1519～1521。
據王曾瑜教授的考證，京城所是修繕開封城的機構，熙寧八年置，以廂軍廣
固軍四指揮二千人隸之，到徽宗時不變，全稱爲提轄修完京城所，後改提舉。
從神宗至哲宗，先後有宋用臣及藍從熙任提轄修完京城所和提舉京城所，其
經費來自出售度牒計二十萬緡，後來又主管茶利之稅收超過百萬緡，以供徽
宗揮霍。它是一個有權有勢的大肥缺。王氏一文也引述胡舜陟這篇奏章，言
及李轂提舉京城所有相當權勢。參見王曾瑜：〈宋徽宗時的諸局所錢物〉，《北
京大學學報》（哲學社會科學版），第 51 卷第 2 期（2014 年 3 月），頁 115～
116。

〔註83〕胡舜陟字汝明，自號三山老人，徽州績溪人。他雖逃過靖康一劫，高宗繼位
後，卻因先後奏劾李綱（1085～1140）與秦檜（1091～1155）而被貶出朝，
後來更被秦檜黨羽誣陷受贓及誹謗朝廷，下獄而死。他的生平事蹟，臺灣前
輩學者程光裕（1918～）曾有文詳考，可參見程光裕：〈讀宋史胡舜陟傳〉，
原刊《第二屆國際華學研究會議論文集》，1992 年 5 月，現收入宋史座談會
（編）：《宋史研究集》，第二十五輯（臺北：國立編譯館，1995 年 11 月），頁
315～337。

一），金人擄徽、欽二帝及皇后、皇太子及宗室三千人北去。五月庚寅（初一），逃出開封的高宗即位於南京（應天府），改元建炎。〔註84〕

如上文所說，李穀相信爲了保命，在兵荒馬亂的時候，竟向金兵獻上軍器庫所藏的珍貴武備，獻上「黑漆皮馬甲二萬副，太祖平唐火箭二萬集，金汁火砲樣、四勝弩。」〔註85〕他的做法已是叛國行爲，當時卻沒有人檢舉他。

李穀居然沒被金人帶走，是年十二月，他竟然可以去到高宗所駐的行在揚州（今江揚州市）。高宗大概並不清楚李穀的穢史，而宮中欠缺資深的內臣使喚，居然在是月庚午（十五），將李穀（已改名李志道）復職爲內客省使、保慶軍承宣使、添差入內內侍省都知。正如上文提到，右諫議大夫衛膚敏立刻上言反對，歷數李穀在徽宗朝的過惡，稱其罪不在童貫、梁師成及譚稹之下，即不將他遠貶，也不應用赦典復用他。另外殿中侍御史張浚（1097～1164）也力言李穀誤國爲深，不應引赦典敘復。高宗這次從善如流，就沒有復用李穀。〔註86〕

李穀及其家人的事蹟，除了上文提到，高宗在紹興六年（1136）六月戊申（十二）與宰相趙鼎討論軍器所時，言及以前李穀措置得法，及他跡近人妖的做事方法外，〔註87〕就沒有相關的記載。高宗君臣也沒有言及李是否仍在世。考李穀於熙寧十年（1077）已出仕，到建炎元年（1127）已五十年，若李穀在熙寧十年時十八歲，他到建炎元年已達六十八歲，到紹興六年若他仍在世，則已七十七歲。筆者傾向他應在紹興初年或更早已歿，因他並未復職，故他不像亡父獲得賜諡的恩典。他活得比李憲長，但一生建功有限，惡評卻極多，他被斥爲徽宗內臣十惡之一，雖說可能出於文臣的偏見，但除了高宗

〔註84〕《宋史》，卷二十三〈欽宗紀〉，頁436。

〔註85〕《三朝北盟會編》，卷九十七〈靖康中帙七十二・諸錄雜記〉，葉五下（總頁715）。

〔註86〕《建炎以來繫年要錄》，第一冊，卷十一，建炎元年十二月庚午條，頁290；汪藻：《浮溪集》，文淵閣《四庫全書》本，卷二十五〈尚書禮部侍郎致仕贈大中大夫衛公墓誌銘〉，葉十四下；《朱熹集》，第八冊，卷九十五上〈行狀・少師保信軍節度使魏國公致仕贈太保張公行狀上〉，頁4805；《宋史全文》，第四冊，卷十六上〈宋高宗一〉，頁1073；《宋史》，卷二十四〈高宗紀一〉，頁449～451；卷二十五〈高宗紀二〉，頁453～459；卷三百七十八〈衛膚敏傳〉，頁11663。考高宗在十月丁巳（初一）已至揚州，至建炎三年（1129）初一直以揚州作爲行在。

〔註87〕《建炎以來繫年要錄》，第五冊，卷一百二，紹興六年六月戊申條，頁1928。

稱許他管理軍器所有方法及勤奮有效率外，實在找不到他有甚麼像樣的功績。當然他侍候哲宗、徽宗以至欽宗都很成功，一直都為君主信任不替。亦以此故，在哲宗親政到欽宗繼位初期，李憲的評價並沒有下滑。但李殼在欽宗末年失勢，到高宗繼位後，文臣就不留餘地攻擊他，不讓他復職。岳珂在嘉定十六年（癸未，1223），因評說欽宗的御筆而提到李殼，便形容李殼「彼李志道亦一城狐，邷昇邷從，俱不敢計。」〔註 88〕已經是很厚道了。李殼的不長進，也影響到李憲的官方評價從南宋開始走向負面。

〔註88〕岳珂：《寶眞齋法書贊》，卷二〈欽宗皇帝御押內藏御筆·行書四行〉，葉十二下。

第十一章　知人論世：李憲身後評價迴異緣由考

　　李憲在元祐期間屢被貶責，故在元祐六年三月癸亥（初四）由舊黨呂大防領銜、屢劾李憲的范祖禹主要負責修成的《神宗實錄》（墨本），自然不會對他有好的評價。七年癸巳（十二），宋廷詔修《神宗正史》，仍由范祖禹主修，呂大防提舉，著作佐郎張耒編修。基本上以墨本《神宗實錄》爲基礎，由同樣的修史班子負責其事。詔一年修畢。〔註1〕

　　哲宗親政後，正如上一章所述，盡罷舊黨而復用新黨章惇、曾布等人，爲以蔡確爲首的新黨諸臣平反。哲宗再在紹聖元年四月戊辰（廿七），應中書舍人蔡卞之請，下詔重修《神宗實錄》。另再在閏四月丙申（廿六），令新任首相左僕射章惇提舉編修《神宗國史》。五月己酉（初九），又從翰林學士曾布請，以《王安石日錄》載入新修的《神宗實錄》。〔註2〕李憲在哲宗肯定神

〔註1〕　《長編》，卷四百五十六，元祐六年三月癸亥條，頁10918～10919；卷四百七十五，元祐七年七月癸巳條，頁11320；《宋史》，卷十七〈哲宗紀一〉，頁332，334。關於神宗實錄多次纂修的本子的稱呼，蔡崇榜稱元祐本爲墨本，紹聖進呈內廷的爲朱墨本，後來修正的另一本子爲「新錄」，按李燾《長編》引用的《神宗新錄》殊非此二種紹聖本，而是高宗重修的紹興本。蔡書所引《建炎以來繫年要錄》卷一百十一（頁93）已具言范沖（？～1141）所修的紹興本爲「新錄」。至於李燾所引用的紹聖本，則稱爲《舊錄》。參見蔡崇榜：《宋代修史制度研究》（臺北：文津出版社，1991年6月），第六章第三節〈神宗實錄五修說〉，頁82～98。

〔註2〕　《皇宋十朝綱要校正》，下冊，卷十三〈哲宗〉，頁361《宋史》，卷十七〈哲宗紀一〉，頁340；《長編》，卷四百九十七，元符元年四月癸巳條，頁11831。當年上書請將王安石配享神宗的小臣周穜，這時被任爲國史編修官，由他負責往王安石家取《王安石日錄》以作修史之用。據《宋史全文》所記，紹聖四年十月辛巳（初一），時任侍讀的蔡京向神宗說，《王安石日錄》一集內有神宗與王安石反覆論天下事及熙寧改更法度之意，本末備具，請略行修纂進

宗新政的新情勢下，於是年五月以後獲追贈武泰軍節度使，賜諡敏恪。紹聖三年十一月丁未（廿一），被稱爲朱本的《神宗實錄》修成。〔註3〕這本被稱爲朱墨本或紹聖本的《神宗實錄》（又稱《舊錄》），站在新黨的立場評述神宗一朝的史事與人物功過。它到舊黨後人在南宋初重修《神宗實錄》後被廢棄，幸賴《長編》的保存，我們仍能看到章惇、曾布等在《舊錄·李憲傳》對李憲所作甚爲正面的評價，將他譽爲名將：

> 神宗以英睿不世之略，當中國全盛時，憤遠人鴟張，思有懲艾，患將帥乏材，當食太息。憲以中人侍帷幄，備聞謨訓，俾臨制閫外，遂能恢斥疆土，降其渠率。置陣行師，有名將風烈。至於決勝料敵，雖由中覆，皆中機會，詔書具在，凡三百篇。憲奏議七十卷，經制財用三十卷，藏於家。〔註4〕

從上述的李憲傳贊，我們得以知道，章惇等重修《神宗實錄》，顯然參考了相信是李轂所獻的神宗賜李憲的詔書三百篇與李憲的奏議百卷，乃對李憲的功績作出肯定。爲此，李憲再在紹聖四年，改諡更高的「忠敏」。〔註5〕

元符元年四月丙戌（初八），章惇等進《神宗皇帝正史紀》二冊。丙申（十八），哲宗又詔建顯謨閣以藏神宗御集。〔註6〕宋廷在新黨主政下，所修的官史莫不推崇神宗的新政及執行新政的臣僚。〔註7〕

御。哲宗卻說宮中自有一本，他且已詳閱數次。參見《宋史全文》，第三冊，卷十三下〈宋哲宗三〉，頁895。

〔註3〕《皇宋十朝綱要校正》，卷十四〈哲宗〉，頁370；《宋史》，卷十八〈哲宗紀二〉，頁345。

〔註4〕《長編》，卷四百七十四，元祐七年六月戊寅條注，頁11315；《宋史全文》，第三冊，卷十三下〈宋哲宗三〉，頁886。按紹聖三年十月，秘書省正字鄧洵武（1057～1121）被任爲《神宗皇帝正史》編修官。

〔註5〕考紹聖四年四月丁酉（十四），章惇等進編臣僚章疏一百四十三帙，內中有否李憲的奏議，待考。參見《宋史》，卷十八〈哲宗紀二〉，頁347。

〔註6〕《長編》，卷四百九十七，元符元年四月丙戌條，頁11817；丙申條，頁11832；《宋史》，卷十八〈哲宗紀二〉，頁350。

〔註7〕香港大學的梁思樂博士最近期的一篇專文曾從黨爭的角度，特別是新舊兩黨對神宗的評價的問題，考論元祐、紹聖及紹興各本神宗實錄修纂的立場與觀點，梁氏指出元祐本以神宗晚年追悔開邊，歸咎於於王安石等，紹聖本卻大書特書熙豐年間的政績。此論可取。參見梁思樂：〈北宋後期黨爭與史學——以神宗評價及哲宗繼位問題爲中心〉，載包偉民、曹家齊（主編）：《10～13世紀中國史國際學術研討會暨中國宋史研究會第十七屆年會宋史研究論文集（2016）》（廣州：中山大學出版社，2018年7月），頁122～135。

另一方面，哲宗從紹聖元年至元符二年重新開邊西北，攻取邈川（建爲湟州，今青海海東市樂都縣）與青唐（建爲鄯州，今青海西寧市）的行動中，參預者從文臣的孫路、鍾傳，到武將的苗履、王贍、趙隆、王愍、姚雄到蕃將李忠傑、包誠等均是李憲的熙河舊部。〔註8〕他們繼續在西北建功立業，也就維持著李憲的名聲。言官陳并在紹聖四年九月上奏批評獲委爲熙河帥的鍾傳，是「江外書生，始爲閹人李憲門客，因緣得官，素號輕浮，今以一方事重事委之，又以館職誘之。可攻可戰，有進有退，不能臨事，而懼好謀而成，不惟無功，恐辱國命。」〔註9〕陳并這番批評正好在側面反映在紹符時期的西北邊臣，多紹繼著李憲足跡。

李憲的正面評價一直維持至徽宗一朝。哲宗於元符三年正月己卯（十二）崩。徽宗即位，在向太后短暫聽政的一年，舊黨一度回朝，曾議再修《神宗實錄》，調和元祐及紹聖本的偏頗。但徽宗親政後奉行父兄的政策，二度重修的《神宗實錄》觀點上仍沿用紹聖本。而且在大觀三年（1109）十一月由蔡京主修、完成於大觀四年（1110）四月的《哲宗實錄》，以及徽宗在宣和元年（1119）十月甲戌（初一）布告天下的《紹述熙豐政事書》，及宣和二年（1120）二月甲午（廿三）詔別修的《哲宗史》，都是一面倒揚新黨貶舊黨的觀點。〔註10〕

自然，李憲子李毂在徽宗朝繼續得寵，而李憲門人童貫執掌軍權二十年，並奉李憲的策略再開邊西北，宋廷自然對李憲稱揚備至。上文曾提到，宋廷大概在政和三年前後批准熙河爲李憲立廟，而徽宗朝官方另一次肯定李憲功績的，當是在宣和元年徽宗命尚書右丞王安中（1076～1134）所撰寫的〈定功繼伐碑〉。碑文紀述自神宗熙寧以至宣和元年，宋廷開疆僻土的輝煌歷史，其中就提到元豐四年，「李憲出熙河，……諸將戰比有功，夏人痍傷者什七八，

〔註8〕 關於哲宗在紹聖四年至元符二年進攻青唐的行動的始末，可參閱何冠環：〈北宋綏州高氏蕃官將門研究〉，頁444～453。其中鍾傳在紹聖四年至元符元年還出任熙河帥。鍾傳的戰績，可參閱曾瑞龍：《拓邊西北——北宋中後期對夏戰爭研究》，附錄二：〈蘭州堡寨群與涇原路戰線的聯接問題：鍾傳的淺井作戰〉，頁257～286。

〔註9〕 《宋朝諸臣奏議》，上冊，卷四十四〈天道門・災異八・上哲宗答詔論彗星陳四說・紹聖四年九月上〉（陳并），頁461。

〔註10〕 《宋史》，卷二十〈徽宗紀二〉，頁383。考《長編》所引的《舊錄・李憲傳》是指章惇修的神宗舊錄抑蔡京所修的哲宗舊錄，李憲沒有說得清楚。按李憲卒於元祐七年，他的傳應附於神宗實錄抑是哲宗實錄，因二書已佚，暫難確定。因范沖有《新錄辨》，針對神宗舊錄而撰，故筆者傾向《舊錄・李憲傳》是神宗舊錄所載的李憲傳。

餘眾跳遁。明年，大築橫山之要，樓櫓相望，淺攻擾耕，賊不敢復留塞下，其經理控馭之略，甚遠且備。」這一番話雖沒有明確指出是李憲的功勞，但考諸史實，元豐五年以後李憲經略熙河的策略，正與王安中這番話同。〔註11〕

李憲的評價與形象逆轉，是在南宋初年。宋室南渡，高宗君臣將北宋亡國的罪責歸於新黨，下令重修神宗實錄。由首相趙鼎領銜，實際上由范祖禹子范沖（？～1141）主持的新修神宗實錄，在紹興六年（1136）正月修竣，成爲宋朝官方最後定稿的紹興本《神宗實錄》，即李燾所稱的《新錄》，否定了哲宗紹聖時期至徽宗朝所修纂的《神宗實錄》的主要觀點。范沖並在紹興五年（1135）二月上《神宗實錄考異》，這一考異即李燾所稱的《新錄辨》。另范沖也是紹興八年（1138）九月重修《哲宗實錄》的主要負責人，他也同樣寫了一書名《辨誣錄》。〔註12〕

范沖所撰的《新錄辨》，除了考辨《舊錄》中表揚李憲功績的七事外，還否定了《舊錄》對李憲的正面評價，他大概繼承了亡父在元祐八年十一月批評李憲的觀點，他指責李憲：

> 憲勞民傷財以取不毛之地，靈武之期，永樂之援，以逗遛敗事，不誅幸矣，而云恢斥疆土，降其渠率，置陣行師，有名將風烈，欺誕爲甚，今並刪改。〔註13〕

另外，范沖也針對《神宗舊錄》對王中正的高度評價加以反駁。按《神宗舊錄》稱許王中正「其資忠義，有大略，讀經史，通古今，尤知兵，天文曆數無不通，如是則爲天下之才矣。」范就痛言「中正元豐中將兵敗事，其罪至大，劉摯嘗同章論中正及李憲、宋用臣、石得一，比之四凶，以中正爲

〔註11〕 王安中：《初寮集》，文淵閣《四庫全書》本，卷六〈定功繼伐碑・奉敕撰文、御筆賜名〉，葉二下。

〔註12〕 關於范沖修史的背景與評價，臺灣宋史前輩王德毅教授早年一篇詳考范祖禹史學與政論的專文其中一節也附論范沖的史學。參見王德毅：〈范祖禹的史學與政論〉，原刊《幼獅學誌》第五卷第二期，1966 年 12 月，現收入王著：《宋史研究論集》（臺北：臺灣商務印書館，1968 年 11 月），第一篇〈范祖禹的史學與政論〉，頁 32～38。關於《神宗實錄》多次修纂的背景、經過和負責人員的問題，以及新舊黨爭導致神宗、哲宗實錄的誣詆，最近期而詳盡的論述，可參閱謝貴安：《宋實錄研究》（上海：上海古籍出版社，2013 年 10 月），第一章第三節〈《神宗實錄》、《哲宗實錄》的修纂〉，頁 47～81；第二章第三節〈神宗、哲宗實錄的修纂者〉，頁 143～176；第七章第二節〈新舊黨爭導致神哲實錄的誣詆〉，頁 405～454。

〔註13〕 《長編》，卷四百七十四，元祐七年六月戊寅條注，頁 11315。

稱首。《舊錄》所載其無忌憚，大率如此，今據事實刪改。」〔註14〕值得一提
的是，徽宗即位不久，因王中正子之請，宋廷就給王平反，追復他遙郡防禦
使。政見傾向舊黨、當制的中書舍人鄒浩（1060～1111）還給王中正寫了一道
頗正面的制文，稱許王「早奮邊陲，晚罹廢黜，奄其淪謝，倏有歲年。用伸
孝子之情，追復遙防之舊。營魂不昧，服我休光。」〔註15〕范沖痛陳《舊錄・
王中正傳》所論王中正之不實，就是要推翻從哲宗到徽宗朝對王中正的正面
評價，這和他逐點反駁《舊錄・李憲傳》的不可信同出一轍。

　　在新舊黨輪流上臺而無情打擊對方的背景下，多次重修的神宗及哲宗實
錄，其所記載有關李憲的事功及評價乃如上所論的截然不同。幸而李燾撰寫
《長編》時，並沒有以黨派偏見，將《舊錄》所載的李憲功績刪去不記，也
沒有全盤接受范沖的觀點，才能讓後人自行考證新舊錄所記誰更可信。

　　李燾列出神宗新舊錄七處有關李憲事功不同的記載：〔註16〕

　　第一，熙寧五年八月，據《舊錄・李憲傳》，「木征退保山西，收叛亡，
稍立文法，眾謂可襲而取。憲曰：未可圖，須其勢分眾潰，可不戰而下。遣
間招其弟延正降，與王韶進取河州，斬九十級，加東染使。《新錄》辨曰：按
《王韶傳》，擊木征於觀凌城（鞏令城），木征敗走，弟結吳延正（征）舉族
二千餘人降，即非憲謀遣間，今刪去。」

　　第二，熙寧七年四月，《舊錄》記：「木征請降，或獻款曰：『疑我師也。』
憲即解金帶遣使授之，木征徑至麾下。捷聞，帝與詔褒美，加昭宣使、嘉州
防禦使。」《新錄》辨曰：「按木征降事，與《神宗實錄》（按：指元祐墨本）
不同，今刪去。」

　　第三，熙寧八年十二月，《舊錄》云：「冬，交州叛，以憲為安南招討，
副趙卨。宰相王安石曰：『中人監軍，此唐叔世故事，不可踵，罷之。』《新
錄》辨曰：「按《神宗實錄》，憲緣與趙卨紛爭而罷，非安石以中人監軍為言
而罷，今刪去，以《實錄》改修。」

　　第四，《舊錄》云：「元豐四年，諜言夏國有內變，詔五路出師問罪。憲
領熙河兼秦鳳，建大將旗鼓以節制諸軍，倣部隊奇正李靖六花陣，蕃漢各為
一法。前鋒遇敵，敗之，斬首三千級，獲首領一十一人，馬二千匹。復攻喀

〔註14〕《長編》，卷五百七，元符二年三月己巳條注，頁12090。
〔註15〕鄒浩：《道鄉集》，卷十五〈王中正追復遙郡防禦使制〉，葉六下。
〔註16〕《長編》，卷四百七十四，元祐七年六月戊寅條注，頁11314～11315。

木族，討平之。翌日北下蘭州，三日至擦珠川，攻楚隴堡、卜宗二城，拔之，斬千餘級，獲首領十三人，餘黨赴水死，降者三萬七千人。憲以蘭州古金城地，土壤衍沃，美水草，《漢書》所謂皋蘭下者最為河湟要害，奏請城之。版築方興，羌人隔河而寨，憲募死士絕河，夜斫其營，且輒引去。憲謂諸將曰：賊盛兵而來，不戰而去，必有謀也。彼見吾具舟筏，聲言渡河，欲入涼州，必引兵由會州渡盤泊，設伏於鐵毛山，將鏖我師。今第行，墮其策中，可以有功。行次汝遮山，獲生口，問之果然。檄王文郁總行營事。賊以輕兵迎戰，我乃先設伏於北上下，戰才接，我師偽遁，賊縱騎薄之，伏發，賊之先鋒殲焉，斬千餘級，轉戰累日，下一州兩城，斬獲萬計。士馬罷極，恐無以自還，遂奏班師。是時，四路出師皆不至所期，諸將無功，相繼罪去，而憲獨免。復上攻守之策，及進築五利。」《新錄》辨曰：「按五路出師一段，與《神宗實錄》所載不同。今刪去，以《實錄》改修。

　　第五，元豐六年正月，《舊錄》又云：「賊入蘭州，乘冰渡河，守將王文郁縱騎擊之，冰陷，賊溺死。餘兵忿攻破西關，殺官兵將吏，降宣慶使。」《新錄》辨曰：「按賊入蘭州一段，與《神宗實錄》所載不同，今刪去二十一字。」

　　第六，元豐六年七月，《舊錄》又云：「憲籍本路蕃兵五都，各為一將，以漢官都同統領，部曲麾幟，族分戶別，援桴鼓之，勇怯盡應。具數以聞，詔著為令。」《新錄》辨曰：「詔著為令，不見於《實錄》。今刪修。此事當考。」

　　第七，《舊錄》又云：「哲宗即位，會臺劾皇甫旦，獄具，憲坐奏事異同，罷內省職事，降永興路都總管。先是，神宗委憲招納董氈，斷夏人右臂，憲遣皇甫旦使氈，氈猶豫，且報不實，故連坐責，自請提舉西京嵩山崇福宮。言者不已，降宣州觀察使，提舉亳州明道宮。又除右千牛衛將軍，分司南京，居於陳。未幾，復觀察使，提舉明道宮，卒，年五十一。」《新錄》辨曰：「按皇甫旦事與《神宗實錄》所載不同，今以《實錄》刪修。」

　　考上述七事，第一事范沖力辨木征弟之降，不是李憲之功，第三事李憲之罷安南招討副使，是他與趙卨不和而神宗罷之，第二、四、五、七事，范沖都以其與元祐本《神宗實錄》所載不同，而將之刪去不錄，只有第六事待考。范沖的取態是凡表揚李憲用兵的地方就加以否定，連李憲在其部隊做李靖奇正六花陣的戰例都要刪去。范沖為了反駁李憲有名將風烈的說法，就說李憲所攻取的蘭州是不毛之地而勞民傷財，他又咬住李憲在靈州之役及永樂之役沒有應援，是逗遛敗事，不誅他已幸。范沖對李憲的偏見，於此可見一

斑。因他負責重修的紹興本《神宗實錄》及《哲宗實錄》，後來成為宋朝官方的定本，並影響了重修的《神宗國史》及《哲宗國史》的觀點，李憲負面的評價就無從扭轉，後出的《東都事略》及《宋史》都沿襲了范沖重修的神宗實錄的觀點，〔註17〕若非《長編》保存了大量《神宗舊錄·李憲傳》的史料，以及李憲本人的百卷奏議及神宗給他的詔書三百篇的珍貴史料，我們恐怕不能看到李憲可以稱得上名將風範的一面。

南宋的士大夫大部份都受范沖一派的影響，對王安石以下的熙豐諸臣都抱負面的看法，絕少有李燾良史之才與識見。許多評史論史的著作，都因襲了神宗新錄的觀點，把李憲看成如同童貫禍國害民的宦官。

寧宗（1168～1224，1194～1224 在位）朝官至顯謨閣直學士的劉光祖（1142～1222），在撰寫趙汝愚（1140～1196）墓誌銘時，也提到趙汝愚在孝宗（1127～1194，1162～1189 在位）朝反對內侍陳源任添差浙西副總管，就以「王中正、李憲所以啓童貫開邊禍，如陳源者，望今解去總管，以爲萬世子孫無窮之法。」〔註18〕同樣將李憲與童貫相提並論，認爲他總一路戎任，就開邊構禍。

南宋後期呂中（？～1264 後）所撰的《類編皇朝大事記講義》，多處批評了李憲。談到宋代內臣督戰時，呂中就引申到「至李憲、童貫，則預政矣。」然後又慨嘆「一星之火，至於燎原，一篣之水，至於滔天，可不謹哉？可不戒哉！」他在注中又特別說明李憲與童貫，是神宗、徽宗朝宦者，典兵權，預政柄。在討論神宗開邊耗費大量兵費時，也點了李憲取蘭州之事，間接批評了他。而在論述神宗開邊事上，更羅列了李憲從熙寧五年任河北緣邊安撫到元豐四年經制熙河的過程，並且嚴詞批評王安石因興利而導致開邊，而李憲開邊，就帶來徽宗朝的禍患。他說「興利之罪，大於變法，開邊之罪大於興利。變法者，所以爲興利之地，而興利者，又所以爲用兵之地。自李憲而

〔註17〕《宋史》的編者沿襲了南宋史官在神宗及哲宗新錄的意見，除了在李憲的本傳中批評他「罔上害民，終貽患中國」外，也在〈食貨志〉中批評李憲所設立的熙河蘭會經制財用司爲刻剝斂民，生事斂怨，說宋廷在元祐時將之罷去，而將李憲「正其罪」是合宜的。另又說李憲在元豐二年擅自権本路商貨爲非法。參見《宋史》，卷一百七十八〈食貨志下一·會計〉，頁 4358；卷一百八十六〈食貨志下八·商稅〉，頁 4543；卷四百六十七〈宦者傳二·李憲〉，頁 13640。

〔註18〕《全宋文》，第二百七十九冊，卷六三一八〈劉光祖六·宋丞相忠定趙公（汝愚）墓誌銘〉，頁 90。

後，童貫之徒出兵矣，自熙河用兵而後，章、皆從事於湟、鄯之地矣！西事
粗定，北事踵起，宣和起釁於燕雲，自安石取予之說啓之，此豈非遺禍於後
日哉？。」另外在討論徽宗黜陟大臣時，也評說「用童貫、梁師成，即命李
憲經制之意而甚之也；復湟州，復燕山，即開橫山、熙河之意而甚之也。」
總之，童貫後來所有的過錯，都與李憲有關。〔註19〕

　　朱熹也與呂中持相同的看法，反對給內臣太大的權力，在評論太宗反對
授平蜀亂有功的內臣王繼恩宣徽使的事上，他也舉出後來李憲的反面事例以
論：

> 宣徽亞執政，遂創宣政使處之。朝臣諸將中豈無可任者，須得用宦
> 者？彼既有功，則爵賞不得吝矣。然猶守得這些意思，恐起宦官權
> 重之患。及熙豐用兵，遂皆用宦者，李憲在西，權任如大將。馴至
> 後來，遂有童貫、譚稹之禍。（宦者其初只是走馬承受之類，浸漸用
> 事，遂至如此。個）〔註20〕

　　對於神宗開邊的決策，朱熹也與元祐諸臣一樣，認為神宗開邊得不償失，
而執行是項政策的人，從王安石、王韶到李憲等人，都受到他點名或不點名的
指責。他說王安石等人，輕動干戈，最終就是罔上害民，甚至禍至宋朝傾覆：

> 只管好用兵，用得又不善，費了無限錢穀，殺了無限人，殘民蠹物
> 之政，皆從此起。西蕃小小擾邊，只是打一陣退便了，卻去深入侵
> 他疆界，才奪得鄯州等空城，便奏捷。朝廷不審，便命官發兵去守，
> 依舊只是空城。城外皆是番人，及不能得歸朝廷，又發兵去迎歸，
> 多少費力！熙河之敗，喪兵十萬，神宗臨朝大慟，自得疾而終。後
> 來蔡京用事，又以為不可棄，用兵復不利，又事幽燕，此亦自神宗

〔註19〕呂中（撰），張其凡（1949～2016）、白曉霞（整理）：《類編皇朝大事記講義》
　　　　（與《類編皇朝中興大事記講義》合本）（上海：上海人民出版社，2014 年 1
　　　　月），卷二〈太祖皇帝・四七・平盜賊〉，頁 84～85；卷十五〈神宗皇帝・三
　　　　一・浚河〉，頁 285～287；卷十四〈神宗皇帝・十五・兵費〉，頁 271；卷十
　　　　五〈神宗皇帝・三三・開邊自此始〉，頁 287～289；卷二十一〈徽宗皇帝・二・
　　　　黜陟大臣〉，頁 362。呂中在論神宗浚河時，卻指出後來童貫與梁師成濁亂天
　　　　下，人們以為始於李憲用事有誤，他認為實起於王安石用程昉治河。
〔註20〕黎靖德（1227～1277）（編），王星賢（點校）：《朱子語類》（北京：中華書局，
　　　　1986 年 3 月），第八冊，卷一百二十八〈本朝二・法制〉，頁 3077。關於黎靖
　　　　德的生平事蹟，可參閱顧宏義：〈黎靖德事蹟考略〉，載龔延明（主編）：《宋
　　　　學研究》第一輯（杭州：浙江大學出版社，2017 年 4 月），頁 197～202。

啟之，遂至中朝傾復。反思鄭公之言，豈不爲天下至論！（義剛）。
〔註21〕

同樣，南宋中後期的林駉（？～1232）論古今源流，談到宋代宦官時，便引述鄧潤甫、周尹、范祖禹、司馬光、劉摯等評論李憲的話，而慨言：

熙河用事，非無人也，乃使李憲專之。大而將帥皆聽節制，次而官吏悉由廢置，募兵用師，敕於其口，威福柄令，出於其手，而祖宗不許預政典兵之法安在哉？〔註22〕

晚宋的劉克莊（1187～1269）在評論劉攽的〈詠史詩〉時，對於劉詩所云：「自古邊功緣底事，多因嬖倖欲封侯。不如直與黃金印，惜取沙場萬髑髏。」就解讀所謂「嬖倖」實指王韶與李憲等人。〔註23〕

文天祥文狀元（1236～1283）在寶祐四年（1256）五月所應之御試策，在論宋代的直臣時，就舉出「國朝君子氣節大振，有魚頭參政，有鶻擊臺諫，有鐵面御史，軍國之事，無一不得言於君子。是以司馬光猶得以殛守忠之姦，劉摯猶得以折李憲之橫，范祖禹猶得以罪宋用臣，張震猶得以擊龍太淵、曾覿。」其中李憲也榜上有名，被文天祥列爲姦臣之一。〔註24〕

不過，對於李憲爲神宗開邊西北，南宋人也不是全面否定，葉適在宋廷講求收復失土的環境下，對於神宗的作爲，就有一番辨說：

以神宗之勵志有爲，終於舉措衡決，變法則爲傷民，開邊則爲生事，圖靈武，遂以失利，亦悔用兵之無益者，不知改弱勢而爲強勢，而欲因弱勢以爲強勢也。〔註25〕

〔註21〕《朱子語類》，第八冊，卷一百二十七〈本朝一‧神宗朝〉，頁3046。
〔註22〕林駉：《古今源流至論續集》，文淵閣《四庫全書》本，卷八〈宦官下〉，葉十上下；丘濬（1421～1495）：《大學衍義補》，文淵閣《四庫全書》本，卷一百三十一〈萬世之法〉，葉十八上下。林駉又引述李舜舉批評王珪的話，慨言李舜舉也是內臣，也任邊事，卻能責王珪以內臣不當任將帥。他以李舜舉之賢反諷李憲不知進退。不過，明儒丘濬卻認爲李舜舉之言，「蓋有所激而云，未必其本心也，但所謂內臣止宜供禁庭灑掃之職，豈可當將帥之任，則天下之名言也。內臣而能爲此言，豈但賢於其類而已哉？」依丘濬的看法，李舜舉此言，有揚己抑人之嫌，他不幸很快死於永樂城之役，宋人憐之，就更稱許他對王珪所說的這番話。丘濬代表明代主流士大夫的看法，自然以內臣任將帥之事爲非。
〔註23〕劉克莊：《後村詩話》，文淵閣《四庫全書》本，卷二，葉五上。
〔註24〕文天祥：《文山先生全集》（北京：中國書店，1985年3月），卷三〈對策‧御試策一道‧有題〉，頁41～42，52。
〔註25〕葉適：《葉適集》，第三冊《水心別集》，卷十四〈外稿‧紀綱三〉，頁815。

　　葉適雖然沒有直接肯定李憲等於熙豐開邊的功勞，但指出神宗的作為是宋廷反弱為強的必須選擇。

　　事實上，南宋官方對於元祐時期反對棄地並力主進築之策的人如范育，便以加贈他寶文閣學士予以肯定。〔註26〕南宋文臣即使痛責李憲以內臣專兵為非，但他開疆拓地之功是不能全盤否定的。

　　與葉適同時、呂祖謙（1137～1181）師從的的福州人林之奇（1112～1176），在他的《拙齋文集》收有一篇跋文，題為〈跋高公題李憲遺事傳〉，給我們對李憲的事蹟一點線索：

> 甥林某於乾道壬辰八月十二日己酉，讀《高公遺事》所載，慨然太息而言曰：今有人寄物於鄰，明日取之，其償與否，特未可必也。何則？在他人者誠不可必，必其不可，必是豈可以常理期邪？而余之舅氏不然，力耕數耘，負謗厄窮，以待難知之天道，於數十年之後，無一毫怨，尤意今其子孫詵詵然彬彬然，殆將亨而奮矣。後之太史有考靖康之闕，遺於金匱石室之藏，欲求其實而不可得，殆有考於斯言。〔註27〕

　　林之奇這篇奇特的跋文讓我們知道，南宋初年有他的舅父高氏所撰的《李憲遺事傳》，是高氏（名字不可考）不惜負謗窮盡心力而寫成的書。然此書已佚，林之奇的集子又沒有其他相關的記載，我們就不清楚高氏所撰的《李憲遺事傳》內容如何。考林之奇曾奉命預修《神宗寶訓》，也許這份差事讓他對神宗的寵臣李憲的事蹟有較大的興趣。〔註28〕不過，從他的跋文也可以看到，南宋還有人訪尋李憲的事蹟，要尋求真相，還給他公道。當然，李燾在這方面做得最好。

　　南宋一直為金人及蒙古人交侵而失地辱國，宋臣對李憲以內臣而能拓地降敵，雖仍存偏見，但對其功績是難於否定的。是故終南宋之世，宋廷並沒有追回在哲宗時給予李憲的追贈與諡號。文臣對李憲仍耿耿的，不過是李憲以卑微的內臣而竟出任將帥，至於因痛斥童貫誤國而牽連李憲，就有欠公道了。

　　元明以降，不少文臣士大夫仍以李憲等以內臣領軍掌兵為非，宋末元初的尹起莘的《續資治通鑑綱目發明》論及李憲統領熙河秦鳳諸軍時，便痛言：

〔註26〕《宋史》，卷三百三〈范祥傳附范育傳〉，頁10051。
〔註27〕林之奇：《拙齋文集》，文淵閣《四庫全書》本，卷二十〈跋高公題李憲遺事傳〉，葉八上；《宋史》，卷四百三十三〈儒林傳三‧林之奇〉，頁12861。
〔註28〕林之奇：《拙齋文集》，卷十〈謝進書改官啟‧預修神宗寶訓〉，葉三上。

嗚呼！宦者之蠹至是深矣。宦者之權至是極矣。書以李憲節制熙河
秦鳳諸軍，是舉秦鳳熙河之大，皆節制於一閹宦之手，使之措置邊
事，使之節制諸將，合數鎮之兵權而歸之，他時徽宗用貫，卒覆天
下。是豈一朝一夕之故哉？大書於冊爲後鑒也。〔註29〕

尹起莘對李憲靈州之役的表現也痛責不止，以神宗不罪李憲不至靈州爲
非。他更咬著李憲不至靈州之過不放，他對內臣的偏見溢於紙上：

荀況曰：公生明，偏生闇。王者之論，無德不貴，無能不官，無功
不賞，無罪不罰，朝無幸臣，民無幸生。遵裕等失律無功，法固當
黜；然李憲既爲首將，眾至靈州，違命不往，推原其心，厥罪已甚，
而反置之不問。不惟不問，而又加之以官，則是神宗知有李憲而不
知有國法也。憲乃無知刑人，而使之經略，使之安撫，使之制置，
涇原之事在其掌握，是豈建官惟賢之義哉？據事詳書，其失自見。
〔註30〕

另外，明人何喬新（1427～1502）在論太宗以王繼恩領兵平蜀亂時，也
借題發揮，以抒他對本朝內臣橫行之不滿：

堂堂大宋，顧使赳赳武夫聽命於刑臣；嘽嘽王旅，屈膝於閹豎，猶
爲國有人乎？其後李憲帥師以伐夏，童貫專兵以伐遼，啟之者太宗
也，豈非萬世之永戒乎？〔註31〕

又如陳全之（1512～1580），也在其《蓬窗日錄》中，也在論太宗命王繼
恩平蜀之事上，引用朱熹之論，稱神宗用李憲掌兵，在西權任如大將，於是
後來就有童貫、譚稹之禍。〔註32〕

明末毛一公（？～1620後）撰寫《歷代內侍考》，對李憲的事蹟並未認眞
考究，只全抄《宋史·宦者傳》，而將李憲與王中正等四人視爲四凶而相提並
論，他說：

論曰：夫開邊釁作威福，人臣之大戒，而王法所必繩者也。神宗銳

〔註29〕 參見愛新覺羅·弘曆（清高宗）（1711～1799）：《御批續資治通鑑綱目》，文
　　　　淵閣《四庫全書》本，卷七，葉三十九下。按尹起莘之《續資治通鑑綱目發
　　　　明》收入是書各卷。
〔註30〕 《御批續資治通鑑綱目》，卷七，葉五十七上。
〔註31〕 何喬新：《椒邱文集》，文淵閣《四庫全書》本，卷四〈李順陷成都以宦者
　　　　王繼恩爲兩川招安使帥師討之〉，葉二十四下至二十五下。
〔註32〕 陳全之：《蓬窗日錄》，明嘉靖四十四年（1565）刻本，卷四，頁494～495。

志啓靈疆，遂以將權委之閹宦，而李憲、王中正攘臂師中，藉口受詔，恣意驛騷。靈州之會，並以觀望失期，罪在罔赦矣。用臣、得一，咸福自擅，論者目爲四凶，而卒免於竄殛，此宋所以終於不競也。〔註33〕

　　清初大儒王夫之（1619～1692）在其《宋論》中，雖沒有責李憲以內臣領軍，卻貶低李憲的能力，說宋廷「所恃以挑敵者，王韶已耳，徐禧已耳，高遵裕已耳，又其下者，宦者李憲已耳。以兵爲戲，而以財爲彈鵲之珠。」其偏見在於不知李憲的戰功，實在勝王韶等人多矣，也不審李憲有復蘭州之功。〔註34〕

　　不過，纂修歷史地理典籍的人，特別是編修地方志的人，尤其蘭州及其屬縣的地方志，對於李憲復蘭州之功，則有正面的評論。宋末元初人所修的《大元混一方輿勝覽》，記述蘭州的地理時，不但提到李憲收復蘭州的事實，更將他及其部將种誼列爲宋代兩名蘭州名宦。〔註35〕清初顧祖禹（1631～1692）所撰的史地學經典《讀史方輿紀要》提到李憲收復蘭州，雖沒有大書特書其功，但也就宋人論蘭州不可棄及綜論蘭州自古以來爲西北要地，間接肯定了李憲之功。〔註36〕清中葉《乾隆皋蘭縣志》的編者便認爲「蘭州自唐肅宗廣德元年陷於吐蕃垂二百年，始得李憲收復，有功於蘭非小，舊志以中人而不列名宦，其嚴乎？」就爲李憲抱不平。〔註37〕

　　知人論世，李憲的評價，就像後人對王安石評價一樣，既隨時代時勢的改變而變易，也在乎後人有否認眞細緻檢視其生平事蹟，撤除對內臣的偏見，而作出公允客觀的評價。

〔註33〕 毛一公（撰）：《歷代內侍考》，載《續修四庫全書》（上海：上海古籍出版社據浙江圖書館藏清抄本影印，2002 年），第 517 冊，《史部‧傳記類》，卷十一，頁 119。

〔註34〕 王夫之（撰），舒士彥（點校）：《宋論》（北京：中華書局，1964 年），卷六〈神宗〉，頁 120。

〔註35〕 劉應李（？～1307 後）原編，詹有諒（？～1312 後）改編，郭聲波（整理）：《大元混一方輿勝覽》（成都：四川大學出版社，2003 年 8 月），上冊，卷上〈陝西等處行中書省‧蘭州〉，頁 202～204。

〔註36〕 參見本書結論。

〔註37〕 吳鼎新（？～1778 後）修，黃建中纂：《乾隆皋蘭縣志》，清乾隆四十三年（1778）刻本，卷十一〈邊績〉，葉十五下至十六下。按該方志先引王道成轉述《宋史》對李憲的評語，說「憲以中人爲將，雖能拓地降敵，而罔上害民，貽患中國」。然後就加上按語，稱許李憲復蘭州之功。

結　論

　　神宗推行新政，重用王安石等變法，以求富國強兵，進而開疆辟土，最終平夏克遼，成就不世帝業。這是我們研究神宗熙豐之政顯而易見的事實。從效果而言，趙滌賢早年的一篇論文，充份肯定變法派軍事改革的成功，雖然元豐五路伐夏及進築永樂城兩役宋軍慘敗，但他認爲宋軍的戰鬥力卻大大加強，只爲神宗用人不當才致敗。黃純艷近年則認爲就神宗恢復漢唐舊疆的目標而言，熙豐開邊以全面失敗告終，只有熙河一役得到勝利，黃氏認同王曾瑜的意見，熙河的勝利並未達到斷西夏右臂的效果。〔註1〕

　　以上學者所論，均著眼於神宗變法的成敗；然神宗的施政以及其帝王術，就較少爲人注意。李裕民教授精闢地的指出王安石變法的消極影響之一，就是他鼓吹神宗搞獨裁的做法，結果造成神宗處事越來越獨斷，不斷越過政府，以不經過監督的御筆手詔隨便發號施令。李氏據《長編》的統計，神宗以手詔及上批下達的命令共 1260 件，平均每年 84 件，是前五帝 80 多倍。事無巨細，神宗甚麼都管。在對外戰爭中事事獨斷，處處干預，結果連遭慘敗。李氏也指因神宗的獨裁統治，出現大量由神宗主導的詔獄包括著名的烏臺詩獄。而皇帝獨裁的強化，也爲宦官及大臣假借皇帝名義弄權創造可

〔註1〕趙滌賢：〈試論北宋變法派軍事改革的成功〉，《歷史研究》，1997 年第 6 期，頁 142～160；黃純艷：〈宋神宗開邊的戰爭責任與政治解說——兼談古代東亞國際關係研究中的歷史邏輯與現代話語〉，《廈門大學學報》（哲學社會科學版），2016 年第 6 期（總第 238 期），頁 41～49。按黃純艷在 2016 年初另發表一篇文章，討論神宗開邊的政治話語：恢復漢唐舊疆。該文從這個視角論神宗開邊的背景，其中第二節也認同曾瑞龍所論，宋廷要到熙寧十年，當李憲取得六逋宗之役的勝利，才大致穩定在熙河地區的統治。參見黃純艷：〈「漢唐舊疆」話語下的宋神宗開邊〉，《歷史研究》，2016 年第 1 期，頁 24～39。

乘之機。〔註2〕陳朝陽 2012 年的博士論文《北宋熙豐時期的兩府研究》，便進一步指出神宗的獨裁，體現於他任用的宰執，務須執行他的圖強開邊的政治抱負，另一方面他不讓某一派勢力獨大，並且利用臺諫爲耳目加以箝制。〔註3〕事實上，南宋名臣樓鑰（1137～1213）早便指出「神宗作興，凡事多由聖裁，雖邊徼細故，亦煩親灑。」而他特別提到神宗「經略西事，纖悉周密，萬里風煙，俱入長算」。沈括任鄜延帥才十六月，便承密詔至二百七十三道。〔註4〕誠如李裕民教授以上之論，神宗事無大小都管的作風，自然是神宗朝內臣權力膨脹的背景，也是李憲等內臣得以任事的機遇。筆者以爲神宗的帝王手段，其實是宋代帝王一貫沿用的祖宗心法，即眞宗所云：「且要異論相攪，即各不敢爲非」。〔註5〕神宗重用王安石之餘，一方面對其政敵司馬光等眷寵不替，以收牽制平衡之效，另一方面，他又任用一大批外戚及內臣親信，作爲他在朝中及軍中的耳目。例如外戚樞密都承旨、東上閣門使李評，便是王安石在熙寧中非要逐出宋廷不可的心中刺。〔註6〕

在神宗所寵信的內臣中，最爲他信任和賞識的就是李憲。從神宗所給李憲的大量手詔中，我們看到神宗對李憲的親信程度，遠過於其他內臣以至多數朝臣。神宗晚年給李憲的最後一道手詔，向李憲道出神宗畢生的心願，從字裡行間，看出神宗與李憲的關係，既爲主僕，又似知己，而非尋常的君臣。《長編》所引用神宗在熙豐年間至少給李憲的手詔及御批共有三十二道，普通的詔書就更多。據李裕民教授的考證，只有沈括獲得比李憲更多的手詔，然考李燾引《神宗舊錄》所記，神宗給李憲的詔書多達三百篇，似乎總數又比沈括多。〔註7〕

〔註2〕 李裕民：〈從王安石變法的實施途徑看變法的消極影響〉；〈烏臺詩案新探〉，載李裕民：《宋史考論》（北京：科學出版社，2009 年 1 月），頁 18～34。

〔註3〕 陳朝陽：《北宋熙豐時期的兩府研究》，首都師範大學中國古代史博士論文，2012 年 4 月，第二章〈神宗與兩府〉，頁 16～42；第三章〈股肱與耳目〉，頁 43～71。

〔註4〕 樓鑰：《攻媿集》，卷二十二〈奏議・雷雪應詔條具封事・任國子司業日上〉，頁 328；卷六十九〈題跋・恭題神宗賜沈括御札〉，頁 927～928。

〔註5〕 《長編》，卷二百十三，熙寧三年七月壬辰條，頁 5168～5169。

〔註6〕 神宗最寵信的外戚是李評，他的家世與事蹟可參閱何冠環：〈北宋中後期外戚子弟李端懿、李端愿、李端愨、李評事蹟考述〉，載何冠環著：《北宋武將研究續編》，中冊，頁 253～376；有關李評在神宗朝的事蹟，見頁 299～339。

〔註7〕 李裕民：〈從王安石變法的實施途徑看變法的消極影響〉，頁 21。據李氏所考，沈括在元豐四至五年一年半中獲神宗的手詔共 273 條之多。

《宋大詔令集》、《長編》及《宋會要輯稿》保存了大量神宗賜予李憲的詔書，特別是手詔及御批，以及李憲向神宗的奏報。〔註 8〕有時候神宗一日數詔給李憲。神宗對李憲的請求差不多是有求必應，李憲要開發蘭州及熙河，需要大量物資人力，神宗都能滿足他的請求。李憲在熙河所定的規模制度，基本上為神宗所接納，而李憲麾下的熙河兵團之文臣武將，都很穩定地任職，神宗甚少更動其職位。李憲在西北事務上可說得君之專。蔡京之子蔡絛說宋朝宦者之盛，莫盛於宣和間，其源於嘉祐及元豐間，他並點出「而元豐時有李憲者，則已節制陝右諸將，議臣如鄧中司潤甫力止其漸，不可，憲遂用事矣。」〔註 9〕

　　本來神宗委以兵權的內臣本來還有王中正、李舜舉等人；但二人在元豐四年到五年伐夏之役一兵敗一身死，只有李憲前助王韶取熙州，後破青唐，最後從西夏手上奪取蘭州，正如江天健所說，李憲還招降了不少部族，而且李通過築城蘭州沿線堡寨，鞏固降羌之心。結果歸順者達數萬帳，絡繹不絕。〔註 10〕李憲不但能攻城取地，還能久守之，他是熙豐時期內臣統兵惟一成功者。神宗對他的信任，可說是用人不疑，初時礙於朝中大臣及言官的反對，還不敢委以大任。到熙寧後期，神宗就不理朝臣反對，授予李憲經制西北特別是熙河路的全權。神宗晚年病中，仍不斷力疾手詔李憲，商討攻伐西夏的進一步行動，而李憲在蘭州之役後連番打敗西夏，也給神宗很大的安慰和加強他繼續進取的決心。當然，誠如宋代史臣評論神宗所說，神宗於「李憲、張誠一輩，雖甚親用，然未嘗一日弛其御策，無不畏

〔註 8〕　考《宋大詔令集》在卷二百十三〈政事六十六・備禦上〉及卷二百十四〈政事六十七・備禦下〉，共收有神宗賜李憲詔十三篇。而《長編》除了有多篇以李憲名義的上奏外，還有大量以李憲前後所轄的熙河經制司、涇原制置使司、熙河蘭會安撫制置使司等機構的名義所上的奏報。

〔註 9〕　蔡絛：《鐵圍山叢談》，卷六，頁 109。蔡絛又提到徽宗在崇寧時效元豐任李憲的故事，命童貫監王厚軍下青唐，後來童貫於是盡取陝右兵權。但蔡絛沒有說，其父與李憲有舊，而也是蔡京令童貫有機會執掌兵權。考陳峰教授也引用蔡絛這一條記載，注意到李憲在神宗朝從擔任監軍到成為陝西兩路主帥的事實。陳氏在其專文提出北宋後期文臣與宦官共同統軍體制的流弊；不過，他並沒有批評李憲統軍產生甚麼流弊。參見陳峰：〈論北宋後期文臣與宦官共同統軍體制的流弊〉，載朱瑞熙、王曾瑜、蔡東洲（主編）：《宋史研究論文集》，第十一輯（成都：巴蜀書社，2006 年 8 月），頁 95～98。

〔註 10〕　江天健：〈北宋對於西北沿邊蕃部的政策〉，原刊《國立新竹師範學院學報》，第六期，1993 年 5 月，現收入宋史座談會（編）：《宋史研究集》，第二十六輯（臺北：國立編譯館，1997 年 2 月），頁 85。

上之威明，而莫敢肆。」〔註11〕神宗與李憲，始終是主僕的關係，李憲一直知道沒有主子的寵信及支持，他就是有何等的才幹也成不了事。

將從中御的做法始於太宗，而太宗軍事上的失利，後人都認為正是將從中御所致。〔註12〕事實上，從宋人到後人一直批評懷疑神宗將從中御的成效；不過，從李憲的事例，卻看到神宗將中從御的做法，也不是全無效果。神宗舊錄的編者稱許李「憲以中人侍帷幄，備聞謨訓，俾臨制閫外，遂能恢斥疆土，降其渠率。置陣行師，有名將風烈。至於決勝料敵，雖由中覆，皆中機會」，就點出李憲的本事在於「決勝料敵，雖由中覆，皆中機會」，那就是說李憲一方面行軍的決策由神宗決定，然另一方面他又能夠隨機應變地執行主子之決策而「皆中機會」，於是他成為不敗將軍而能成功開疆降敵。神宗在各場對外征戰中，均以內臣充任監軍。李憲起初也出任監軍，成為主帥後，神宗卻沒有委任其他內臣充監軍來制肘他。這是李憲與其他神宗朝將帥的不同處。李憲憑恃神宗的無比信任，以及他對主子脾氣性格的深刻了解，而能巧妙地回應主子的要求，既滿足主子將從中御的虛榮心，又能實實在在的在沙場與麾下文武部屬建功立業。神宗將從中御的做法，惟有李憲的巧妙配合方能有成。可惜的是，神宗與李憲這樣的配搭太少，而文臣言官也容不下這樣的配搭。

李憲不能成就更大的功業，也與神宗始終不敢過度違逆朝臣的反對意見，把李憲放在更高更重要的位置上有關。神宗可不像其子徽宗那樣，以童貫為樞密使，將軍政大權交給他，讓他統率大軍開拓西邊二十年。也許我們只能這樣解釋：神宗的君主權威與帝王術不如其子，而神宗朝的文臣多敢正色立朝，力抗內臣，不似徽宗朝的文臣多奉承諂媚得勢的內臣。當然，神宗任用內臣統兵，特別以李憲擔任方面，總攬熙河蘭會一路的軍政大權，就給徽宗後來任用童貫統兵的先例。後來宋人痛批童貫破壞制度，獨攬軍權，也就自然算到李憲的賬上。

李憲的的戰功及事功，特別他在神宗一朝收復及開發治理熙河蘭會的貢獻，卻因文臣對內臣的偏見而被淡化，沒有在其傳記中著墨。是故當代學者

〔註11〕《長編》，卷三百五十三，元豐八年三月戊戌條，頁8457。
〔註12〕關於太宗將從中御政策施行的流弊，最近期的究可參考田志光：《宋代政治制度史研究》（北京：人民出版社，2017年6月），〈上編・政治與軍事〉，〈宋太宗「將從中御」政策施行考——以宋遼、宋夏間著名戰役為例的分析〉，頁34～47。

研究北宋熙豐時期對隴中地區的經濟開發，以及對原屬吐蕃居地的土地開發，並沒有注意李憲的作用與貢獻。〔註13〕有學者論及北宋與西夏關係史中的宦官群體時，只輕輕提到王韶開熙河，神宗元豐五路伐夏，李憲曾預其事，而沒有注意他的戰功。對李憲的總體評價則只說褒貶不一，卻欠具體的說明。〔註14〕誠如前節提到，研究李憲及此段歷史的人，似乎沒有注意《長編》在記李憲逝世一條的小注裡，引用了《神宗舊錄》及《哲宗舊錄》對他所作相當正面的評價，而與《神宗新錄》和《哲宗新錄》所作的迥然不同。眾所周知，南宋時由舊黨後人主持重修的《神宗新錄》及《哲宗新錄》，對新黨人物罕有好評。李憲執行神宗開邊之策，被視為新黨，自然難有好評。元祐大臣劉摯且將李憲稱為神宗內臣四凶之一。從《神宗新錄》、《哲宗新錄》到沿襲其說的《東都事略》與《宋史》，李憲在史臣筆下，被斥為罔上害民之人。他被斥為迎合神宗，就不惜民力，鼓吹用兵西邊。他多次建議神宗再舉兵伐夏，也被斥為不顧百姓死活，幸而神宗最終沒有依其議。從南宋以降，史臣或儒臣對新黨人物包括李憲等，都帶著強烈的偏見，認為他們誤國誤民，身為內臣而竟預軍政的李憲更是罪加一等。宋人當然不敢公開批評神宗不惜代價以收復失地，甚至開拓疆土的行為屬不智，更不敢議論神宗所為實屬窮兵黷武和好大喜功（好像朱熹在《朱子語類》中私下對門人評論神宗之個性與政策之失是少有之例子）。他們只說元豐四年五路伐夏和元豐五年永樂城之役宋軍是勞而無功。然而不少學者認為這兩役總的來說，宋朝其實也大有收獲，那就是在橫山地區修築了大量城寨，成為後來進擊西夏的基石。而收復蘭州，更使宋朝在戰略上處於更有利的地位。〔註15〕考諸史實，李憲忠實且成功執

〔註13〕參見雍際春：〈論北宋對隴中地區的經濟開發〉，《中國歷史地理論叢》，第三期（1991），頁97～118；柳依：〈宋代對吐蕃居地的土地開發〉，《甘肅社會科學》，1991年第4期，頁85～90。按柳文很詳細地指出從熙豐時期透過根括閒田，開墾荒地等十種方式取得屯田土地，而生產勞動力又透過招募弓箭手，選知農廂軍等八種形式取得。

〔註14〕羅煜：〈北宋與西夏關係史中的宦官群體淺析〉，《湖南第一師範學報》，第7卷第3期（2007年9月），頁99，101。

〔註15〕周偉洲教授甚至認為神宗五路攻夏及永樂城失陷兩役，從表面上看宋朝處於失敗的地位，而損失巨大，然從總的方面來看，宋朝已在這時在陝北修築了許多城砦，已逐漸進據橫山之半，而這一形勢正不斷擴大。到元祐時期，宋廷仍然採築城砦的策略，步步向西夏進迫。到哲宗親政時，更取強硬政策，停止劃分地界，加緊修築城砦，淺攻近逼。到哲宗末年，宋軍已佔上風。江小濤也認為宋軍一度取得銀石諸州，使陷沒百年之地一度復歸版圖，橫山之

行神宗這一進築政策，特別是取得蘭州這一戰略要塞。從其戰功、武略及帥才而言，他在整個宋代的內臣中，無疑是最傑出的內臣名將和百勝將軍，連宋人都承認他以中人爲將，能拓地降敵。對他有惡感的文臣，一直指責他在元豐四年五路攻夏之役，沒有依照宋廷的指示會師靈州，認爲他失律當誅。然客觀公道而說，他趁著西夏著意防守靈州，西邊防守空虛時，就乘隙以偏師攻取並不屬於西夏而形勢險要的蘭州沃土，並設險防守。這就像太宗雍熙三年（980）伐遼之役，潘美（925～991）與楊業的西路軍，田重進（929～997）的中路軍，正是趁曹彬（931～999）的東路主力軍牽制遼軍主力，而能得以奪取山後諸州的輝煌戰果。李憲與楊業等不同之處，在於他能固守好不容易取得的蘭州，而在他的卓越指揮下，不但多次擊退夏軍大舉進攻，爲神宗永樂城之敗掙回面子，還能數次派精騎渡過黃河突擊夏軍。李憲取蘭州的果斷與明智，這是後來反對他的文臣也得承認的事實。徽宗政和時人歐陽忞（？～1118 後）修地理志時也承認，蘭州自唐肅宗（711～762，756～762 在位）廣德元年（763）陷於吐蕃，「皇朝元豐四年收復」，是很大的成就。後來宋末元初王應麟的《玉海・地理志》及元末所修的《宋史・地理志》也將李憲復蘭州視爲神宗朝開疆的一大成就。〔註 16〕至於蘭州在西北國防的重要性，清初顧祖禹所撰的史地學巨著《讀史方輿紀要》便清楚指出：

> 州控河爲險，隔閡羌、戎。自漢以來河西雄郡，金城爲最。豈非以介戎、夏之間，居喉喉之地，河西、隴右安危之機，常以金城爲消息哉？晉元康而降，河隴多事，金城左右，求一日之安不可得也。隋唐盛時，馳逐河湟，未嘗不以蘭州爲關要。及廣德以後，蘭州沒於吐蕃，而西涼不復爲王土。大中間蘭州亦嘗順命，而僅同羈屬矣。宋元豐四年李憲敗夏人，始復城蘭州。元祐初夏人救復得之，朝議欲割以畀敵，孫路言：「自通遠至熙州才通一徑，熙之北已接夏境。今自北關瀕大河城蘭州，然後可以扞敵，若捐以與敵，則一道危矣。」

利，宋有其半，這對西夏是很大的損失。而收復的蘭州與會州，爲熙河秦鳳北面的屏障，使宋朝在戰略上處於更有利的地位。參見周偉洲：〈五代至宋陝北的党項及宋夏在陝北的爭奪戰〉，載李范文（主編）：《首屆西夏學國際學術會議論文集》（銀州：寧夏人民出版社，1998 年 11 月），頁 81～83；江小濤：〈元豐政局述論〉，頁 156。

〔註16〕歐陽忞（？～1118 後），李勇先、王小紅（校注）：《輿地廣記》（成都：四川大學出版社，2003 年 8 月），上冊，卷十六〈陝西秦鳳路下・下蘭州〉，頁 451～452。關於《玉海》及《宋史》對復蘭州的記述，參見注 36。

> 穆衍言：「蘭州棄則熙州危，熙州危則關中震動。唐失河湟，西邊一
> 有不順，則警及京都。今若委蘭州，悔將無及。」遂不果棄，明時
> 自州以北常爲寇衝，往往設重兵駐此，保障西垂，州誠自古扞圍之
> 地矣。〔註17〕

　　是故神宗在靈州之役後，不接受孫固力主重責李憲之請，而以李憲實有
功，倒不全因李是他寵臣之故。至於宋廷文臣批評李憲爲保存本部實力，自
私地不救永樂城，也是苛責李憲。檢諸史實，永樂城之敗來得突然，連神宗
也想不到徐禧會做出如此愚蠢的行爲，李憲要遠道來援也來不及。將此作爲
李憲之罪，就有欲加之罪之嫌。文臣士大夫愛發議論，好紙上談兵，卻常昧
於事實，他們的評論不見得客觀公允。

　　因爲宋代文臣對內臣的偏見，李憲那幾篇出色的軍事奏議，包括李憲在元
豐五年所上的涇原進築方略，以及他在元豐六年所上如何在熙河路使用蕃兵的
建議，並沒有爲宋代及後代所編的各種名臣奏議所收錄。今日有賴《長編》和
《宋會要輯稿》的保存，我們乃得窺他過人的軍事謀略。李憲善於用兵，其特
點是不打無把握之仗，糧運後勤不配合時，他從不冒險輕率出兵。他善守而能
攻，他常將部隊編爲前後左中右五軍互相配合照應機動作戰，他更認識蕃將蕃
兵的重要作用。對於青唐諸部，採拉攏政策，避免他們投向西夏，而使宋軍腹
背受敵。他敢以位於前敵的蘭州一度作爲帥府，正是考慮北上進攻西夏，蘭州
比熙州有更便利的交通條件，〔註18〕故他竭盡心力將人力物力嚴重缺乏，百廢
待舉之新土蘭州，經營爲宋軍未來前進的基地，並作爲捍衛熙河路的門戶。他
對屬下能知人善用，好像與他不和的种諤也能重用，對立功的將士除極力向宋
廷爭取厚賞外，在他們犯過時又加以保護，故甚得軍心。

　　值得一提的是，在紹興九年（1139）協同名將劉錡（1098～1162）守順昌
府（今安徽阜陽市），大破來犯的金兵的知順昌府陳規（1072～1141），他所撰
的《守城錄》卷一〈靖康朝野僉言〉，評論靖康元年（1126）宋軍幾番援救太

〔註17〕　顧祖禹（撰），賀次君、施和金（點校）：《讀史方輿紀要》（北京：中華書局，
　　　　　2005 年 3 月），第六冊〈陝西、四川〉，卷六十〈陝西九・蘭州〉，頁 2871。
〔註18〕　按宋廷後來多番考慮，特別是若將蘭州最終建爲熙河路的帥府，就要花更多
　　　　　的人力物力去擴建蘭州城，在元豐七年九月，因王安禮等人的極力反對，神
　　　　　宗最後放棄以蘭州爲本路帥府的打算，仍將帥府移回熙州。李憲也就沒有堅
　　　　　持。關於宋廷以蘭州爲熙河帥府的始末，可參李新貴：〈北宋神宗朝西北邊疆
　　　　　拓邊方向變化研究〉，《軍事歷史研究》，2013 年第 3 期，頁 113～115。

原失利的原因，在於主帥不曉得大軍的配置與調用，他說：

> 河東宣撫使統兵十七萬以援太原，又招河東義勇兵五萬，共二十二
> 萬，皆敗績，致太原陷於敵。非兵不多，蓋用兵失也！其所以失者，
> 兵二十二萬直行而前，先鋒遇敵者有幾？一不勝而卻，與其後大兵
> 皆卻，宜乎不能援也！有識者觀之，不待已敗，而後知其不能援。
> 殊不知攻城者，分攻城兵、備戰兵、運糧兵、扼援兵，若兵不多，
> 則攻必不久而速退，又不待其援也。假使當時往援者將良得計，雖
> 無兵二十二萬，只十萬亦可以必援；又無十萬，只五萬亦可以優為
> 之援也；又不五萬，至其下亦有可援之理。且以五萬為率，若止分
> 為五十將，留十將護衛大軍，兼備策應，內分三兩將詣扼援兵前，
> 廣將兵勢，牽制扼援之兵。以二十將分地深入敵境，綿亘可布三五
> 十里，不知虜人用兵多少，便能盡害。以二十將周圍行偏僻小路，
> 尋求鄉導，多遣遠探，向前設伏，伺望敵人打糧兵，多則退藏，少
> 即擒之，但只絕其糧道，不必深入，直抵城下，其賊自退。又且兵
> 既分遣，則人力並用。假令數將失利，其大兵必不至於一齊敗衄，
> 潰散為盜。京城之難，其源在於援太原之失利也！〔註19〕

我們比較李憲一生用兵之道，與陳規所論的多有相合。李憲所統之兵從
來在五萬上下，不超過十萬。他用兵謹慎而攻守有方，配置兵力也很得當，
麾下從未有因軍紀不嚴而潰敗，故一生未嘗一敗。我們暫時不知陳規所學的
兵略，與李憲有何淵源。但從南宋人實事求是的議論，我們可以判斷李憲用
兵實在高明。

〔註19〕 陳規、湯璹（？～1193後）（撰），林正才（注釋）：《守城錄注釋》（北京：解
　　　　 放軍出版社，1990年11月），〈前言〉，頁1～5；卷一〈靖康朝野僉言〉，頁8
　　　　 ～12；陳規（撰），儲玲玲（整理）：《守城錄》，收入戴建國（主編）：《全宋
　　　　 筆記》第九輯第一冊（鄭州：大象出版社，2018年3月），〈靖康朝野僉言後
　　　　 序〉，頁242～244。考林正才的《守城錄注釋》用1933年商務印書館據墨海
　　　　 金壺叢書版本排印本作底本，而儲玲玲整理本用《永樂大典》本為底本，以
　　　　 文淵閣《四庫全書》本為校本。兩本所引陳規之文略有出入，本條引文主要
　　　　 參考儲玲玲本，而參考林正才的注釋。又宋末元初人羅璧（？～1280後）所
　　　　 撰的《識遺》也引述陳規這番精闢的議論，而且慨言後來張浚（1086～1154）
　　　　 在建炎四年（1130），合六路兵慘敗於富平，正是因環慶一路兵潰而致諸軍盡
　　　　 潰，也正是張浚用兵無方所致。參見羅璧：《識遺》，收入戴建國（主編）：《全
　　　　 宋筆記》第八輯第六冊（鄭州：大象出版社，2017年7月），卷四，「分數明」
　　　　 條，頁77。

　　李憲知兵，那是宋人所承認的。據《宋史》所記，當蔡京奉徽宗之命要用童
貫爲制置使時，蔡卞言不宜用宦者。尙書右丞張康國（1056～1109）迎合君相，
就引李憲的先例，但蔡卞卻說，用李憲已非美事，而李憲「猶稍習兵，貫略無所
長，異時必誤邊計」。就是對李憲有意見的蔡卞，也承認他長於兵略。〔註20〕

　　李憲的過人韜略從何學得？他的《宋史》本傳甚爲簡略，而其墓誌銘尙
未發現，另其他史料也沒有相關的記載，故我們無從得知他研習過甚麼兵書。
北宋內臣研習兵書，至少有李憲的前輩及同鄉、仁宗朝官至內侍右班都知的
楊守珍（？～1030後）。史稱楊「爲入內黃門，習書史，學兵家方略，善射，
家僮過堂下，一發貫髻」著名。〔註21〕這大概是宋宮一些知書又習武的內臣
的風習。李憲大概繼承了這一傳統。至於他所習的兵書，按他曾奉詔檢視及
操演過禁軍所演練的李靖陣法，他後來上奏神宗論蕃兵，也引用過李靖「蕃
落自爲一法」的典故。考仁宗朝編纂及在元豐三年四月乙未（初二）詔校定
並鏤板正式頒行的兵學巨典《武經七書》（即《孫子》、《吳子》、《六韜》、《三
略》、《尉繚子》及《李靖問對》）與《武經總要》，而據《神宗實錄》舊錄所
載，他在元豐四年出師討西夏奪蘭州一役，更「倣部隊奇正李靖六花陣，蕃
漢各爲一法」。〔註22〕李憲甚有可能在宮中閱讀這些兵書並自學兵法，特別是

〔註20〕 《宋史》，卷四百七十二〈姦臣傳二・蔡卞〉，頁13730。
〔註21〕 《宋史》，卷四百六十七〈宦者傳二・楊守珍〉，頁 13631～13632；《宋會要輯
　　　 稿》，第七冊，〈職官四十八・巡檢〉，頁4390；第九冊，〈選舉十七・武舉一〉，
　　　 頁5587；《長編》，卷七十五，大中祥符四年三月戊子條，頁1717；卷八十五，
　　　 大中祥符八年九月己未條，頁1950；卷八十七，大中祥符九年五月戊申條，頁
　　　 1989；七月甲子條，頁 2001；卷八十八，大中祥符九年九月丁巳條，頁 2017
　　　 ～2018；卷八十九，天禧元年二月辛巳條，頁2041～2042；卷一百九，天聖八
　　　 年六月癸未朔條，頁2540。楊守珍從眞宗朝開始，便屢任西北，先後任環慶路
　　　 走馬承受、鎭定高陽關行營同押先鋒，後徙眞定府、保州及趙州等地駐泊都監。
　　　 他在大中祥符四年（1011）三月及大中祥符八年（1015）九月，以入內供奉官
　　　 奉使往京東及陝西督捕賊，而主張用極重之刑。他在大中祥符九年（1016）七
　　　 月以入內供奉官爲宜、融等州權同巡檢兼安撫都監管勾溪洞公事，從東染院使
　　　 知辰州（今湖南懷化市沅陵縣）曹克明降撫水蠻，天禧初年又擒盜於青灰山，
　　　 歷任永興軍、眞定路及邠寧路兵馬鈐轄，擢內侍押班提點內箭軍器庫，最後進
　　　 內園使、右班都知領端州刺史。他是典型的武宦，武藝精通，天聖八年（1029）
　　　 六月癸未（初一），仁宗還命他試武舉人弓馬於軍器庫。而他素習兵書，也是
　　　 他累立戰功的憑藉。（按：《宋會要・選舉十七》將此事繫於天聖八年六月丙戌
　　　 （初四），另將楊守珍寫作「楊珍」，他是時的職位正是內園使內侍右班都知。
〔註22〕 早在熙寧七年三月乙丑（廿八），知制誥王益柔（1015～1086）上言，稱試將
　　　 作監主簿麻皓年曾注《孫子》及《吳子》兩書及《唐李靖對問》，說麻頗得古

離宋代不遠而引用甚多戰例的《李靖問對》（現稱《李衛公問對》）。按曾任李憲幕僚的郭逢原是李靖兵法專家，李憲要學習李靖兵法，當能得到郭的幫助。而以知兵聞名的沈括也對李靖的六花陣素有研究，曾奉神宗命檢視詳定六宅使郭固等所上的營陣法。〔註 23〕李憲與沈括志同道合，爲神宗拓邊，他們長

人意旨，而他又自撰《臨機兵法》，甚精當。請求准進麻所注書，或可採錄。神宗從之。李燾在是條稱《李靖兵法》當時世無全書，略見於《通典》，稱《唐李靖對問》出於阮逸（？～1054 後）家，有人認爲是阮逸增益《通典》而成。李燾又記在元豐六年十一月丙辰（十五），權國子司業朱服（？～1098 後）上言，稱他承詔校定《孫子》、《吳子》、《司馬兵法》、《衛公問對》、《三略》、《六韜》。諸家所注《孫子》互有得失，未能去取，它書雖有注解，淺陋無足取者。他請宜去注，行本書，以待學者自得。神宗詔《孫子》只用曹操（155～220）之注。餘不用注。李燾在此條再一次說《衛公問對》者，出於阮逸家，認爲是阮逸倣杜佑所載李靖兵法而爲之，而非李靖之全書。據李燾所記，早在熙寧七年時，宋宮當已藏有《唐李靖對問》一書，可供李憲閱讀，而此書的注解不佳，靠閱讀的人的領會。考在熙寧八年五月丁卯（初七），太學進士楊伋（？～1076 後）以撰述李靖兵法並上圖議，宋廷特錄他爲武學教授。熙寧九年六月壬子（廿八），再以他所獻兵說可採，由舍人院試策又中等，授山陰縣尉。楊氏所獻之書，大概是朱服所評的淺陋無足采的一種。另在元豐元年閏正月丁亥（十二），大名府元城縣主簿吳璋上所注的《司馬穰苴兵法》三卷，神宗詔送武學看詳。後來武學言該書有可采之處，就詔吳璋候武學教授有闕，就試其兵機及時務策各一道取裁。據此可知宋宮藏有不少關於李靖兵法及其他兵學書刊，李憲當能加以閱讀參考。順帶一提，北宋著名理學家明道先生程顥（1032～1085）曾在元豐二年二月丁未（初八）至甲寅（十五）以太常丞判武學八天，只爲御史何正臣劾他學術迂闊而趨向僻異而被罷。同知樞密院事呂公著爲程說話，可知新舊黨人均重視兵學。參見《長編》，卷二百五十一，熙寧七年三月乙丑條，頁 6138；卷二百六十四，熙寧八年五月丁卯條，頁 6459；卷二百七十六，熙寧九年六月壬子條，頁 6752～6753；卷二百八十七，元豐元年閏正月丁亥條，頁 7030；卷二百九十六，元豐二年二月丁未條，頁 7206；甲寅條，頁 7208～7210；卷三百三，元豐三年四月乙未條，頁 7375；卷三百四十一，元豐六年十一月丙辰條，頁 8198。

〔註 23〕沈括：《夢溪筆談》，《補筆談》卷三，頁 309～310。按吳以寧據《長編》懷疑沈括所云的六宅使郭固其實是郭逢原之誤。然郭固實有其人，是一位通曉兵學的文臣，據《長編》所載，早在慶曆四年（1044）八月乙巳（十六），時任陝西河東宣撫使的范仲淹（989～1052）便請以涇原路參謀郭固隨行，以教習軍陣。可知郭固是通曉陣法的文臣。另據《長編》及《宋會要輯稿》所記，在至和二年（1055）二月壬辰（初四），郭固以汾州團練推官進戰車式，爲時知并州韓琦所薦，說他曾造車陣法而將之擢爲衛尉寺丞。到嘉祐六年（1061）四月丙子（廿三），因大臣言郭知兵法，宋廷就命他以大理寺丞編校祕閣所藏兵書。他初以選人換武階爲六宅副使，到治平四年（1067）六月，以編書畢遷內藏庫副使，而他在熙寧五年五月癸未（初四），以內藏庫副使知儀州（太平興國二年自義州改，轄華亭、安化、崇信三縣，熙寧五年十月廢州，併入

期同事，既在朝也在西邊，李憲時向沈括請益李靖兵法的問題，甚有可能。
故筆者相信唐初名將李靖大有可能是李憲學習的對像，心理上李憲也會認同
與他同姓的李靖。我們翻看今本《李衛公問對》，其中反覆談作戰時奇正之靈
活使用、蕃兵蕃將使用之術、以夷攻夷之謀略，出征時軍隊各兵種的配置、
五軍八陣之變法，與及行軍需知。我們再看李憲在熙豐時期多次的用兵謀略，
似乎許多地方都與《李衛公問對》所說的暗合。〔註24〕

渭州），因樞密使文彥博請置局編修《經武要略》，命他同修（按：該書功未
畢而罷，到元祐七年二月乙丑（十八），宋廷詔編修樞密院條例官再續編此
書）。六月乙亥（廿七），郭固又以內藏庫副使被命爲新恢復的武學判官。熙
寧六年十月丁亥（十八），神宗命他與殿前司各爲一李靖結隊法，與殿帥賈逵
（1010～1078）各試其可爲。他稍後大概遷六宅使，可知沈括不誤。參見吳
以寧：《夢溪筆談辨疑》（上海：上海科學技術文獻出版社，1995年1月），頁
250；《長編》，卷一百五十一，慶曆四年八月乙巳條，頁3685；卷一百七十八，
至和二年二月壬辰條，頁4306～4307；卷一百九十三，嘉祐六年四月丙子條，
頁4666；卷二百三十三，熙寧五年五月癸未條，頁5647；卷二百三十四，熙
寧五年六月乙亥條，頁5689～5690；卷二百四十八，熙寧六年十二月庚辰條，
頁6056～6057；卷四百七十，元祐七年二月乙丑條，頁11224；《宋會要輯稿》，
第五冊，〈崇儒三・武學〉，頁2803～2804；〈崇儒四・勘書〉，頁2819；第九
冊，〈選舉十七・武舉一〉，頁5591；第十五冊，〈兵二十六・兵械・兵車・陷
陣車〉，頁9173；《皇宋十朝綱要》，卷八〈神宗・廢置升改州府〉，頁273。
〔註24〕《李衛公問對》是否宋人阮逸僞託，李燾稱在熙寧時已有人以此書是阮逸增
益《通典》所載而成（參見注22）。當代學者對此問題意見不一。孫繼民在
1986年及陳亞如在1990年所刊出兩文，均認爲誠如不少宋人所說，此書並非
是李靖或其部下門下所作，孫繼民提出此書有些內容與《通典》所載《李靖
兵法》相反，有的與唐制不合，有的與唐代史實不符，有的則是假託前代已
佚之書。認爲唐前期人也不會出現如此的錯誤。故它當是後人如阮逸所僞託，
惟該書仍是一部很有見地和很有借鑒意義的古代軍事著作。吳如嵩及王顯臣
在《李衛公問對》的校注本前言（2016年5月重訂）則認爲僞託說不確，認
爲阮逸所傳的，不盡是他個人的杜撰，而是據《通典》所錄的李靖兵法改寫。
今本《李衛公問對》卷上第一至第八節均論及奇正之道。第九節談及世傳的
八陣法。第十二節則談到唐太宗往靈州回，問李靖使用蕃漢軍的方法，李靖
建議蕃漢軍應「自爲一法，教習各異，勿使混同」，那與李憲所建議分開使用
蕃漢軍，不要混編的做法不謀而合。而第十四節則談到漢兵與蕃兵之所長：
蕃兵長於馬，馬利乎速鬥；漢長於弩，弩利乎緩戰。第十五節則記太宗論李
靖用蕃將之術，連太宗也說「蕃人皆爲卿役使，古人云：以蠻夷攻蠻夷，中
國之勢也。卿得之矣。」另中卷第一節再論奇正與虛實的關係，第二節記太
宗問到蕃漢之兵如何處置時，李靖便提出擇漢吏有熟蕃情者，散守堡障，遇
有警才調用戍於內地的漢卒。這也近似李憲所採的禦邊手法。第三至第四，
第六至十一節均論及編隊與結陣之法。卷下第四至第五節論進攻防守之道。
參見陳亞如：〈《李衛公問對》與《李衛公兵法》〉，載中國歷史文獻研究會（編）：

　　需要指出的是，在前代各種兵書中，宋人對李靖兵法尤其看重。南宋中葉堪稱武痴，在寧宗慶元五年（1199）考中武狀元的兵學奇才華岳（？～1221），在他所撰的《翠微北征錄》的結語自述學習兵事，便得到李靖不傳之妙：

> 自卝角至今，日誦兵家之書，日習兵家之事，日求兵家秘妙之術，
> 日訪兵家先達子孫，名將後嗣家傳世襲之論。凡事之有繫於兵者，
> 無不遍考；地之有關於兵者，無不遍歷。器用服食、行陣衣甲之制
> 有資於兵者，無不旁搜遠采，以盡其底蘊；山林遺逸，英雄豪傑之
> 士有精於兵者，無不端拜師承，以益其寡陋，以故一步一趾，皆有
> 定制；一分一毫，皆有成法。耳聞目見者。非眾所讀之文；口授心
> 傳者，非人所同得之學。衛公、武侯不傳之妙，臣得其眞；韓信、
> 曹公不著之書。臣得其秘。〔註25〕

　　我們有理由相信，李憲比華岳更有條件在宋宮內外閱讀兵書，鑽研兵學，而因有機會讀到李靖兵法秘本，而和華岳一樣得到李靖不傳之妙。他比華岳優勝的是，因神宗的寵信，委以大任，於是能付諸實踐，建功立業。

　　當然，我們不排除李憲的軍事知識可能得於家學，然由於其墓誌銘不傳，他的家世不詳，我們暫無法確定其韜略是否家傳。香港的年青學者邱逸年前曾撰專著論宋廷自仁宗開始，大力修纂兵書，提倡兵學。〔註26〕他卻沒有注

《歷史文獻研究》（北京新一輯）（北京：燕山出版社，1990 年 10 月），頁 287
～299；孫繼民：〈李衛公問對辨析〉，原刊於武漢大學歷史系魏晉南北朝隋唐
史資料室編：《魏晉南北朝隋唐史資料》第三期（1986 年），現收入孫著：《中
古史研究匯纂》（天津：天津古籍出版社，2016 年 12 月），頁 334～345；吳
如嵩、王顯臣（校注）：《李衛公問對校注》（北京：中華書局，2016 年 7 月），
前言，頁 1～28；卷上，頁 1～25，32～35，37～41；卷中，頁 42～51，53
～62；卷下，頁 76～80。又考清人汪宗沂所輯的《衛公兵法輯本》，其中輯自
《通典》卷148，150，157，159 共十多條，其中如論及若大將率軍二萬人爲
算，宜分爲七軍，並極爲詳細列出戰鬥時各兵種的配置序列，並提到將帥所
宜及所不宜之事。這都應是李憲值得學習而甚爲實用之行軍指南。參見鄔錫
非（注釋）：《新譯李衛公問對》（臺北：三民書局，1996 年 1 月），〈附錄〉，
汪宗沂《衛公兵法輯本》選譯，頁 132～148，152～157，160～185。

〔註25〕華岳（撰），吳子勇、蘭書臣（注譯）：《翠微北征錄淺說》（北京：解放軍出版社，
1992 年 2 月），（一）〈平戎十策・結語〉，頁 137～138。按華岳在這篇結語還再
提到李靖，說「李唐之將興，故李靖不死於馬邑之難。」他心儀衛公可見。

〔註26〕邱逸：《兵書上的戰車：宋代的孫子兵法研究》（香港：中華書局，2012 年 10
月），第一章〈緒論〉，頁 1～9；第二章〈宋代兵書的整理與崇文抑武的政策〉，
頁 11～60；第三章〈兩宋的兵書政策與兵學發展〉，頁 61～191。該書除緒言外，
第二及第三章概述兩宋整理及修纂兵書的狀況，搜羅資料頗全，值得參考。

意，內臣如楊守珍及李憲等即受益於閱讀這些兵書，並且有機會實踐於戰陣中。

　　據《長編》所載，李憲留下奏議一百卷於其家，雖然今日已不傳，但仍是一個值得注意的特例。宋代內臣能有奏議百卷，似乎除了李憲外並不多見。雖然他的奏議很可能多是他的幕僚如郭逢原、鍾傳等代筆，但也反映出他對開發熙河及用兵西夏的意見。群書均言童貫師承李憲，除了獲李憲親自傳授外，相信童貫也從李憲的奏議中獲益良多。

　　最後要談的是李憲與文臣及武將的關係。李憲麾下的漢蕃武將多能征慣戰，他們受李憲的提拔庇護，從苗授、苗履父子、王君萬、王瞻父子、姚麟、李浩、康識到王文郁、种誼、趙隆、王恩等，都得以在神宗以至徽宗朝拓邊西北的戰事中建功立業。諸將中除了种諤外，都不載與李憲有何嫌隙。事實上李憲治軍公正嚴明，對下推恩，麾下都對他沒有意見，樂為其用，不因他內臣身份而有何不平。范學輝在其《宋代三衙管軍制度研究》論及內臣干預用將時，也公正客觀地指出李憲有相當的軍事才能，稱「他主持熙河路時在與西夏以及地方蕃部勢力激烈的軍事較量當中，多能穩佔上風，確有相當的建樹，稱其有名將風烈亦不爲太過。」范氏並指出宋神宗、哲宗兩朝的三衙管軍，出於李憲麾下者，頗不乏其人，例如苗授與姚麟。指出李憲的保舉、推薦，對苗授與姚麟的晉升，當然發揮了最爲重要的作用，而不止是苗與姚，李浩等名將亦然。〔註27〕

　　考諸事實，宋代武臣常爲文臣所岐視，李憲以內臣統軍，反而不被武臣視爲異類。另外，李憲麾下也有不少內臣從征，如曾多立功勛的李祥、張承鑑、徐禹臣等，李憲對他們也一視同仁，沒有區別對待，這也是李憲得軍心的原因之一。〔註28〕蘇軾記彭孫曾爲李憲濯足，甚至肉麻地說「太尉足何香

〔註27〕范學輝：《宋代三衙管軍制度研究》，第十六章〈三衙管軍的選任制度〉，頁1015～1016。

〔註28〕郭浩曾爲一個名李詳的人撰寫轉官制，稱他「率衆以摧賊勢爲梁，以濟援兵」之功，但轉甚麼官沒說。而《宋會要輯稿・蕃夷四》又記在徽宗大觀元年正月辛亥（廿四），樞密院奏上皇城使康州刺史李祥等狀，稱先差李祥押新通路于闐賀恩人使赴闕，但知鳳翔府王吉甫及通判王仰並不供應排辦。按郭浩筆下轉官的李詳，與《宋會要輯稿》所記的皇城使李祥，似乎不是已任宣慶使內侍押班的李祥。李祥在徽宗即位時似已逝。參見郭浩：《道鄉集》，文淵閣《四庫全書》本，卷十六〈李詳轉官制〉，葉十一下至十二上；《宋會要輯稿》，第十六冊，〈蕃夷四・于闐〉，頁9777。

也」。據說李憲以足踏其頭，說「奴諂我不太甚乎？」〔註29〕然考彭孫在李麾下的時間極短，他沒有在熙河任職，蘇軾這番說法眞實性成疑。這與劉摯批評苗授「昔日在西邊，諂事李憲，以軍功欺罔湊貴，遂授節鉞」一樣，帶有濃重的偏見，〔註30〕而不審苗授等對李憲的知人善任及不次提拔，是心悅誠服。整體而論，李憲與武將的關係良好。

文臣與李憲的關係較不一樣。在朝中掌權或在地方上擔任帥臣或漕臣的文臣，大都對內臣包括李憲得寵任事及統兵不滿，而在朝中的言官尤其激烈地反對李憲統兵及擔任方面。他們有機會就撿拾李憲的過失，上章痛劾，要將他治罪，而無視李憲所建的功勛和他在熙河開拓之貢獻。當維護李憲的神宗逝世後，他們就說服了高太后，將李憲加上許多誇大而有爭議的罪名，將李貶官降職，只差沒有將他置諸死地。至於在李憲熙河麾下任職的文臣僚屬，包括爲他治理地方，管理財政或參議軍務的文臣，從趙濟、馬申、胡宗哲到鍾傳、孫路、葉康直、穆衍，就和上述的文臣取態很不一樣，因他們與李憲利害一致，同榮同枯，加上李憲對他們都盡力保護並信任，故他們都克盡厥職，同心開發治理新復的土地，建功立業。在現存的史料並沒有見到他們對李憲有何不滿。值得注意的是，趙濟與胡宗哲都出身公卿世家，他們卻沒有歧視刑餘之人的李憲；相反，他們都無例外地被指責諂事李憲。其中被指諂事李憲的葉康直，《宋史》卻將之列爲循吏。蘇軾曾說：「方李憲用事時，士大夫或奴事之，穆衍、孫路至爲執袍帶。」〔註31〕但考諸他們一生爲官行事，他們都是有能力有執守的人，絕非舊黨中人所說那樣不堪。另有一部份與李憲沒有直接利害關係的文臣，包括贈他詩的強至，以及問他拓邊方略的蔡京，並不見對李憲有何惡感，反而是欣賞他的武幹。當然也有不少文臣包括官至宰相的王珪，爲迎合神宗，對李憲曲意逢迎，這些勢利投機的文臣就不足論了。

〔註29〕《蘇軾文集》，第六冊，卷七十二〈雜記‧彭孫諂李憲〉，頁2284。彭孫字仲謀，福建汀州連城（今福建龍岩市連城縣）人。出身山賊，後受招安。他一生之軍旅生涯中，反而曾從內臣王中正平定廖恩之亂，而沒有直接隸屬於李憲熙河麾下。關於彭孫的軍旅生涯及戰功，可參見籍勇：〈能力與聲望的偏差：北宋中期招安武將彭孫研究〉，《福建師範大學學報》（哲學社會科學版），2010年第4期（總第163期），頁108～113。

〔註30〕《長編》，卷四百六十，元祐六年六月甲申條，頁11003。

〔註31〕《蘇軾文集》，第六冊，卷七十二〈雜記‧彭孫諂李憲〉，頁2284。蘇軾在此條也記王中正盛時，文臣俞充甚至令其妻執板而歌，以勸王中正飲。

　　李憲在神宗熙豐時期與在高太后臨朝的元祐時期的遭遇迥異，肇因於宋廷最高統治者對外政策的重大差異。神宗對外採擴張政策，志在制遼平夏，開疆辟土。李憲是他親信的內臣，又甚有將才，故神宗不理文臣的反對，委以經略西北的重任，於是李憲如魚得水，成就不凡的將業。然到高太后臨朝，重用舊黨，就一改神宗之政，改行退讓妥協的對外政策，甚至要將神宗辛苦收復的西北要塞，歸還西夏，以換取和平，以求息兵安民。神宗朝有開拓之功的李憲，馬上變成黷武害民的罪人，而受到文臣特別是言官的無情打擊。到哲宗親政，恢復神宗之政，重新開拓西邊時，李憲便獲得平反，獲得厚卹追贈。李憲仕途的大起大落，見證了北宋中後期對外政策的反覆。

　　李憲有弟李宇，有子李轂，都隨他經略西北多年，他事業的眞正繼承人卻是他的門人童貫，《東都事略‧夏國傳》便記：

> 种諤謀取橫山，故興靈州之師。及王師失利，李憲始獻進築之議。神宗厭兵不克行。童貫舊常從李憲，得其彷彿，故獻議進築，遂領六路邊事，將諸路兵。六七年進築軍壘，建立堡砦，遂得橫山之地，夏人失所恃，遂納款。夏國自是少衰矣。〔註32〕

《皇朝編年綱目備要》也說：

> 李憲始獻進築之議，神宗厭兵不克行。童貫本出李憲之門，欲成憲志。政和以來，合諸路兵出塞進築，遂得橫山之地。夏國失所恃，乃因邊人納款請和，以誓表進。許之，前所未有也。〔註33〕

　　宣和元年六月，西夏被迫向宋稱臣入貢。童貫完成了李憲取橫山的事業，若非徽宗、童貫君臣後來貪勝不知輸，輕啓燕山之役，也許童貫不致後來身敗名裂，並連累李憲負上禍國之名。我們要研究宋代名聲最著的權閹童貫，就首先要認識他師承的李憲。〔註34〕

〔註32〕《東都事略》，卷一百二十八〈附錄六‧夏國傳二〉，葉四下。

〔註33〕《皇朝編年綱目備要》，下冊，卷二十八，頁 727～728。

〔註34〕近年來探究徽宗諸內臣以童貫爲首的惡行，除了前引的王曾瑜教授的大文外，汪聖鐸教授在 2016 年也發表了一文，論徽宗朝的閹禍。汪氏的文章便以首五頁的篇幅論北宋末年軍事上的失敗與宦官的關係，而以童貫當負上最大的責任。汪氏文章一開始便提及童貫早年曾隨「宦官大帥李憲到過西部邊疆」，汪氏也在論徽宗內臣時，略提及李轂的名字，不過，有兩處訛寫爲「李轂」（頁 122），也不知李轂是李憲的兒子。參見汪聖鐸：〈北宋滅亡與宦官——駁北宋無「閹禍」論〉，《銅仁學院學報》，第 18 卷第 1 期（2016 年 1 月），頁 115～126。

　　中國歷代內臣中，長期執掌軍旅，開拓疆土，並建立不凡的事業，我們會馬上想到明初統領強大海軍七下西洋的三保太監鄭和（1371～1433）。鄭和得到好大喜功的明成祖（1360～1424，1402～1424 在位）無比信任與支持，故能建立及開拓中國少有的海權時代。但成祖死後，明廷主政的儒臣放棄進取的國策，而以收縮防守及退讓作為對外政策，鄭和的海上事業也就人亡政息，甚至連相關的資料檔案也不知所蹤，直至後代才重新被史家所發現。李憲的情況與鄭和的有點相似，他也是得到神宗的信任才能在西北建功立業；但神宗死後，在高太后臨朝的元祐時期，由舊黨主政的宋廷全面改變對外政策，他就被投閒置散，甚至成為文臣攻擊的目標，而一再被降黜。可幸的是當哲宗親政，恢復神宗進取政策的紹聖元符時期，他便獲得平反。正如羅家祥教授所指出，在紹聖以後一系對夏戰爭中，宋廷就主要採用李憲在元豐時期所提出「淺攻」和「進築」的方略，而連連得手，獲得較大的戰果。到徽宗親政，李憲的門人童貫在宋廷重整拓邊西北大業而得到重用時，他未竟的事業得以畢功，宋廷基本上掌握了橫山一帶的制控權。〔註 35〕然而，當童貫在燕山之役失敗，導致金人南侵，童貫被宋人指為亡國禍首時，李憲又被牽連，從此備受南宋的士人朝臣所痛斥，並背著罔上害民的罵名，著於史冊，他的才具功業反而被淹沒了。雖然，宋人談到北宋從神宗開始開疆僻土的輝煌歷史時，並沒有抹煞李憲取蘭州之功。〔註 36〕

　　從李憲的遭遇，我們可以看到宋廷士大夫議事論人常有失客觀公正。好像政治立場傾向舊黨的呂陶，在建中靖國元年（1101），為知渝州王任（1052～1101）撰寫墓誌銘時，即沉痛地指出元祐、紹聖時期朝臣只問權勢而不問是非的惡劣士風：

> 元祐紹聖間，天下之事再變，士大夫奔溺勢利，視時可否，從而離
> 合。雖姻戚僚友，閒輒向背，甚者至自相魚肉，以取寵邀遇。苟得

〔註35〕 羅家祥：〈北宋哲宗「紹述」簡論〉，原載《漆俠先生紀念文集》，河北大學出版社，2002 年，現收入羅家祥：《宋代政治與學術論稿》，頁 398～402。

〔註36〕 《玉海》，卷十四〈地理‧祥符州縣圖經〉，葉三十四下至三十五上；《宋史》，卷八十五〈地理志一〉，頁 2095～2096。考《宋史‧地理志》沿《玉海》的說法，將神宗開疆的過程，由种諤取綏州，韓絳取銀州，王韶取熙河，章惇取懿、洽，謝景溫取徽、誠，熊本取南平，郭逵取廣源，最後李憲取蘭州，沈括取葭蘆、米脂、浮圖、安疆等砦，雖然曾以河東邊界七百里地與遼人，但總的認為是開地多於失地。

毫髮，則悴悴市權，有厭飽充滿之色，不啻商儈然。〔註37〕

諷刺的是，其實呂陶在元祐元年十月及元祐二年正月，也爲權勢利害，兩度猛攻同屬於舊黨陣營的國子司業黃隱，爲的是黃隱黨附洛黨首領程頤，攻擊其蜀黨魁首蘇軾，而呂也想其黨的盛僑取代黃隱執掌太學。〔註38〕考諸史實，新舊黨人其實在追逐權勢，打擊異己，迎合帝王好惡方面，並無本質上的差別。

宋室經歷靖康之難的慘禍後，南渡君臣評論熙豐及元祐人物時，大多傾向貶抑前者而哀憐後者，以前者多爲小人而後者率爲君子。高紀春指出，朱熹雖然在道德修養學問才識方面都稱許王安石，但論到他主持的變法，就從道學的立場非議之。對於元祐諸臣，雖亦譏其見識淺陋，政術拙劣，但仍稱他們爲賢者，朱的立場鮮明，站在舊黨方面立論。〔註39〕

諷刺的是，當朱熹等後來被指爲道學朋黨，時任宗正丞的名臣樓鑰上言論事時，便指出「本朝元祐黨籍，始於二三士夫不得志之徒，事之初生，若不足憂，橫流不止，害不可言」。他引述唐代牛李黨爭，便說「雖曰李黨多君子，牛黨多小人，然德裕一聞御史大夫之除，則流涕寄謝，至其不然，則遂爲仇敵。嗚呼！非競而生厲階者乎，元祐紹聖之事又可知矣。」他指出「若唐之朋黨，元祐之黨籍，則士夫自相傾軋，使人主莫知適從，爲害尤甚。」樓鑰於新舊黨爭的起因，難得持平論事，沒有偏袒哪一方。〔註40〕

而與朱熹齊名的陸九淵（1139～1193），更是少數能秉持公道，爲王安石等熙豐之臣說話的人。陸在孝宗淳熙十五年（1188）正月，撰寫〈荊國王文公祠堂記〉時，便深刻地指出元祐諸君子之蔽：

> 熙寧排公（王安石）者，大抵極詆訾之言，而不析之以至理。平者未一二，而激者居八九。上不足以取信於裕陵，下不足以解公之蔽，反以固其意，成其事，新法之罪，諸君子回分之矣。元祐大臣一切更張，豈所謂無偏無黨者哉？所貴乎王者，瑕瑜不相揜也。古之信

〔註37〕　呂陶：《淨德集》，卷二十三〈墓誌銘・知渝州王叔重墓誌銘〉，頁258～261。按呂陶在誌言及在元祐戊辰歲（即元祐三年，1088）爲王任（字叔重）之父王仲符撰寫墓銘，十三年後，王任亦卒。以此推算，王任即卒於徽宗建中靖國元年（1101），而呂陶撰寫此墓銘亦當在此年。

〔註38〕　參見張曉宇：〈從黃隱事件再論元祐初期政局與黨爭〉，頁11～20。

〔註39〕　高紀春：〈論朱熹對王安石的批判〉，《晉陽學刊》，1994年第5期，頁71～77。

〔註40〕　樓鑰：《攻媿集》，卷二十〈奏議・論道學朋黨・任宗正丞日上〉，頁310～311。

史直書其事，是非善惡靡不畢見，勸懲鑑戒，後世所賴。抑揚損益，以附己好惡，用失情實，小人得以藉口而激惡，豈所望於君子哉？紹聖之變，寧得而獨委罪於公乎？熙寧之初，公固逆知己說之行，人所不樂，既指為流俗，又斥以小人，及諸賢排公，已甚之辭，亦復稱是。兩下相激，事愈戾而理益不明。元祐諸公，可易轍矣，又益甚之。六藝之正，可文姦言，小人附託，何所不至。紹聖用事之人如彼其傑，新法不作，豈將遂無所竄其巧以逞其志乎？反復其手，以導崇寧之姦者，實元祐三館之儲。元豐之末，附麗匪人，自為定策，至造詐以誣首相，則疇昔從容問學，慷慨陳義，而諸君子之所深與者也。〔註41〕

陸九淵上述的分析可以說一針見血，點出熙豐以來新舊黨爭的非理性處。王安石在南宋這樣氣氛環境下尚且身負惡名，〔註42〕李憲自然難逃儒臣們的道德批判。人們覺得元祐諸賢痛斥李憲等內臣是合情合理和無可置疑的。然而當我們今日客觀細心地審視李憲及其屬下的功績及作為，以及批評者的理據，我們或會詫異人們一向崇敬的司馬光、范祖禹及蘇軾、蘇轍兄弟，為何在討論棄守蘭州事上時會如此消極被動而近於迂腐？他們攻擊李憲及其屬下時，為何如此不講證據道理，只憑主觀的好惡行事。

彭文良近年在考論蘇軾與章惇的恩怨的一篇甚為精到的專論中，就從人物個性的缺點入手，指出元祐時期黨爭激化，蘇軾兄弟難辭其咎。彭氏批評他們兄弟在元祐初年，連番攻擊章惇在熙寧時期平定湖南溪洞蠻亂，與王韶取熙河，熊本（？～1091）平瀘州夷，是造成「兵禍連結，死者數十萬人」

〔註41〕 陸九淵（著），鍾哲（點校）：《陸九淵集》（北京：中華書局，1980年1月），卷十九〈記‧荊國王文公祠堂記〉，頁231～234。據劉成國的研究，陸氏對此文相當自負，以為可以斷百年未了的公案。陸氏在其〈與林叔虎〉及〈與錢伯同〉文中，便重申祠堂記的看法，為王安石辯護。參見劉成國：《王安石年譜長編》，第六冊，卷八〈譜餘〉，頁2260～2264。

〔註42〕 南宋大儒黃震讀畢陸九淵此文，便不同意他迴護王安石的觀點，仍然以「荊公之行事，人人所知，豈文法之奇所能使之易位哉？熙寧無諸賢之力爭，則坐視民生之荼毒，而噤無容聲，國非其國矣。元祐無大老之力救，則民生不復知我宋之恩。」黃震又評說「荊公新法之行，天下騷然，盜賊群起，夷狄禍結，甚至神考因喪師十萬，臨朝大慟，遂及於臣子所不忍言。向非元祐力救，人心幾不再合，我宋何以中興？」黃的看法仍代表南宋道學家抑熙豐揚元祐之觀點。參見黃震：《黃氏日抄》，卷四十二〈讀本朝諸儒書‧陸象山文集〉，「王荊公祠堂記」條，載《全宋筆記》第十編第九冊，頁291～295。

的禍首，實是歪曲事實的指控。彭氏證諸史實，章惇用兵五溪是取得成效的。蘇軾兄弟顯然是對人不對事，只爲要將章惇劾至下臺。彭氏認爲從個人友情而論，蘇軾對布衣之交，又於他在熙豐時期遭難而不避嫌疑幫助他的章惇，這樣不公正地攻擊章惇是有負故人的。後來難怪章惇在哲宗親政而重新當權後，與蘇軾反目成仇，對蘇軾兄弟痛加報復。〔註43〕蘇軾對本屬好友的章惇尚且如此只講利害，李憲在他們眼中不過是刑餘之人，自然毫不留情也不講理地加以攻擊。

　　政治立場本來傾向舊黨，並曾批評李憲掌兵之弊的南宋大儒朱熹，也一語中的地指出元祐諸賢的盲點及致命傷，朱熹以下一番話，同樣值得我們深思：

　　溫公論役法疏略，悉爲章子厚所駁，只一向罷逐，不問所論是非。
　　卻是太峻急。（德明）。神……元祐諸公大綱正，只是多疏，所以後
　　來熙豐諸人得以反倒。（楊）。元祐諸賢議論，大率凡事有據見定底
　　意思，蓋矯熙豐更張之失，而不知其墮於因循。既有箇天下，兵須
　　用練，弊須用革，事須用整頓。如何一切不爲得！又曰：「元祐諸賢，
　　多是閉著門說道理底。後來見諸行事，如趙元鎮意思，是其源流大
　　略可睹矣。」（儒用）。〔註44〕

　　南宋人經歷靖康之難，痛定思痛之餘，好像朱子這樣深切反思問題所在，便能拋開主觀的情感，而能看出元祐大臣囿於黨派私見，排斥異己，卻盲目自信以爲所定之政策利民謀國，而不自省實在昧於邊事，疏於舉政之弊。朱子明白元祐政治路線後來被熙豐諸人否定，不全是哲宗本人的好惡所致，而實在是元祐大臣才疏識淺的缺點造成。然而，要士大夫放下對內臣的成見，重新審視李憲輩的功過，賢如朱子，也不易做到。

　　後人評論神宗推行新政的熙寧和元豐時期，以及高太后廢除新政的元祐

〔註43〕彭文良：〈《宋史‧蘇軾傳》補證——以蘇軾、章惇關係爲中心〉，《史林》（上海），2016 年第 6 期，頁 43～50。

〔註44〕按朱熹也與元祐諸人一樣，認爲神宗開邊得不償失，而間接批評了王韶及李憲等執行人。他說神宗信王安石，「只管好用兵，用得又不善，費了無限錢穀，殺了無限人，殘民蠹物之政，皆從此起。西蕃小小擾邊，只是打一陣退便了，卻去深入侵他疆界，才奪得鄯州等空城，便奏捷。朝廷不審，便命官發兵去守，依舊只是空城。城外皆是番人，及不能得歸朝廷，又發兵去迎歸，多少費力！熙河之敗，喪兵十萬，神宗臨朝大慟，自得疾而終。後來蔡京用事，又以爲不可棄，用兵復不利，又事幽燕，此亦自神宗啓之，遂至中朝傾復。參見《朱子語類》，第八冊，卷一百三十〈本朝四‧自熙寧至靖康用人〉，頁 3105。

時期的得失，每多著眼於其所帶來的黨爭之禍害。〔註45〕然若從人事的角度而論，熙寧、元豐、元祐時期其實人才輩出，政治改革家首推王安石，史學家自然是司馬光和范祖禹為翹楚。文學家自是蘇軾獨領風騷，以及其弟蘇轍與其門下秦觀諸人。而科學家當推沈括與蘇頌，書家除東坡外，米芾（1051～1107）、黃庭堅及蔡京都稱雄於時，至於理學家自以北宋五子的周敦頤（1017～1073）、邵雍（1011～1077）、張載及程顥、程頤（1033～1107）兄弟並駕齊驅。然此時有誰可膺軍事家、戰略家之名？神宗及哲宗時期，有儒將之風的王韶及章楶，而堪稱勇將而戰功彪炳的苗授苗履父子、王君萬王瞻父子、种諤种誼兄弟、燕達、林廣、李浩、劉昌祚、劉舜卿、姚麟、王文郁等，他們誰可當名將之譽？《神宗舊錄》稱許李憲有名將風烈，撇除宋人的偏見，證諸李憲在熙豐時期的戰功，及其戰略戰術的運用與表述，以及其治軍的本領，筆者認為他當是神宗及哲宗朝最有代表性的軍事家。以傳統的說法，稱之為宋代第一內臣名將，應是較公允的評價。李憲在元祐以後投閒置散，多番受文臣的嚴劾而貶官降職，閒居陳州七年，鬱鬱以終。不過，他總算善終，且有子有孫在堂，比起他的門人童貫風光一時無兩，卻大起大落，最後被誅抄家，擔負惡名，始終不獲平反。李憲又算得上是幸運了。

〔註45〕 張勁與方誠峰近十多年來，曾從不同角度剖析元祐政治的種種問題及引發的惡果，以及元祐路線被哲宗全盤否定的原因。張勁的專論比較具體論述元祐舊黨上臺後盡罷新法的經過，以及剖析元祐更化時期的政治困局，包括舊黨主政者無法消弭黨爭，無法解決內政的困弊，而對夏採取的退讓妥協政策終歸無效。方城峰的專著則側重於以宏觀的角度，析述元祐以至紹符時期的政治體制與形成的政治文化，並評估它的得失與成效。他指出紹符政治與元祐政治最大的不同地方，就是前者恢復新法與開邊。參見張勁：《從更化到紹述——宋哲宗朝的時代與政治》，第二至第四節，頁339～428；方城峰：《北宋晚期的政治體制與政治文化》（北京：北京大學出版社，2015年12月），第一章至第三章，頁1～144。

附錄一：北宋中期西北邊將苗授早年生平事蹟考

一、前言

從仁宗朝（1010～1063，1022～1063 在位）開始，因西夏連番入侵，西北邊庭需大量將士守邊，許多武略、武技不凡的豪傑得以時勢造英雄，建功立業，如仁宗朝的一代名將狄青（1008～1057），另外，也興起了不少以西北爲根據地的將家，如种氏將門。[註1] 到神宗（1048～1085，1067～1085 在位）推行新政，並志切開邊西北，武臣更有用武之地，其中潞州上黨苗氏將家也乘時崛起。本文所論述的，便是苗氏將家的眞正起家人、在神宗朝隨後來拜樞副的儒將王韶（1030～1081）與甚有武略的內臣李憲（1042～1092）攻取河州（今甘肅臨夏回族自治州臨夏市）、洮州（今甘肅甘南藏族自治州臨潭縣）、岷州（今甘肅定西市岷縣）、熙州（今甘肅定西市臨洮縣）及蘭州（今

〔註 1〕 种氏將門由仁宗朝的种世衡（985～1045）起家，經歷第二代的种諤（1027～1083）、种診（？～1083 後）、种詁（約 1024～1093）、种誼（？～1096 後）兄弟，第三代的种朴（？～1099）、种師道（1051～1126）和种師中（1059～1126）兄弟，到南宋初年第四代的种湘（？～1135 後）、种浟（？～1138 後）、种洌（？～1127 後）、种浩（？～1160 後）而絕。有關种氏將門的興起，可參閱曾瑞龍（1960～2003）：《北宋种氏將門之形成》（香港：中華書局，2010年 5 月）；及曾瑞龍：《拓邊西北：北宋中後期對夏戰爭研究》（香港：中華書局，2006 年 5 月），第三章〈被遺忘的拓邊戰役：趙起《种太尉傳》所見的六道宗之役〉，頁 79～123。

甘肅蘭州市），並在神宗及哲宗（1077～1100，1085～1100 在位）朝兩度出任三衙管軍之首的殿前副都指揮使苗授（1030～1096）。

苗授是苗氏將門的第三代，卻以將家子而進國子監隨大儒胡瑗（字翼之，993～1059）學習。據其墓誌銘及《宋史》本傳所記，他隨胡瑗學習後，「平居侃侃儒者」。爲此，他以一介武臣而被清初大儒黃宗羲（1610～1695）所著的《宋元學案》列入胡瑗的門人中，稱他爲「莊敏苗先生授」。這似乎是宋代武臣不多的例子。〔註2〕他的軍旅生涯始於仁宗後期，他以三班使臣被派擔任并州（今山西太原市）多個低級兵職，並先後追隨仁宗及英宗朝（1032～1067，1063～1067 在位）多位名臣、重臣，包括曾任宰相的龐籍（988～1063）、韓琦（1008～1075）、梁適（1001～1070）、文彥博（1006～1097）、陳升之（即陳旭，1011～1079）、擔任樞密副使的孫沔（996～1066）、任宣徽北院使的王拱辰（1012～1085）及後來任參政的唐介（1010～1069）。苗授在神宗、宣仁高太后（1032～1093）臨朝及哲宗親政時期，因宋廷對開邊政策的反覆而有起跌：他在神宗朝仕途得意，備受重用，出任知熙州重任並擢陞管軍，他在元豐六年（1083）九月，還獲召回京執掌禁旅。到高太后垂簾舊黨回朝時，雖然在元祐三年（1088）七月還依次晉爲殿前副都指揮使，但未幾便自請罷職出外，此後被投閒置散。到哲宗親政，新黨回朝掌權，在紹聖元年（1094）正月，在六十五之齡，卻又重獲召，再任殿帥之職，直到翌年九月卒於任上。他的經歷可以反映宋廷開邊政策的反覆。

苗氏將門繼續由苗授長子苗履（1060～1100 後）延續，苗履自幼隨父轉戰西北，多立戰功，在哲宗及徽宗（1082～1135，1100～1125 在位）繼續在西北開邊的戰役上紹繼父業，最後也和乃父一樣，擢任管軍。但他的兒子御營前軍統制苗傅（？～1129）卻在建炎三年（1129）三月癸未（初五）與副統制劉正彥（？～1129）發動兵變，迫高宗（1107～1187，在位 1127～1162）退位，禪位予只有三歲的皇長子魏國公趙旉（1127～1129，諡元懿太子），請隆祐孟太后（1073～1131）聽政，並殺簽書樞密院事王淵（1077～1029）及內侍康履等百餘人，史稱「苗劉之變」或「明受之變」。苗傅受封武當軍節度使及淮西制置使，但到是年五月卻被勤王的御營左軍統制韓世忠（1089～1151）

<hr>

〔註2〕黃宗羲（著）、全祖望（1705～1755）補修，陳金生、梁運華（點校）：《宋元學案》（北京：中華書局，1986 年 12 月），第一冊，卷一〈安定學案〉〈安定門人‧莊敏苗先生授〉，頁 48～49。按黃宗羲所記苗授的生平，全錄自《宋史‧苗授傳》。

所敗及擒獲，六月癸丑（初六）（按：《宋史》作七月辛巳（初五）），苗傅及劉正彥被斬於建康（今江蘇南京市）市。關於這場失敗的兵變，虞雲國教授所撰之〈苗劉之變之再評價〉，對苗、劉二人發動兵變的動機予以正面評價，比之爲宋代的西安事變。認爲所產生的後果與影響也有正面的意義。〔註3〕但苗傅卻以此被列爲叛臣，子弟被殺，家族被牽連，經歷五代的苗氏將門也就此沒落。〔註4〕

苗氏將門在沒落前，曾經有甚爲顯赫光輝的日子，尤其苗授建節封公，兩拜殿帥。研究北宋中葉開邊西北的歷史，苗授、苗履父子的戎馬生涯殊有參考價值。考苗授在《東都事略》及《宋史》均有傳。〔註5〕值得一提的是，苗氏雖在苗劉之變後被宋廷列爲叛臣之家，但苗授死後所葬之墓在金人控制的衛州（今河南衛輝市）共城縣卓水原，故宋人無從將之毀壞，而金人也似沒有將之破壞，故到清代仍有苗授墓的記載。據清初修纂的《河南通志》的記載，他的墓在河南輝縣（今河南新鄉市輝縣市）城北閣社村。據《輝縣網》2011年4月27日的報導，1990年5月初，輝縣市火電廠在施工時於大門東側100米處發現一座宋墓，經新鄉市文物管理委員會和輝縣市博物館共同發掘，確定該墓是苗授及其夫人劉氏的合葬墓。墓壁似有盜洞，墓底全用大塊精致青石鋪成。山土碗、板、環以及錐形器和龍首形器等鐵器，還有苗授及劉氏兩合墓誌銘。據報導，苗授墓誌銘所記的內容要比《宋史·苗授傳》豐

〔註3〕 李埴（1161～1238）（撰），燕永成（校正）：《皇宋十朝綱要校正》（北京：中華書局，2013年6月），下冊，卷二十一〈高宗〉，頁614～616；脫脫（1314～1355）：《宋史》（北京：中華書局點校本，1977年11月），卷四百七十五〈叛臣傳上·苗傅劉正彥附〉，頁13802～13809。關於這場失敗的兵變，虞雲國教授比之爲宋代的西安事變，對其性質、發生及結果與影響有很精闢的論述。惟虞氏沒有考究苗傅是五代將門的家世。虞氏一文原載何忠禮（主編）：《南宋史及南宋都城臨安研究》，（北京：人民出版社，2009年11月），上冊，頁111～122。現收入虞雲國：《兩宋歷史文化叢稿》（上海：上海人民出版社，2011年4月），頁183～196。

〔註4〕 按《宋史》將苗、劉二人列爲叛臣，其事蹟收入〈叛臣傳上〉。劉正彥也是將家子，父劉法（？～1119）是西邊名將，在宣和元年（1119）以熙河路經略使戰死西邊。又苗傅被殺前，其弟苗瑀、苗翊及其二子均被殺。參見《宋史》，卷四百七十五〈叛臣傳上·苗傅劉正彥附〉，頁13802～13809。

〔註5〕 王稱（？～1200後）：《東都事略》，收入趙鐵寒（1908～1976）主編：《宋史資料萃編第一輯》（臺北：文海出版社，1967年1月），卷八十四〈苗授傳〉，葉三下至四上（頁1282～1283）；《宋史》，卷三百五十〈苗授傳附苗履傳〉，頁11067～11069。

富。〔註6〕

　　苗授的墓誌銘〈宋保康軍節度使贈開府儀同三司苗莊敏公墓銘〉（以下簡稱〈苗授墓誌銘〉）由朝請大夫權吏部尚書兼侍讀同修國史林希（1034～1101）於紹聖二年（1095）九月奉哲宗命撰寫，〔註7〕墓誌拓片原來早由輝縣市政協所編的《百泉翰墨》刊於1996年9月。惟筆者一直不知，今年八月得河南大學歷史文化學院全相卿博士相告，始知苗授墓誌銘早已刊出，全博士稍後便寄贈苗授墓誌銘拓片的影印本。〔註8〕《百泉翰墨》一書所刊印出來的苗授墓誌銘拓本，縮細至幾不可讀（見附錄），但全博士電郵來的拓片掃描本，在電腦上放大後，即使字體仍模糊不清，但筆者據《宋史》、《續資治通鑑長編》（以

〔註6〕　王士俊（1683～1750）（纂）：《河南通志》，文淵閣《四庫全書》本，卷四十九〈陵墓・衛輝府・宋苗授墓〉，葉十七下；《輝縣網》，2011年4月27日，「文物古迹」考古發掘之四——宋代苗授墓，http://bbs.huixian.net/thread-89119-1-1.html。按苗授墓所在爲輝縣市，也和《河南通志》所記吻合。

〔註7〕　墓誌銘的作者林希，字子中，福州人，進士登第。他在熙寧至元豐年間一直擔任史官，頗有文才，他爲宰相王珪（1019～1085）門人，受王的提拔。他在元祐初年雖然依附韓縝（1019～1097）與李清臣（1032～1102）而獲得任用，但韓、李去職後便不受重用，惟其弟林旦（？～1091後）卻成爲舊黨打擊新黨的言官鷹犬，但林旦不久也給其他言官打倒。林希在哲宗親政獲得重用，他既依附章惇（1035～1105），又暗中投靠章的對手曾布（1036～1107）。他在紹聖四年（1097）閏二月終於自翰林學士拜同知樞密院事，成爲執政。但在元符元年（1098）四月因與御史中丞邢恕（？～1104後）相爭，互相攻擊而被雙雙罷免，林希出知亳州（今安徽亳州市），再沒有回朝，徽宗建中靖國元年（1101）四月卒。林希《宋史》有傳。關於林希的生平事蹟，特別是他在神宗哲宗朝的投機作風，可參考李華瑞：〈林希與《林希野史》〉，載雲南大學中國經濟史研究所、雲南大學歷史系（編）：《李埏教授九十華誕紀念文集》（昆明：雲南大學出版社，2003年11月），頁44～57。

〔註8〕　筆者從2011年4月底開始，便一直留意苗氏夫婦墓誌有否公開發表於有關的文物期刊，但一直無所獲。因研究李憲之故，乃著意訪尋苗授此一墓誌銘，在2017年6月更請前來香港參加學術會議的中國宋史研究會會長包偉民教授幫忙訪查。2017年8月初，即獲全相卿博士來郵相告，苗授的墓誌銘拓片，原來早已在1996年刊於輝縣市政協輝縣市委員會文史資料委員會編的《百泉翰墨》刊出，全博士並隨即訂購此少爲人注意的地方文獻，並掃描苗授墓誌銘電郵予筆者。筆者稍後再購得該書，隨即將此一珍貴出土文獻錄讀。此墓誌由時任權吏部尚書兼侍讀同修國史林希奉哲宗命撰寫。惜《百泉翰墨》未有同時刊出苗授夫人永嘉郡君劉氏的墓誌，暫不知劉氏的家世。參見林希：〈宋保康軍節度使贈開府儀同三司苗莊敏公墓銘〉（以下簡稱〈苗授墓誌銘〉），載政協輝縣市委員會文史資料委員會（編）：《百泉翰墨》（輝縣市：政協輝縣市委員會文史資料委員會，1996年9月），頁12。該碑文附有苗授及林希簡史。

下簡稱《長編》）等文獻推敲，仍能認讀出大部份的內容，錄寫出來，並將之
附於本文後。

筆者即據此珍貴的墓誌銘，結合《續資治通鑑長編》、《宋史》、《東都事
略》、《宋會要輯稿》及宋人文集筆記相關記載，考述苗授的軍旅生涯及他處
於新舊黨相爭的夾縫的境況。因篇幅所限，本文先考述其家世及其早年仕歷，
其在神宗朝以後的顯赫不凡的軍旅生涯將另文考述。

二、苗授家世考

苗授原籍潞州上黨壺關（今山西長治市），據〈苗授墓誌銘〉所載，苗授
是唐肅宗（711～762，756～762 在位）、唐代宗（727～779，762～779 在位）
朝宰相韓國公苗晉卿（685～765）的十世孫。墓誌銘作者林希據《苗氏之譜》
說：「苗猷生襲夔，襲夔生殆庶，殆庶生晉卿，晉卿生壽安令向，向生丹陽令
綽，綽生巫山令琿，琿生定海尉保興，保興生太常寺奉禮郎魯，魯生輝，輝
生珂，是爲公曾祖。」然後記「公之曾祖珂，贈太子少保，妣王氏，普寧郡
太夫人。祖守忠，如京使，贈太子太師，妣任氏，安康郡太夫人。皇考京，
左領軍大將軍致仕贈太尉，妣朱氏，慶國太夫人。」這份苗氏之譜是否附會
之作，暫難確定。據葉國良教授的〈唐代墓誌考釋八則〉所附的苗晉卿的族
譜，從苗猷、苗夔、苗殆庶、苗晉卿到苗向五代，都吻合〈苗授墓誌銘〉的
記載，惟從苗綽以下到苗授曾祖苗珂就不詳。苗授曾祖苗珂在宋人其他文獻
沒有其他記載，其祖如京使贈太子太師苗守忠，名字也不見載於宋人文獻，
惟《長編》卷五十二，記在咸平五年（1002）九月丙申（初四），宋廷「遣如
京使苗忠等四人率兵往河北、京東提點捕賊。」而《宋會要・職官四十九》
又記在景德三年（1006）六月，宋廷「詔以六宅使康繼英、如京使苗忠、右
領軍衛將軍潘璘、右司禦率府率劉文質充昇、洪、杭、福逐州駐泊都監，各
提舉本路諸州軍馬巡檢公事。仍於四州各選置都監、巡檢使，量益駐泊兵甲。」
另《宋會要・兵十一》也與上面《長編》引述同一事，記咸平五年九月四日，
「遣如京使苗忠、入內高品石廷福提點河北捕賊，如京使栗仁環、入內殿頭
高品李懷岊提點京東捕賊，並率兵以往。」筆者以爲《長編》與《宋會要輯
稿》所提到的如京使苗忠，很有可能就是苗授的祖父苗守忠。苗授父苗京（？
～1052 後）在《宋史》無傳，只在《宋史・苗授傳》提到他在「慶曆中，以
死守麟州抗元昊者也。」〈苗授墓誌銘〉則記他的事蹟較詳（事見下文），若
推論不差，苗氏將門到苗授已是第三代，不過苗守忠及苗京官職不高，將業

也遠遜苗授，若論上黨苗氏將門的真正起家人，仍屬苗授無疑。〔註9〕

據〈苗授墓誌銘〉所記，苗授父苗京在慶曆中守麟州（今陝西榆林市神木縣）。「屬趙元昊入寇，陷豐州，進圍州城，甚危。太尉（按：即苗京）誓將士以死守。聞諜者曰：『城中水竭，不三日渴且死。』乃取溝中泥污彌垸，虜仰視曰：『城中猶積污，謂渴死者紿我也。』斬諜而去。時自將相大臣皆謂宜棄河西，仁宗曰：『顧守者如何耳。』及聞其能堅守卻賊，召見歡獎，錄其功擢之，由是河西卒不棄。」〔註10〕

麟州的風土人情如何？據曾在大中祥符七年（1014）隨知府州折惟中巡邊，到過麟、府州的上官融（995～1043）所記，麟府二州在黃河西，是古雲中之地，與蕃漢雜居，「黃茆圮高下相屬，極目四顧，無十步平坦。廨舍、廟宇覆之以瓦，居民用土，止若棚焉。架險就平，重復不定，上引瓦為溝，雖大澍亦不浸潤，其梁柱榱題頗甚華麗，在下者方能細窺。城邑之外，穹廬窟室而已。人性頑悍，不循理法，事公為吏，稍識去就，降茲而下，莫我知也。俗重死輕生，侮法忘義。」〔註11〕據上官融的記載，麟州地險，民風強悍，守臣只要得到蕃漢軍民的協力，就可守得住。

〔註 9〕　附錄二：〈苗授墓誌銘〉頁 381，383；李燾（1115～1184）：《續資治通鑑長編》（北京：中華書局點校本，1979 年 8 月至 1995 年 4 月；以下簡稱《長編》），卷五十二，咸平五年九月丙申條，頁 1150；徐松（1781～1848）（輯），劉琳、刁忠民、舒大剛、尹波等（校點）：《宋會要輯稿》（上海：上海古籍出版社，2014 年 6 月），第七冊，〈職官四十九・都監、監押〉，頁 4403；第十四冊，〈兵十一・捕賊一〉，頁 8819；第十六冊，〈方域十七・水利〉，頁 9611；《宋史》，卷三百五十〈苗授傳附苗履傳〉，頁 11067；葉國良：〈唐代墓誌考釋八則〉，《臺大中文學報》，第七期（1995 年 4 月），頁 51～76（苗氏族譜見頁 20）。按《宋會要・方域十七》記於端拱元年（988），「供奉官閻文遜、苗忠言，開荊南城東漕河至師子口，入漢江，可通荊峽漕路至襄州；又開古白河，可通襄漢漕路至京。詔八作使石全振往視之。」這個供奉官苗忠，當與前述的如京使苗忠為同一人。又編成於宋初的《太平寰宇記》對苗晉卿的記述，附在潞州人物誌，記「唐苗晉卿，潞州壺關人。為吏部侍郎，河北採訪使，歸本縣，下門過縣門，以父母之鄉故也。事親以孝聞。官至侍中、韓國公。」按〈苗授墓誌銘〉也稱苗授曾祖父苗珂以上的墓都在壺關，與此記相合。參見樂史（930～1007）（撰），王文楚等（點校）：《太平寰宇記》（北京：中華書局，2007 年 11 月），第二冊，〈河東道六・潞州〉，頁 937。

〔註10〕　附錄二：〈苗授墓誌銘〉，頁 381～382；《宋史》，卷三百五十〈苗授傳附苗履傳〉，頁 11067。

〔註11〕　上官融（撰），黃寶華（整理）：《友會談叢》，收入戴建國（主編）：《全宋筆記》第八編第九冊（鄭州：大象出版社，2017 年 7 月），卷下，頁 21。

　　考〈苗授墓誌銘〉及《宋史・苗授傳》均記苗京守麟州在慶曆中。按慶曆共有八年，所謂慶曆中，大概指慶曆三年（1043）到慶曆六年（1046）。但證諸群書，夏主李元昊（1004～1048，1032～1048 在位）進攻王氏所世守的豐州（今內蒙古準格爾旗五字灣鎮二長渠行政村內），並攻陷之，在慶曆元年（1041）八月乙未（十八）。至於夏軍進攻及包圍麟州及府州（今陝西榆林市府谷縣）在同年八月。據《長編》所記，宋廷早在慶曆元年八月戊寅（初一），以西夏入寇，詔鄜延路部署許懷德、駐泊都監任守信、劉拯、巡檢黃世寧以兵萬人援救麟州與府州。己卯（初二），宋廷又賜麟州及府州守城軍士緡錢。庚辰（初三），又詔河東路，元昊入寇麟州與府州，所過城寨有能出奇設伏掩擊者，量功優獎之，軍馬或致傷折，亦不加罪。戊子（十一），麟州上奏宋廷（按：此條不提麟州守臣名字），報告元昊進攻麟州及府州的情況。稱元昊在前月戊辰（即七月廿一）攻圍麟州城。本月乙酉（八月初八）越過屈野河（今陝西境窟野河）西山上白草坪白草寨（按：在今陝西榆林市綏德縣東東南焦石堡村古城寨有白草寨，疑白草坪就在附近），距麟州城十五里按軍。丙戌（初九），破寧遠寨（今陝西榆林市府谷縣西南楊家灣村），寨主侍禁王世寶、兵馬監押殿直王顯均戰死。夏軍焚燒倉庫樓櫓皆盡。夏軍又轉攻府州。府州城中有官軍六千一百餘人，居民亦習於戰鬥，加上城險且堅，東南各有水門，崖壁峭絕，下臨黃河。夏軍曾緣崖腹小徑，魚貫而前，卻被城上矢石亂下，殺傷無數。夏軍轉攻城北，而宋軍亦力戰，夏軍傷千餘人而退，改縱兵四掠，刈禾稼，發窖藏，然後徙圍豐州。〔註12〕

　　麟州守軍有多少？據神宗在熙寧五年（1072）十二月壬午（初八）所言，「慶曆中，麟府不過萬人」。上文所述府州有官軍六千餘人，則麟州僅有兵四千多。〔註13〕不過，麟州最嚴重的問題是缺水。《長編》在慶曆元年八月戊子條又記麟州「城中素乏水，圍既久，士卒渴乏。或勸知州苗繼宣取污溝之泥以飾埤，元昊仰視曰：諜謂我無庸戰，不三日，漢人當渴死。今尚有餘以圬堞，諜紿我也。斬之城下，解圍去。」李燾考證此事，以《實錄》記元昊解圍而去，為州有積粟可久守，城中有備。他認為麟州被圍兩旬所以得解，實

〔註12〕《長編》，卷一百三十三，慶曆元年八月戊寅至庚辰條，頁 3160；戊子條，頁 3163；乙未至庚子條，頁 3168～3169。

〔註13〕《長編》，卷二百四十一，熙寧五年十二月壬午條，頁 5878。

元昊疑城中尚多水之故，並不因有積粟。他稱參考了李清臣（1032～1102）所作的〈苗繼宣妻宋氏墓銘〉及魏泰（1050～1110）的《東軒筆錄》，又記司馬光（1019～1086）《涑水記聞》所云「敵見泥塗積藳，遂解圍」之說，與李、魏之記略同。〔註14〕

我們比較〈苗授墓誌銘〉所記苗京守麟州一節，何其相近，連元昊以為諜者所報麟州缺水不實而將之斬殺的事，都完全相同。那教人懷疑，《長編》這裡所記的禮賓副使知麟州苗繼宣，很有可能是苗京本來的名字。〔註15〕另李燾所引述的〈苗繼宣妻宋氏墓銘〉又與〈苗授墓誌銘〉所記苗京妻為慶國太夫人宋氏（？～1080）相合。李燾在這條的注沒有說他看過及參考林希所撰的〈苗授墓誌銘〉，故沒有考證辨明苗京與苗繼宣是否同一人。

考〈苗授墓誌銘〉曾記「時自將相大臣皆謂宜棄河西，仁宗曰：『顧守者

〔註14〕《長編》，卷一百三十三，慶曆元年八月戊子條，頁 3164。李燾在此一節又交待麟州所以有積粟可守，是河東轉運副使文彥博（1006～1097）的功勞，說他繼承其父文洎之志，開通銀城之糧道，令麟州有糧可守。李燾又在是條的小注考證李清臣稱苗繼宣忤貴臣，功不得錄，其實不確，苗繼宣稍後便領資州刺史，以朝廷錄其功故也。不過，李燾若看到〈苗授墓誌銘〉，就會知道仁宗看重苗京守城之功。另李燾在小注也稱，夏軍圍麟州二十七日乃去之說待考。又考李燾所引《東軒筆錄》一條，見於是書卷八，記曰：「麟州據河外，扼西夏之衝，但城中無井，惟有一沙泉，在城外，其地善崩，俗謂之抽沙。每欲包展入壁，而土陷不可城。慶曆中，有戎人白元昊云：『麟州無井，若圍之，半月即兵民渴死矣。』元昊即以兵圍之，數日不解，城中大窖，有軍士獻策曰：『彼圍不解，必以無水窮我。今願取溝泥，使人乘高以泥草積，使賊見之，亦伐謀之一端也。』州將從之。元昊望見，遽詰獻策戎人曰：『爾言無井，今乃有泥以護草積何也？』即斬戎人而解去。此時雖幸脫，然終以無水為憂。」魏泰所言，大概為《長編》所本，只是魏沒有記麟州守將為何人。至於李燾所引的《涑水記聞》，見於是書卷十二，記「慶曆初，趙元昊圍麟州二十七日。城中無井，掘地以貯雨水，至是水竭，知州苗繼宣拍泥以塗薰積，備火箭射。賊有諜者潛入城中，出告元昊：『城中水已竭，不過二日，當破。』元昊望見塗積，曰：『城中無水，何暇塗積？』斬諜者，解圍去。司馬光這條記載，與魏泰所記略同，惟準確地稱元昊圍麟州在「慶曆初」，又點出麟州知州是苗繼宣。參見魏泰（1050～1110）（著），李裕民（點校）：《東軒筆錄》（北京：中華書局，1983 年 10 月），卷八，頁 94；司馬光（撰），鄧廣銘（1907～1998）、張希清校點：《涑水記聞》（北京：中華書局，1989 年 8 月），卷十二，354 條，「元昊圍麟州」，頁 243。

〔註15〕按苗繼宣在慶曆元年五月己酉朔（初一），已任知麟州並管勾招撫屬戶事。參見《長編》，卷一百三十二，慶曆元年五月己酉朔條，頁 3122。此條是苗繼宣名字首次著錄。

如何耳。』」證諸《長編》所記，確是事實。李燾稱元昊破豐州後，引兵屯琉璃堡，縱騎抄掠麟府州間，二州閉駐不出。州民乏水飲，有至黃金一兩易水一杯的情況。這時「朝廷議棄河外，守保德軍，以河爲界，未果。因徙（張）亢使經度之。」仁宗在九月庚戌（初四）以勇將、鄜延都鈐轄兼知鄜州、西上閤門使、忠州刺史張亢（994～1056）爲并代鈐轄，專管勾麟府軍馬公事，代替東染院使封州刺史康德輿（？～1055後）。〔註16〕仁宗所稱的守者，就是張亢。張亢在慶曆二年（1042）便一改康德輿被動死守的做法，主動獲取水源及加強練兵，又收復琉璃堡，並在柏子寨和兔毛川伏擊夏軍，並將之擊退。並趕修五處堡寨，打通麟府的通道。張亢在慶曆三年（1043）七月甲戌（初九）再擢爲引進使并代州副都部署。他一度被貶，到慶曆四年（1044）七月己卯（二十），復爲引進使并代副都部署兼知代州（今山西忻州市代縣）兼河東緣邊安撫事。〔註17〕不過，宋廷內外，仍有主張棄守麟州府州的。好像在慶曆三年十月，剛自河北都轉運按察使徙爲河東都轉運按察使的施昌言（？～1056後），便上奏反對張亢等所請於麟府兩州立十二寨以拓境的主張，以麟府在河外，於國家毫無收益，而批評至今饋守的，徒以畏蹙國之虛名，而不當以事無利之寨，以重困財力。仁宗從其奏。到慶曆四年四月己亥（初八），仁宗以朝臣上奏，稱河東糧運不繼，多次請廢麟州。他向輔臣詢問利害如何。宰相章得象（978～1048）卻以麟州四面蕃漢之民，皆爲元昊所掠，以今野無耕民，故此一路困於饋運。他請降麟州爲寨，徙其州治稍近府州的合河津，並廢其五寨，以省邊民之役。但仁宗堅稱麟州不可廢，惟可徙屯軍馬靠近府州，而另置一城，稍舒其患。並命右正言知制誥歐陽修（1007～1072）往河東，與轉運使議之。五月丁丑（十六），歐陽修從河東回來覆奏，他反駁章得

〔註16〕《長編》，卷一百三十三，慶曆元年九月庚戌條，頁3172；卷一百四十二，慶曆三年七月庚寅條，頁3405；卷一百四十四，慶曆三年十月丁酉條，頁3478；卷一百五十一，慶曆四年七月己卯條，頁3668。康德輿先調知保州（今河北保定市），慶曆三年七月庚寅（廿五），再徙爲眞定府（即鎮州，今河北石家莊市正定縣）、定州路兵馬鈐轄。他在十月丁酉（初三）再徙爲并代鈐轄兼知代州（今山西忻州市代縣），位在張亢之下。慶曆四年七月己卯（二十），張亢以并代副都部署兼知代州，康德輿當於此時去職。

〔註17〕《長編》，卷一百四十二，慶曆三年七月甲戌條，頁3398；卷一百五十一，慶曆四年七月己卯條，頁3668。關於張亢的生平及戰功，可參見陳峰：〈宋朝儒將的角色與歸宿——以北宋張亢事迹爲中心考察〉，原載《鄧廣銘教授百年誕辰紀念論文集》（北京：中華書局，2008年11月），現收入陳峰：《宋代軍政研究》（北京：中國社會科學出版社，2010年9月），頁207～218。

象等所提出的廢州爲寨，移麟州近河，抽兵馬以減饋糧，以及張亢提出添城堡以招集蕃漢之四議。他認爲麟州一移，則五寨勢亦難存，而府州自顧不暇，夏軍就可以入據宋人城堡，耕牧田地，夾河對岸，爲其巢穴。他又提出如何讓五寨卒可以就糧，而不必減去寨數目。最後他又提出委土豪守麟州，他特別提出麟州將王吉便是合適人選，說他材勇素已知名，其官序已可爲知州，建議一二年間，視其功效，若他能善其守，可以世任之，使爲捍邊之臣。〔註18〕

苗京守麟州有功，〈苗授墓誌銘〉記仁宗「及聞其能堅守卻賊，召見歎獎，錄其功擢之，由是河西卒不棄。」苗京擢任何官？《長編》就記在慶曆元年九月壬申（廿六），宋廷以知府州如京使折繼閔（1018～1052）爲宮苑使領普州刺史，而知麟州、禮賓副使苗繼宣就超擢爲禮賓使領資州刺史，並以城守之勞賞之。很顯然，「錄其功擢之」的苗京就是苗繼宣。〔註19〕

〈苗授墓誌銘〉記「皇祐中，聞胡瑗在太學，挾策歸之，補國子生，中優等。以父老而去從仕。」，則苗京在皇祐中仍在世。惟苗京以後的事蹟及卒年不詳，只知他最後以左領軍大將軍致仕，因苗授之故後贈太尉，其妻宋氏贈慶國太夫人。《長編》及宋人筆記對苗繼宣後來的事蹟倒有多一點的記載。好像司馬光便記苗繼宣在麟州被圍時，便募吏民有能通信援於外者。通引官王吉應募，苗問他須幾人隨行。王回答夏騎百重，無所用眾。苗接受他的意見，讓他髡髮衣胡服，挾弓矢帶乾糧，扮作胡人夜縋而出。王碰到夏人詰問，就以胡語答之。歷兩晝夜，走出夏人堡寨，走詣府州告急。府州遣將兵援救，王吉又間道入麟州城，城中皆呼萬歲。夏軍解圍後，苗奏上王吉之功。宋廷除王吉三班奉職、本州指使。王吉就是上文歐陽修大力推薦可繼爲麟州知州的麟州土豪。〔註20〕此則記載具見苗繼宣知人善任。

〔註18〕《長編》，卷一百四十四，慶曆三年十月庚戌條，頁3483；卷一百四十八，慶曆四年四月己亥條，頁3582；卷一百四十八，慶曆四年五月丁丑條，頁3610～3612；朱熹（1130～1200）、李幼武（？～1172後）（編），李偉國（校點）：《八朝名臣言行錄》，《三朝名臣言行錄》，收入朱杰人、嚴佐之、劉永翔（主編）：《朱子全書》，第十二冊（上海：上海古籍出版社，2010年9月），卷二之二〈參政歐陽文忠公〉，頁412。

〔註19〕附錄二：〈苗授墓誌銘〉，頁382；《長編》，卷一百三十三，慶曆元年九月壬申條，頁3179。

〔註20〕《涑水記聞》，卷十二，354條，「元昊圍麟州」，頁243。按此條爲《長編》所採用，見《長編》，卷一百三十三，慶曆元年九月壬申條，頁3181；卷一百

　　據《長編》所載，苗繼宣在慶曆五年（1045）二月丙申（初九），以資州刺史陞任并代鈐轄，並兼知忻州（今山西忻州市）。〔註21〕他調知忻州，可能因前任處理慶曆三年（1043）五月及慶曆四年（1044）五月連續兩年發生的地震的善後工作不力，於是宋廷在地震後九月便將守麟州有善政的苗繼宣調

四十三，慶曆三年九月丙子條，頁 3449；卷一百四十八，慶曆四年二月丙申條，頁 3535；卷一百五十七，慶曆五年十二月癸丑條，頁 3811；卷一百六十八，皇祐二年二月乙丑條，頁 4033。按王吉後來升任麟州都監，以擊西夏有功，在慶曆四年（1044）二月丙申（初三）獲賜器幣。宋廷在皇祐二年（1050）二月乙丑（初八），遣內侍賜當時已陞任河東沿邊巡檢使、北作坊使的王吉金創藥。因河東路安撫使王拱辰上奏，表奏王吉前與夏人作戰，爲流矢所中，瘡疾發且甚。故宋廷特賜藥以撫之。惟王吉始終沒有獲委知麟州之職。苗繼宣麾下立下戰功的將校，除了王吉外，還有麟州指使殿侍李宣。據《長編》載，麟州飛騎指使吳友等四十九人陷夏軍包圍時，李宣力戰而將他們援救出險。河東路經略司又奏上宋廷，稱李宣屢與夏人戰而身中流矢，宋廷在慶曆三年九月丙子（十二），特擢李宣爲右班殿直。

〔註21〕《長編》，卷一百二，天聖二年四月辛酉條，頁 2355；卷一百四十四，慶曆三年十月丁酉條，頁 3478；卷一百四十六，慶曆四年二月丙申條，頁 3535；卷一百五十一，慶曆四年七月己卯條，頁 3668；卷一百五十五，慶曆五年四月丁亥條朔條小注，頁 3767；卷一百五十六，慶曆五年七月己亥條，頁 3788；卷一百五十八，慶曆六年正月癸巳條，頁 3818。考康德輿在慶曆三年十月丁酉（初三），以北作坊使封州刺史爲并代鈐轄兼知代州。惟慶曆四年七月己卯（二十），張元以并代副都部署兼知代州，當是取代康德輿之職。考王凱（996～1061）也在慶曆四年二月丙申（初三）以并代鈐轄獲宋廷賜器幣，賞其擊破夏軍之功。他在慶曆五年七月己亥（十六），以并代鈐轄管勾麟府軍馬西京作坊使領資州刺史，因河東經略使明鎬（989～1048）奏上宋廷，以王在河外九年，屢有功，於是宋廷將他留下。按并代鈐轄可以同時委任兩人以上。康德輿去職後，苗繼宣在慶曆五年二月當是接康之職，任并代鈐轄兼知忻州。按內臣如京副使內侍押班石全斌（？～1070）在慶曆六年正月癸巳（十二）也獲委爲并代鈐轄，隨判并州夏竦（985～1051）領親兵巡邊。即是說，在慶曆六年正月，任并代鈐轄同時有苗繼宣、王凱和石全斌三人。又按李燾在是條小注裡提到，因名字相近，懷疑苗繼宣是嬪御之屬苗繼宗的兄弟。仁宗之嬪妃姓苗的是仁宗苗貴妃（？～1091），據明人《姑蘇志》的說法，苗繼宗是她父親。又據宋人所記，苗繼宗在眞宗天禧末年娶被讒而出宮的仁宗乳母許氏（？～1039），許氏在天聖二年（1024）四月辛酉（初四）向仁宗自陳，於是月丙寅（初九）獲封爲臨潁縣君，苗繼宗獲授右班殿直。苗妻許氏尋晉高陽郡夫人，復入宮。最後晉魏國夫人。她在寶元二年（1039）三月辛，仁宗詔報視朝三日，並爲她制服發哀。參見《宋會要輯稿》，第一冊，〈后妃三・乳母〉，頁 319；王鏊（1450～1524）：《姑蘇志》，文淵閣《四庫全書》本，卷三十五，葉九下。按苗繼宗與仁宗有多重的戚屬關係，也許苗繼宣不想人覺得他與苗繼宗有關，就改名苗京。

知忻州。〔註 22〕繼任知麟州的當是禮賓副使張繼勳。〔註 23〕苗繼宣在慶曆五
年以後的事蹟不詳。考皇祐元年（1049）三月丁酉（初五），當時知忻州已是
英州刺史西上閤門使郭諮（？～1060 後）。則苗繼宣在皇祐元年前已不再知忻
州。〔註 24〕可惜李清臣所撰的〈苗繼宣妻宋氏墓銘〉不傳，而苗授妻劉氏之

〔註22〕 苗繼宣知忻州的前任是誰人不詳。忻州在慶曆三年五月乙亥（初九）奏報發
生地震，仁宗即指「地道貴靜，今數震搖，得非兵興勞民之象乎？」他詔河
東路轉運使及經略使，要安卹百姓，但不得輒弛邊備。而慶曆四年五月乙酉
（廿四），忻州奏報再發生地震，有聲如雷。故仁宗要派能吏處理地震災情。
另忻州因民內徙，廢田甚多，一直都未能募人開墾。參見《長編》，卷一百四
十一，慶曆三年五月乙亥條，頁 3373～3374；卷一百七十八，至和二年二月
丙午條，頁 4317；《宋史》，卷十一〈仁宗紀三〉，頁 216，218。

〔註23〕 據《長編》所記，慶曆五年十二月癸丑（初二），麟州上言夏軍人馬至屈野
河西，守臣令麟州指使殿侍魏智等引兵令夏軍返回，但魏智遇伏，爲夏人所
執。麟州知州率眾逐夏人至銀川寨，夏人遁去。但宋廷並無獎賞，反而詔河
東經略司，說應遵守誓詔，說夏人本無鬥意，而宋軍以兵迫逐爲邊生事，其
邊吏並劾罪以聞。按此處未記知麟州是誰。又《長編》記，宋廷在皇祐二年
（1050）二月乙丑（初八），遣內侍賜河東沿邊巡檢使、北作坊使王吉金創
藥。因河東路安撫使王拱辰上奏，表王吉前與夏人作戰，爲流矢所中，現疾
發且甚。故宋廷特賜藥以撫之。《長編》在卷一百八十五，嘉祐二年二月壬
戌（十六）條，述及宋夏屈野河邊界，就記「初，麟府西南接銀州，西北接
夏州，皆中國地也。慶曆中，元昊既納款，知麟州禮賓副使張繼勳奉詔定界
至而文案無在者，乃問州人都巡檢王吉及父老等，皆云繼遷未叛時，麟州之
境，西至俄枝、盤堆及寧西峰，距屈野河皆百餘里。」考元昊向宋稱臣在慶
曆四年五月丙戌（廿五）。宋廷在是年十二月乙未（初八）始遣使冊他爲夏
國主。元昊到慶曆五年二月壬辰（初五）才遣人賀正旦。則元昊納款，張繼
勳奉詔查察及定界，最早當在慶曆五年二月。時間上吻合苗繼宣在五年二月
自麟州調知忻州。而是條提到麟州人都巡檢王吉，也吻合王吉前述的記載。
故可判定，繼苗繼宣知麟州的是張繼勳。不過，據載張繼勳不久坐事而去，
由王亮繼任，之後繼知麟州的有西上閤門使張希一。到嘉祐二年五月屈野河
之役，知麟州爲六宅使武勘。參見《長編》，卷一百五十七，慶曆五年十二
月癸丑條，頁 3811；卷一百六十八，皇祐二年二月乙丑條，頁 4033；卷一
百八十五，嘉祐二年二月壬戌條，頁 4469～4471，4476～4477；卷一百八
十六，嘉祐二年八月癸亥條，頁 4488；《宋史》，卷十一〈仁宗紀三〉，頁 218
～220；卷四百八十五〈外國傳一‧西夏上〉，頁 13999；《皇宋十朝綱要》，
卷六〈仁宗〉，頁 203～204。

〔註24〕 《長編》，卷一百六十六，皇祐元年三月丁酉條，頁 3991；卷一百七十二，皇
祐四年三月丙寅條，頁 4140；卷一百八十，至和二年八月癸丑條，頁 4366；
卷一百九十，嘉祐四年七月甲辰條，頁 4578；卷一百九十一，嘉祐五年五月
己丑條，頁 4623～4624。按郭諮所進獨轅衝陣無敵流星弩，到皇祐四年（1052）
三月丙寅（廿一），獲河東及陝西都部署司上奏稱許，可以備軍之用。宋廷詔
弓弩院如樣造之。至和二年（1055），郭諮獲擢爲鄜延路鈐轄，大概亦不再兼

墓誌銘也未公開，我們無法進一步確定苗繼宣與苗授的關係。

　　苗授之祖苗守忠（苗忠）與其父苗京（苗繼宣）均屬武臣，苗京更是守麟州有功的邊將。苗授除了是將家子外，更是苗氏將門的第三代傳人，苗氏到他就發揚光大。

三、苗授早年仕歷

　　苗授字受之，他卒於紹聖二年九月，得年六十七，以此上推，他當生於天聖八年（1030）。據〈苗授墓誌銘〉所記，他「少以父任三班奉職，爲人頎秀而沉敏，喜讀書屬文，皇祐中，聞胡瑗在太學，挾策歸之，補國子生，中優等。以父老而去從仕。」按苗京（繼宣）在慶曆元年已擢禮賓使領資州刺史，五年陞并代鈐轄知忻州。以他的官位，其子苗授乃可以蔭補授小使臣次低一階的三班奉職。胡瑗是北宋中期著名的經學家和教育家。按胡瑗在皇祐四年（1052）十月甲戌（初二）爲光祿寺丞入爲國子監直講。皇祐五年（1053）九月庚寅（廿四）遷大理寺丞。嘉祐元年（1056）十二月兼管勾太學，至嘉祐四年（1059）正月戊申（十三）以疾自太子中允、天章閣侍講請致仕，宋廷授太常博士，同年六月卒於杭州（今浙江杭州市）。則苗授入國子監補國子生當在皇祐五年後。苗授在皇祐五年二十四歲，他在國子監學習多久不詳，他試中優等，應該在監中至少學習一兩年。他以父老而棄學出仕，相信在至和二年（1055）後。〔註25〕

　　　　知忻州。接任知忻州可能是四方館使李中吉（？～1059後）。按李中吉在嘉祐四年七月以過自知忻州降爲汝州鈐轄，他可能在至和二年後繼知忻州。按郭諮在至和二年八月癸丑（廿八）以西上閤門使英州刺史任契丹祭奠副使，出使遼國。後來出知潞州，他在嘉祐五年五月己丑（初二）既獻所造拒馬車，又陳奏他所創車弩可以破遼人堅甲，制邊騎奔衝，他說若多設之，加以大水之助，可取幽燕，稍後他又上〈平燕議〉。仁宗壯其言，尋命他同提點在京諸司庫務，及宋廷揀內軍器庫兵仗，又命他提舉。郭是當時的兵器專家。

〔註25〕　附錄二：〈苗授墓誌銘〉，頁382；《東都事略》，卷八十四〈苗授傳〉，葉三下（頁1282）；《宋史》，卷三百五十〈苗授傳〉，頁11067；《長編》，卷一百七十三，皇祐四年十月甲戌條，頁4175；卷一百七十五，皇祐五年九月庚寅條，頁4234；卷一百八十九，嘉祐四年正月戊申條，頁4548；胡鳴盛：《安定先生年譜》（原載《山東大學文史叢刊》第一期），現載吳洪澤、尹波（主編）：《宋人年譜叢刊》，第二冊（成都：四川大學出版社，2003年1月），頁669～689。關於胡瑗近年的研究，可參見黃富榮：〈胡瑗抄襲孫復經說與孫胡交惡——由胡瑗的春秋學佚文說起〉，載姜錫東（主編）：《宋史研究論叢》第十二輯（保定：河北大學出版社，2011年12月），頁461～479。

　　苗授為將家子，卻「喜讀書屬文」，又隨名師在國子監學習，考得優等生。文臣士大夫也為他這番特別的資歷而稱美他「平居侃侃若儒者」，他的文化素養顯然幫助他後來出任常要和文臣打交道的殿帥職務。〔註26〕他在國子監，學到甚麼與他的軍旅生涯有助？據方震華的研究，胡瑗在慶曆年間，以其所撰的〈武學規矩〉上呈仁宗，請求再在國子監設武學，他主張武學以《論語》及《孫子》為主要的教材，兼顧培養學生的德行與謀略。《五朝名臣言行錄》引《呂原明記》（疑即呂希哲《呂氏雜記》，惟該書現存的版本未載此條）即云：「今國子監直講內，梅堯臣曾注《孫子》，大明深義，孫復而下，皆明經旨。臣曾任邊陲，頗知武事，若使堯臣等兼蒞武學，每日只講《論語》，使知忠孝仁義之道，講《孫》、《吳》，使知制勝禦敵之術，於武臣子孫中有智略者三二百人教習之，則一二十年之間，必有成效。臣已撰成《武學規矩》一卷進呈。」雖然「時議難之」，他的意見當時未被宋廷接受；但到皇祐四年後胡瑗主持國子監，相信他會重申當年的武學主張。而苗授正是武臣子孫中有智略者，相信當受胡這方面的教導，將儒學與兵學融而為一。〔註27〕

　　據《邵氏聞見錄》所載，苗授為小官時，「客京師逆旅中，未嘗出行，同輩以為笑。」〔註28〕考苗授以小官而客旅京師，疑即指他在國子監受業時。大概他專心學習，也謹慎自持，故未嘗出遊。

　　苗授正式出仕第一份差遣，是監并州在城藥蜜庫。大概宋廷體恤其父任職并代鈐轄，就給苗授一份并州的差事，方便他奉養父母。藥蜜庫的職能和管理，據《宋會要・食貨五十二》有詳細的記載，藥蜜庫在京師「宣義坊，掌糖蜜、藥物供馬醫，以京朝官、三班三人監管。太宗淳化五年（994）三月，詔藥蜜庫今後諸州交納到藥蜜，其盛貯物，若本處明有公文稱是納人自備者，即時給付。真宗景德四年（1007）八月，詔藥蜜庫支諸班軍啗馬藥，每馬上槽時，將樣逐月一次上殿進呈訖散。大中祥符七年（1014）三月，詔自今蜜

〔註26〕附錄二：〈苗授墓誌銘〉，頁383；《東都事略》，卷八十四〈苗授傳〉，葉四上（頁1283）。

〔註27〕參見方震華：〈文武糾結的困境——宋代的武舉與武學〉，原刊於《臺大歷史學報》三十三期（2004年6月），2006年3月修訂，現刊於宋史座談會（主編）：《宋史研究集》第三十六輯（臺北：新文豐出版股份有限公司，2006年7月），頁74～75，116；《八朝名臣言行錄》，《五朝名臣言行錄》，卷十之二〈安定胡先生〉，頁318。

〔註28〕邵伯溫（1056～1134）（撰），李劍雄、劉德權（點校）：《邵氏聞見錄》（北京：中華書局，1983年8月），卷八，頁84。

庫祗差京朝官各一員監掌，其監官、專、副，一年一替，候守支滿底，別無少欠，即監官發遣歸班。」「熙寧三年（1070）三月十四日，詔併在京瓷器、藥蜜兩庫入雜物庫，留藥蜜庫官一員管勾，雜物庫官別與合入差遣。」《文獻通考》亦記載，「藥蜜庫，監官二人，以京朝官充，掌受糖蜜藥物，以供馬醫之用。」又據《呂氏雜記》所載，「治平初，某監藥蜜庫，出黃蘗供染紙處，其色甚鮮。」在宋人文集中，多有記載文臣出任監在京藥蜜庫。惟記載以三班使臣充監官，以及監并州在城藥蜜庫，目前就只有苗授一例。〔註29〕

　　苗授監并州在城藥蜜庫時，他的上司知并州是誰？考知并州兼河東路安撫使，在皇祐五年五月前至和二年（1055）二月是韓琦，韓琦任知并州時，在皇祐五年七月庚申（廿三）推薦勇將趙滋（1008～1064）爲莊宅副使兼閤門通事舍人權并代鈐轄。他在至和元年五月戊寅（十五），請自今河北、陝西和河東兵每春秋大閱，其武藝絕倫者，就免軍中諸役，如本軍將有闕就先補之。從以上可知韓琦一直識才愛才，他任知并州時，是否遇上苗授，暫未可考。苗授出仕獲委監并州在城藥蜜庫，也許是韓琦離開并州後。考韓琦在至和二年二月乙巳（十七）以疾請罷知并州，宋廷將韓徙知他家鄉的相州（今河南安陽市），而以另一重臣觀文殿學士、戶部侍郎知河陽（今河南焦作市孟州市）富弼（1004～1083）爲宣徽南院使知并州。但富弼在是年六月戊戌（十一）即被召還拜相。繼任判并州的是宣徽北院使王拱辰，但因言官反對，同月己亥（十二）王改知永興軍（今陝西西安市），而由原調知永興軍的前任宰相龐籍爲昭德軍節度使改知并州。據上推論，苗授大概是富弼判并州時被委

〔註29〕 附錄二：〈苗授墓誌銘〉，頁382；蘇頌（1020～1101）（撰），王同策等（點校）：《蘇魏公集》（北京：中華書局，1988年9月），卷五十七〈光祿卿葛公墓誌銘〉，頁873；卷五十九〈職方員外郎郭君墓誌銘〉，頁905；王安禮（1035～1096）：《王魏公集》，文淵閣《四庫全書》本，卷七〈賈圭墓誌銘〉，葉二上下；呂希哲（1039～1116）撰，夏廣興（整理）：《呂氏雜記》，收入朱易安等（主編）：《全宋筆記》第一輯第十冊（鄭州：大象出版社，2003年10月），卷下，頁288；《宋會要輯稿》，第六冊，〈職官二十七‧太府寺〉，頁3712；第十二冊，〈食貨五十二‧藥蜜庫〉，頁7176；馬端臨（1254～1323）（撰），上海師範大學古籍研究所暨華東師範大學古籍研究所（點校）：《文獻通考》（北京：中華書局點校本，2011年9月），第三冊，卷五十六〈職官考十‧太僕卿〉，頁1645。據蘇頌所記，官至光祿卿的葛閎（字子容，1003～1072），在出仕不久被罷官，復出後即任監在京藥蜜庫。另官至職方員外郎的郭源明（字潛亮，1022～1076），也曾監在京藥蜜庫。另王安禮也記仁宗朝宰相賈昌朝子賈圭（1028～1072），也在早年以殿中丞國子博士，被謫監在京藥蜜庫。

監藥蜜庫的。〔註30〕

　　龐籍在至和二年六月出任知并州後，苗授獲辟監較藥蜜庫重要的甲仗庫，管理軍械。當時通判并州的是殿中丞集賢校理司馬光，同在龐籍麾下，二人大概認識。龐籍在并州兩年半，在嘉祐二年（1057）十一月戊戌（廿六），因五月庚辰（初五）宋軍兵敗於斷道塢，他被劾匿隱司馬光曾上之議而被罷，徙知青州（今山東濰坊市青州市）。繼知并州首先是前樞密副使孫沔，孫在嘉祐四年五月丙午（十三）徙知壽州（今安徽六安市壽縣）後，繼任的是另一舊相梁適。而在嘉祐四年十月癸酉（十二），在韓琦的主張下，并州陞為太原府。梁適奏薦苗授出任在慶曆年間修復，在府州府谷縣的安豐寨（今陝西榆林市府谷縣北城圪博村）兵馬監押，當在嘉祐四年五月後。梁適大概在嘉祐末年徙知河陽，宋廷以前宰臣文彥博判太原府，但文不久以丁母憂去職，改由前樞密副使、資政殿學士陳升之繼任知太原府。苗授大概在陳升之到來時再遷安豐寨主。〔註31〕

〔註30〕《長編》，卷一百七十四，皇祐五年二月癸卯條，頁4207；卷一百七十五，皇祐五年七月庚申條，頁4221；卷一百七十六，至和元年五月戊寅條，頁4262；卷一百七十七，至和元年十二月庚子條，頁4295；卷一百七十八，至和二年二月乙巳至丙午條，頁4316～4317；卷一百八十，至和二年六月戊戌至甲辰條，頁4353～4354；七月戊辰條，頁4358～4359。

〔註31〕龐籍、孫沔及梁適二人均在罷相及罷樞後先後出知并州。龐籍在皇祐五年閏七月壬申（初五）罷相，以戶部侍郎本官出知鄆州（今山東菏澤市鄆城縣）。至和二年六月徙知永興軍，未行改知并州。龐籍在嘉祐二年十一月戊戌（廿六）罷知青州。繼任的是觀文殿學士禮部侍郎孫沔。孫在嘉祐四年二月乙亥（初十）以河東經略安撫使請廢府州及麟州十二堡寨使臣，河東經略安撫使例兼知并州，則孫沔已於嘉祐四年二月前知并州。他當是接龐籍之任。孫在同年五月丙午（十三）調知壽州後，就由梁適繼任。梁適在皇祐五年閏七月壬申（初五）繼為次相後，在至和元年七月戊辰（初七）因言官所劾罷相出知鄭州（今河南鄭州市），八月丙午（十五）徙知秦州。嘉祐二年八月徙知永興軍，梁適當在孫沔調任後，在嘉祐四年二月後繼知并州。據歐陽修所記，梁適在嘉祐五年六月甲戌（十七）已自定國軍節度使知并州。據《宋史·梁適傳》所載，梁在收復屈野河失地六百里後以風疾請離邊郡，於是徙知河陽府，以太子太保致仕，熙寧二年十二月（1070）卒。據李之亮及申利的考證，文彥博大概在嘉祐七年（1062）以左僕射判太原府，八年（1063）二月他以繼母申氏卒而守制去職，相信稍後就由資政殿學士陳升之繼知太原府。按陳升之在嘉祐六年（1061）四月庚辰（廿七）罷樞副出知定州（今河北保定市定州市），《宋史·陳升之傳》記他知定州後再徙知太原府。考《長編》與《宋會要輯稿》記他在治平元年（1064）六月癸丑（十九）以知太原府上言，以母老請徙知揚州（今江蘇揚州市）、越州（今浙江紹興市）或湖州（今浙江湖

英宗在嘉祐八年三月辛未（廿九）繼位後，陳升之在治平二年五月癸亥（初四）復用爲樞密副使。誰繼知太原府？《長編》記宋廷以翰林學士權知開封府馮京（1021～1094）爲陝西安撫使代替陳升之，似乎陳升之召還前已調任陝西安撫使，而非河東安撫使知太原府。據李之亮所考，繼陳升之知太原府的是權御史中丞龍圖閣學士唐介。唐在治平二年任河東路經略安撫使知太原府，任職三年。到治平四年正月神宗立不久，召還任三司使。據〈苗授墓誌銘〉所記，苗授任安豐寨主後，擢忻代都巡檢使。未行，而韓琦經略陝西，將苗另有任用。以此推論，苗授大概在治平四年初，唐介尚未召還前被擢爲忻代都巡檢使。〔註32〕

苗授尚未就任新職的忻代都巡檢使，在治平四年九月辛丑（廿六）自請罷政的首相韓琦，先出判相州，再在十一月，改判永興軍兼陝府西路經略安

州市）以便奉養。則陳當早在嘉祐末年已自定州徙知太原府。考宋廷不允他所請，以邊臣當久任，難於屢易。參見《長編》，卷一百七十五，皇祐五年閏七月壬申條，頁 4223；卷一百七十六，至和元年七月戊辰至己巳條，頁 4264～4265；八月丙午條，頁 4272；卷一百八十二，嘉祐元年六月庚午條，頁 4412～4414；卷一百八十五，嘉祐二年五月庚辰條，頁 4476～4478；七月丁酉條，頁 4486；卷一百八十六，嘉祐二年十二月戊戌條，頁 4494～4495；卷一百八十九，嘉祐四年二月乙亥條，頁 4551；卷一百九十三，嘉祐六年四月庚辰條，頁 4666；卷一百九十五，嘉祐六年十月壬午條，頁 4726；卷二百二，治平元年六月辛亥條，頁 4892；《宋會要輯稿》，第八冊，〈職官六十・久任官〉，頁 4675；第十六冊，〈方域十八・安豐寨〉，頁 9632；〈方域二十一・邊州・府州〉，頁 9699；附錄二：〈苗授墓誌銘〉，頁 382；歐陽修（撰），李逸安（點校）：《歐陽修全集》（北京：中華書局，2001 年 3 月），第四冊，卷八十九〈內制集卷八・賜定國軍節度使知并州梁適進奉謝恩詔・嘉祐五年六月十七日〉，頁 1304；王珪（1019～1085）：《華陽集》，文淵閣《四庫全書》本，卷五十八〈梁莊肅公適墓誌銘〉，葉七上；《宋史》，卷二百八十五〈梁適傳〉，頁 9624～9625；卷三百十二〈陳升之傳〉，頁 10237；卷三百十三〈文彥博傳〉，頁 10261；申利：《文彥博年譜》（成都：巴蜀書社，2011 年 5 月），頁 131～132；李之亮：《宋河北河東大郡守臣易替考》（成都：巴蜀書社，2001 年 5 月），「并州太原府」，頁 282。

〔註32〕 王珪：《華陽集》，卷五十七〈推忠佐理功臣正奉大夫行給事中參知政事上護軍魯國郡開國公食邑二千三百戶食實封四百戶賜紫金魚袋贈禮部尚書諡質肅唐公墓誌銘〉，葉十五上至十六上；《長編》，卷二百五，治平二年五月辛亥條，頁 4963～4966；《宋史》，卷三一六〈唐介傳〉，頁 10328～10329；李之亮：《宋河北河東大郡守臣易替考》，頁 282；考陳升之在治平元年六月求調離太原不允，他在甚麼年月離開太原，待考。唐介在熙寧元年正月以權三司使爲給事中參知政事，熙寧二年四月卒，他在治平四年何月日召還任權三司使，王珪所撰之墓誌亦未言明。待考。

撫使，全權處置因种諤擅興兵取綏州（今陝西榆林市綏德縣）引發的問題。韓琦一直任職至熙寧元年（1068）七月，才以疾求罷，神宗挽留不果，將韓琦復知相州。當韓琦經略陝西時，就奏移苗授爲陝西經略司準備差使，並把他從河東徙往陝西的原州（今甘肅慶陽市鎮原縣），任駐泊都監，稍後再將他調爲鎮戎軍三川寨主兼西路緣邊同巡檢使，考三川寨（今寧夏固原市彭堡鄉隔城子古城）是鎮戎軍所轄之要塞，與定川寨（今寧夏固原市中河鄉大營村硝河西北岸黃嘴古城）與劉璠堡（今寧夏中衛市海原縣西南）等堡寨在鎮戎軍西北。而鎮戎軍接夏界天都山只有百餘里，其與石門堡（塔子嘴，今寧夏固原市黃鐸堡鄉西寺口子）前後峽連接，據涇原安撫使王堯臣（1003～1058）在慶曆三年（1043）正月丙子（初七）上奏所言，該地最爲夏騎奔衝之路。他指出三川寨地勢據險，可以保守，而定川與劉璠兩寨，新經修築，而定川城壁不甚完整，要增葺及添置兵馬糧草之備。他更指出三寨之寨主和監押，當令本路主帥舉辟材勇班行出任。韓琦委任苗授爲三川寨主，與王堯臣當年之意同。苗授的本官，在熙寧初年已從三班使臣累遷至諸司副使最低一階的供備庫副使。〔註33〕

四、小結

苗授在神宗繼位前，已具備豐富的行陣經驗與出任邊將的資歷，加上他有良好的家世與文臣人脈，他出人頭地與建功立業是指日可待。神宗在繼位後，即銳意推行新政，謀求富國強兵，更大的鴻圖是克遼破夏，開疆闢土。王安石在熙寧二年（1069）二月庚子（初三）自翰林學士拜參政，再在熙寧三年（1070）十二月丁卯（十一）拜相。王獲神宗重用推動新政。而深爲王安石賞識，早於熙寧元年（1068）上〈平戎策〉，請開西邊的河湟以制西夏的計議而受神宗賞識的王韶，便在熙寧三年四月獲委經略西邊。苗授未幾獲王韶任用，從此成爲西征軍一員猛將，開啓了他不凡的軍旅生涯。

按：本文曾在 2018 年 8 月於蘭州中國宋史研究會第十八屆年會宣讀。

〔註33〕《宋史》，卷十四〈神宗紀一〉，頁 266；韓琦（撰），李之亮、徐正英（箋注）：《安陽集編年箋注》（成都：巴蜀書社，2000 年 10 月），下冊，附錄三：宋佚名（撰）：《韓魏公家傳》，卷六，頁 1826～1830；卷七，頁 1830～1836；附錄二：〈苗授墓誌銘〉，頁 382；《長編》，卷一百三十九，慶曆三年正月丙子條，頁 3338～3339；卷一百四十，慶曆三年四月己未條，頁 3366；卷二百四十三，熙寧六年三月丁未條小注，頁 5912。

附錄二：宋保康軍節度使贈開府儀同三司苗莊敏公墓銘

　　宋故殿前副都指揮使保康軍節度房州管內觀察處置等使持節房州諸軍事房州刺史管勾指揮使公事檢校司空上柱國濟南郡開國公食邑四千一百戶食實封玖伯戶贈開府儀同三司苗公墓誌銘并序

　　朝請大夫權吏部尚書兼侍讀同修國史護軍福清縣開國男食邑三伯戶賜紫金魚袋臣林希奉　　聖旨撰并書

　　紹聖二年九月戊戌，殿前副都指揮使保康軍節度使苗公薨，年六十有七。天子震悼，賜尚方龍腦水銀以殮。輟視朝一日，贈開府儀同三司，諡曰莊敏。十一月庚申，其孤履葬公於衛州共城縣卓水原。公諱授，字受之，唐相韓公晉卿十世孫。世居潞州之壺關。自公皇考太尉始葬共城，故公亦從葬。初公嘗以武泰之節，入長宿衛，歲餘以疾辭職。　上不得已，聽徙節保康，出守于潞。未幾又請還節，聽以右衛上將軍退居於洛。公雖去，上察其忠可復用也。後五年乃以舊節起公於家，翊戴扈從，不懈益虔。及感疾，遣中貴人挾國醫診視相繼。訃聞，車駕趨臨其喪，關舊旌勤，恩禮加等。將葬，又命史臣希論次本末，以誌其墓。謹按苗出于羋，姓自貴望，去楚適晉，食於苗。後以邑氏，常為晉人。而家上黨者，仕唐家顯。公之曾祖珂，贈太子少保，妣王氏，普寧郡太夫人。祖守忠，如京使，贈太子太師，妣任氏，安康郡太夫人。皇考京，左領軍大將軍致仕贈太尉，妣宋氏，慶國太夫人。慶曆中，太尉守麟州，屬趙元昊入寇，陷豐州，進圍州城，甚危。太尉誓將士以死守。聞諜者曰：『城中水竭，不三日渴且死。』乃取溝中泥污彈坭，虜仰視曰：『城中猶積污，謂渴死者紿我也。』斬諜而去。時自將相大臣皆謂宜棄河西，仁宗曰：『顧守者如何耳。』及聞其能堅守卻賊，召見歡獎，錄其功擢之，由是河西卒不棄。

公少以父任三班奉職，為人頎秀而沉敏，喜讀書屬文，皇祐中，聞胡瑗在太學，挾策歸之，補國子生，中優等。以父老而去從仕，初監并州在城藥蜜庫。故相龐公籍為并州，辟監甲仗庫。梁公適至，又奏為府州安豐寨兵馬監押。遷寨主，徙忻代都巡檢使。未行，韓公琦經略陝西，奏為準備差使。徙原州駐泊都監、鎮戎軍三川寨主兼西路緣邊同巡檢使，累遷供備庫副使。

熙寧五年，朝廷新復鎮洮。明年，公以兵從王韶為先鋒，破香子城，進拔河州。賊新潰尚銳，去圍香子以迎歸師。韶遣裨將回師救之，鬥死，乃以五百騎屬公，夜馳往。公勒所部百騎到帳，令曰：晨當破賊，皆賈勇聽命，奮擊大敗之。休卒二日，賊猶要我於架麻平，注矢如雨，眾懼，公聲言曰：第進無慮，氈排五百且至，前驅者傳呼，響震山谷，賊驚亂散逸，凡力戰者數十，斬首四千級，獲器械等以數萬計。居數月，又破賊牛精谷，斬首三百級，遂取珂諾城。城之，賜號定羌，又城香子，賜號寧河寨。始盡得河湟故地。奏至，百官入賀。徙知德順軍，又破郎家族，以功三遷至西上閤門使。自開熙河邈川，董氈將鬼章與瞎木征，歲常內擾。景思立自河州以兵出擊，死於踏白城，賊復圍河州，詔公往救。始慮洮西將士，皆欲徑趨河州，公曰：南撒宗城甚近，有伏兵，若撓我則奈何？當先襲之，一戰而克。遂通道破賊，斬首四百餘級。賊平，公於諸將功第一。擢拜四方館使榮州刺史，遂知河州兼管勾洮西緣邊安撫司事，以兵三千從燕達復取銀川、踏白城，斬首八百級。木征窘，使告李憲曰：願得信使道我降。憲問孰可使，公曰：授惟一子履，不敢惜。履行至趙家山，果以木征及其母弟妻子部屬等來，傳于京師，遷公引進使果州團練使，擢履閤門祗候，又官其親屬一人。徙涇原路都鈐轄緣邊巡檢使兼知鎮戎軍。未至，召為大遼生辰國信副使。神宗勞之曰：曩香子圍，幾敗吾事，非勇而有謀者，安能以寡擊眾？公頓首謝。劉舜卿、黃琮嘗薦公，上稱其知人，皆詔獎之。還為秦鳳路馬步軍副總管，又徙涇原路兼第一將。召見，上曰：吾求可守河州者，無以易授。聞爾心計過人，軍事巨細皆有備。昔高崇文練兵五千，常若寇至，為將不當爾耶？羌人反側者，為吾安之。還，以為熙河路馬步軍總管，復知河州，副李憲為中軍總管，擊生羌露骨山，斬萬餘級，獲吐蕃大首領冷雞朴等，蕃族十萬七千餘帳皆來附，憲表公功居右，拜昌州團練使龍神衛四廂都指揮使，熙河路副都總管。公既威震諸羌，乃以恩信撫董氈，約使許賞，董氈惶恐，即遣景青宜党令支入朝謝罪。新闢邊弓箭手艱食，出屯田儲四千斛賑之。

元豐元年，徙知雄州，遷捧日天武四廂都指揮使。明年，又遷侍衛親軍步

軍都虞候。兩屬戶給虜役，因甚以饑來告，公曰：此吾民，其可不恤？即發常平粟。僚吏請俟報，不聽，乃自劾。朝廷亦釋不問。徙知熙州權發遣熙河路經略安撫、馬步軍都總管司兼同經制邊防財用事。道丁母夫人憂，累請辭官終喪，不許。遷馬軍都虞候。

四年秋，王師西討。公與憲出古渭路，取定西城，盡蕩禹藏花麻諸帳。降其眾五萬戶，還城蘭州，號熙河蘭會路，次女遮谷，遇賊數萬，公前澗後山而陳，逆戰自午至酉，賊退伏對壘交射，中夜賊遁。踰天都山，焚南牟賊巢，屯沒煙。會師行凡百日，轉戰千里，遇涇原師還自靈武，乃振旅護之入塞。遷沂州防禦使殿前都虞候。

公平居侃侃儒者，遇事持議不苟合，初在德順，有議城籛南，經略使以問公，曰：地阻大河，糧道不濟，非萬全之計。朝廷為罷其役。

是多，詔復趣公趨靈武，援高遵裕。公止通渭，條上進退利害，其言切至，會有詔班師。以疾求罷。召公還朝。七年，遷容州觀察使侍衛親軍步軍副都指揮使兼權馬軍司公事。修寬京城，以公護其役。

今天子即位，進威武軍節度觀察留後，後作永裕陵，公為都護。元祐三年七月，拜武泰軍節度殿前副都指揮使。明年，以足疾請出知潞州。六年，提舉鳳翔府上清太平宮，遂家河南。自唐盛時，將相有後可傳于今者無幾，而苗氏之譜曰：苗龡生襲夒，襲夒生殆庶，殆庶生晉卿，晉卿生壽安令向，向生丹陽令緯，緯生巫山令琿，琿生定海尉保興，保興生太常寺奉禮郎魯，魯生輝，輝生珂，是為公曾祖。考其葬，皆在壺關。公建旄鉞歸故鄉，躬掃先墓，加封植，大具牢酒會父老，出金帛遍遺疏屬數百家。潞民多不葬，暴田野表，得公田數頃為塋，以瘞之。

公既用才武顯，履亦學兵法，自少從公，出入行陳，以戰功累擢四方館使、吉州防禦使。公在熙，履知通遠軍，隸節制，法當避，請以自隨書寫機宜文字。上弗許，特命履為本路兵馬鈐轄。於是父子同主兵一道。國朝惟戴興、許懷德再至殿前都指揮使，與公三人而已。公積勳上柱國，爵濟南郡開國公。夫人劉氏，永嘉郡君，先公卒。子男三，長履，次漸，左班殿直，次蒙，未仕。女七，長適左班殿直蕭允中，次適進士宋益，次適朝奉郎趙兌，次適大名府軍巡判官馬光，次許嫁承事郎高公綏。餘在室。孫訧，西頭供奉官閤門祗候。

臣讀實錄，伏見神宗皇帝既考正百度，遂立武事以威四夷，謀臣猛將爭效智力，材官衛士，一藝必賞。天下府庫皆利器，郡縣皆精兵，以戰則克，以計

則服，而河湟之功尤為俊偉。公於此時，披荊棘，冒矢石，攻堅陷敵，挺身弗顧，復境拓土，論功居多，遂蒙主知，束拔不決，而能遇自畏警，勇於靜退，理行平易，故為上所親信，勳在太史，為宋名將，猶書史所稱。方慮衛霍，皆應書法，至於克全功名，保有富貴，子孫世其秩祿，終始之際，有榮耀焉。此刻，天子優寵待臣之恩也，是宜有銘，銘曰：

> 鬻熊之裔，世為晉望，有相于唐，今顯以將，其將維何，儀同保康。
> 奮躬逢時，我績戴揚。在昔熙寧，臣詔獻策，帝用從之，河湟以開。
> 公統戎行，號令指麾，刻剖腥臊，攘批巇峨。疾風震霆，蕩動皋隨，
> 來襲冠裳，銳縱紲羈，長戈西往，種落晏怡。天子曰嘻。予嘉汝勳。
> 為予爪牙，出征入衛，言念爾考，有功河西，麟危卒保，仁祖之知，
> 奕世顯名，外挌夷灰，嗣繼忠勤，抑自陰德，天子之褒，公拜稽首，
> 惟國威靈，臣愚何有，在漢營平，先零是圖。即贊于學，有雄之辭，
> 加惠保康，式長厥慶，史臣作銘，惟天子命。

河南張士寧、翰林祇應孫德明刻

苗授墓志碑

【按】　苗授（1029—
上黨（今山西長治）人。學
翼之學，補國子生。以蔭
曾先后知德順軍、知河
河路副總管。累遷至武
前副都指揮使、知潞州，
史有傳。
【作者簡介】　林
1101）宋福州福清（今福
中，嘉佑進士。哲宗時
《神宗實錄》。后遷禮部
林學士、紹聖四年同知

參考書目

（一）史源

1. 吳如嵩、王顯臣（校注）：《李衛公問對校注》（北京：中華書局，2016年7月）。

2. 樂史（930～1007）撰，王文楚（點校）：《太平寰宇記》（北京：中華書局，2007年11月）。

3. 文彥博（1006～1097）（撰），申利（校注）：《文彥博集校注》（北京：中華書局，2016年2月）。

4. 張方平（1007～1091）（撰），鄭涵（點校）：《張方平集》（鄭州：中州古籍出版社，1992年10月）。

5. 韓琦（1008～1075）（撰），李之亮、徐正英（箋注）：《安陽集編年箋注》（成都：巴蜀書社，2000年10月）。

6. 趙抃（1008～1084）：《清獻集》，文淵閣《四庫全書》本。

7. （日）僧成尋（1011～1081）（撰），王麗萍（校注）：《新校參天台五臺山記》（上海：上海古籍出版社，2009年11月）。

8. 龔鼎臣（1010～1086）撰，黃寶華（整理）：《東原錄》，收入戴建國（主編）：《全宋筆記》第八編第九冊（鄭州：大象出版社，2017年7月）。

9. 韓維（1017～1098）：《南陽集》，文淵閣《四庫全書》本。

10. 曾鞏（1019～1083）（撰），陳杏珍、晁繼周（點校）：《曾鞏集》（北京：中華書局，1984年11月）。

11. 曾鞏）（撰），王瑞來（校證）：《隆平集校證》（北京：中華書局，2012年7月）。

12. 王珪（1019～1085）：《華陽集》，文淵閣《四庫全書》本。

13. 司馬光（1019～1086）：《資治通鑑》（北京：中華書局點校本，1956年）。

14. 司馬光（撰），鄧廣銘（1907～1998）、張希清（校注）：《涑水記聞》（北京：中華書局，1989 年 8 月）。

15. 司馬光（撰），李文澤、霞紹暉（校點）：《司馬光集》（成都：四川大學出版社，2010 年 2 月）。

16. 張載（1020～1077）：《張載集》（北京：中華書局，1978 年 8 月）。

17. 蘇頌（1020～1101）（撰），王同策、管成學、顏中其（點校）：《蘇魏公集》（北京：中華書局，1988 年 9 月）。

18. 王安石（1021～1086）：《臨川文集》，文淵閣《四庫全書》本。

19. 強至（1022～1076）：《祠部集》，文淵閣《四庫全書》本。

20. 劉攽（1022～1088）：《彭城集》，《叢書集成初編》本，（北京：中華書局，1985 年新一版）。

21. 張師正（？～1086 後）（撰），張劍光（整理）：《括異志》，收入戴建國（主編）：《全宋筆記》，第八編第九冊（鄭州：大象出版社，2017 年 7 月）。

22. 楊傑（？～1093 後）撰，曹小雲（校箋）：《無為集校箋》（合肥：黃山書社，2014 年 12 月）。

23. 王存（1023～1101）（撰），魏嵩山、王文楚（點校）：《元豐九域志》（北京：中華書局，1984 年 12 月）。

24. 范純仁（1027～1101）：《范忠宣集》，文淵閣《四庫全書》本。

25. 呂陶（1027～1103）：《浮德集》，文淵閣《四庫全書》本。

26. 徐積（1028～1103）：《節孝集》，文淵閣《四庫全書》本。

27. 劉摯（1030～1097）（撰），裴汝誠、陳曉平（點校）：《忠肅集》（北京：中華書局，2002 年 9 月）。

28. 沈括（1031～1095）（撰），金良年（點校）：《夢溪筆談》（北京：中華書局，2015 年 11 月）。

29. 程顥（1032～1085）、程頤（1033～1107）（著），王孝魚（校點）：《二程集》（北京：中華書局，1981 年 7 月）。

30. 張禮（？～1086 後），史念海（1912～2001）、曹爾琴（校注）：《遊城南記校註》（西安：三秦出版社，2003 年 6 月）。

31. 林希（1034～1101）（撰），黃寶華（整理）：《林文節元祐日記》，收入戴建國（主編）：《全宋筆記》第八編第十冊（鄭州：大象出版社，2017 年 7 月）。

32. 王安禮（1035～1096）：《王魏公集》，文淵閣《四庫全書》本。

33. 王得臣（1036～1116）（撰），俞宗憲（點校）：《麈史》（上海：上海古籍出版社，1986 年 10 月）。

34. 曾布（1036～1107）（撰），顧宏義（點校）：《曾公遺錄》（北京：中華書局，2016 年 3 月）。

35. 蘇軾（1037～1101）（撰），孔凡禮（點校）：《蘇軾文集》（北京：中華書局，1986 年 3 月）。

36. 蘇轍（1039～1112）（撰），曾棗莊、馬德富（校點）：《欒城集》（上海：上海古籍出版社，1987 年 3 月）。

37. 蘇轍（撰），俞宗憲（點校）：《龍川略志》（與《龍川別志》合本）（北京：中華書局，1982 年 4 月）。

38. 范祖禹（1040～1098）：《范太史集》，文淵閣《四庫全書》本。

39. 黃裳（1044～1130）：《演山集》，文淵閣《四庫全書》本。

40. 呂大臨（約 1046～1092）等（撰），陳俊民（輯校）：《藍田呂氏遺著輯校》（北京：中華書局，1993 年 11 月）。

41. 黃庭堅（1045～1105）（撰），劉琳、李勇先、王蓉貴（校點）：《黃庭堅全集》（成都：四川大學出版社，2001 年 5 月）。

42. 張舜民（？～1103 後）：《畫墁集·附補遺》，《叢書集成初編》本（北京：中華書局，1985 年新一版）。

43. 李昭玘（？～1103 後）：《樂靜集》，文淵閣《四庫全書》本。

44. 曾肇（1047～1107）：《曲阜集》，文淵閣《四庫全書》本。

45. 畢仲游（1047～1121）（撰），陳斌（校點）：《西臺集》（與《貴耳集》合本）（鄭州：中州古籍出版社，2005 年 4 月）。

46. 王鞏（1048～1117）（撰），張其凡（1949～2016）、張睿（點校）：《清虛雜著三編》（與《王文正公遺事》合本）（北京：中華書局，2017 年 7 月）。

47. 劉安世（1048～1125）：《盡言集》，《叢書集成初編》本。

48. 朱彧（？～1148 後）（撰），李偉國（點校）：《萍洲可談》（與《後山談叢》合本）（北京：中華書局，2007 年 11 月）。

49. 秦觀（1049～1100）（撰），徐培均（箋注）：《淮海集箋注》（上海：上海古籍出版社，1994 年 10 月）。

50. 魏泰（1050～1110）（撰），李裕民（點校）：《東軒筆錄》（北京：中華書局，1983 年 10 月）。

51. 陳師道（1053～1102）（撰），李偉國（點校）：《後山談叢》（與《萍洲可談》合本）（北京：中華書局，2007 年 11 月）。

52. 楊時（1053～1135）（撰），林海權（校理）：《楊時集》（北京：中華書局，2018 年 2 月）。

53. 毛滂（1056～1124）：《東堂集》，文淵閣《四庫全書》本。

54. 邵伯溫（1056～1134）（撰），李劍雄、劉德權（點校）：《邵氏聞見錄》

（北京：中華書局，1983 年 8 月）。

55. 鄒浩（1060～1111）：《道鄉集》，文淵閣《四庫全書》本。

56. 趙令畤（1064～1134）（撰），孔凡禮（點校）：《侯鯖錄》（與《墨客揮犀》、《續墨客揮犀》合本）（北京：中華書局，2002 年 9 月）。

57. 慕容彥逢（1067～1117）：《摛文堂集》，文淵閣《四庫全書》本。

58. 孔平仲（？～1102 後）（撰），楊倩描、徐立群（點校）：《孔氏談苑》（與《丁晉公談錄》等合本）（北京：中華書局，2012 年 6 月）。

59. 歐陽忞（？～1118 後），李勇先、王小紅（校注）：《輿地廣記》（成都：四川大學出版社，2003 年 8 月）。

60. 佚名（？～1125 年後）（撰），俞劍華（注釋）：《宣和畫譜》（南京：江蘇美術出版社，2007 年 6 月）。

61. 李獻民（？～1127 後）（撰），儲玲玲（整理）：《雲齋廣錄》，收入戴建國（主編）：《全宋筆記》，第九輯第一冊（鄭州：大象出版社，2018 年 3 月）。

62. 郭思（？～1130）（撰），儲玲玲（整理）：《林泉高致集》，收入戴建國（主編）：《全宋筆記》第八編第十冊（鄭州：大象出版社，2017 年 7 月）。

63. 羅從彥（1072～1135）：《豫章文集》，文淵閣《四庫全書》本。

64. 陳規（1072～1141）、湯璹（？～1193 後）（撰），林正才（注釋）：《守城錄注釋》（北京：解放軍出版社，1990 年 11 月）。

65. 陳規（撰），儲玲玲（整理）：《守城錄》，收入戴建國（主編）：《全宋筆記》第九輯第一冊（鄭州：大象出版社，2018 年 3 月）。

66. 王安中（1076～1134）：《初寮集》，文淵閣《四庫全書》本。

67. 翟汝文（1076～1141）：《忠惠集》，文淵閣《四庫全書》本。

68. 汪藻（1079～1154）（撰），王智勇（箋注）：《靖康要錄箋注》（成都：四川大學出版社，2008 年 7 月）。

69. 汪藻：《浮溪集》，《叢書集成初編》本（北京：中華書局，1985 年新一版）。

70. 彭□（？～1136 後）（輯撰），孔凡禮（點校）：《墨客揮犀》（與《侯鯖錄》、《續墨客揮犀》合本）（北京：中華書局，2002 年 9 月）。

71. 陳長方（？～1138 後）（撰），許沛藻（整理）：《步里客談》，收入戴建國（主編）：《全宋筆記》，第四編第四冊（鄭州：大象出版社，2008 年 9 月）。

72. 朱弁（？～1144）（撰）、張劍光（整理）：《曲洧舊聞》，收入戴建國（主編）：《全宋筆記》，第三編第七冊（鄭州：大象出版社，2008 年 1 月）。

73. 江少虞（？～1145 後）：《宋朝事實類苑》（上海：上海古籍出版社，1981 年 7 月）。

74. 范公偁（？～1147 後）（撰），孔凡禮（點校）：《過庭錄》（與《墨莊漫錄》、《可書》合本）（北京：中華書局，2002 年 8 月）。

75. 張邦基（？～1148 後）（撰），孔凡禮（點校）：《墨莊漫錄》（與《過庭錄》、《可書》合本）（北京：中華書局，2002 年 8 月）。

76. 朱彧（？～1148 後）（撰），李偉國（點校）：《萍洲可談》（與《後山談叢》合本）（北京：中華書局，2007 年 11 月）。

77. 邵博（？～1158）（撰），劉德權、李劍雄（點校）：《邵氏聞見後錄》（北京：中華書局，1983 年 8 月）。

78. 蘇籀（1090～1164）：《欒城先生遺言》，收入戴建國（主編）：《全宋筆記》，《全宋筆記》，第三編第七冊（鄭州：大象出版社，2008 年 1 月）。

79. 蔡絛（1097～1158 後）（撰），馮惠民、沈錫麟（點校）：《鐵圍山叢談》（北京：中華書局，1983 年 9 月）。

80. 徐度（約 1106～1166）（撰），朱凱、姜漢椿（整理）：《卻掃編》，收入戴建國（主編）：《全宋筆記》，第三編第十冊（鄭州：大象出版社，2008 年 1 月）。

81. 李石（1108～1181）：《方舟集》，文淵閣《四庫全書》本。

82. 熊克（撰）（1111～1189），顧吉辰、郭群一（點校）：《中興小紀》（福州：福建人民出版社，1985 年 9 月）。

83. 熊克：《皇朝中興紀事本末》（北京：北京圖書館出版社，2005 年 3 月）。

84. 林之奇（1112～1176）：《拙齋文集》，文淵閣《四庫全書》本。

85. 李燾（1115～1184）：《續資治通鑑長編》（北京：中華書局點校本，1979 年 8 月至 1995 年 4 月）。

86. 楊仲良（？～1184 後）：《通鑑長編紀事本末》，收入趙鐵寒（1908—1976）（主編），《宋史資料萃編》，第二輯（臺北：文海出版社，1967 年 11 月）。

87. 魏齊賢（？～1190 後）等（編）：《五百家宋播芳大全文粹》，文淵閣《四庫全書》本。

88. 樓昉（？～1193 後）：《崇古文訣》，文淵閣《四庫全書》本。

89. 洪邁（1123～1202）（撰），李昌憲（整理）：《夷堅志》，收入戴建國（主編）：《全宋筆記》，第九輯第三冊至第七冊。

90. 陸游（1125～1210）（撰），李劍雄、劉德權（點校）：《老學庵筆記》（北京：中華書局，1979 年 11 月）。

91. 陸游（撰），孔凡禮（點校）：《家世舊聞》（與《西溪叢語》合本）（北京：中華書局，1993 年 12 月）

92. 周煇（1127～1198 後）（撰），劉永翔（校注）：《清波雜志校注》（北京：中華書局，1994 年 9 月）。

93. 王明清（1127～1204 後）：《揮麈錄》（上海：上海書店出版社，2001 年 8 月）。

94. 章如愚（？～1205 後）：《山堂先生群書考索》，文淵閣《四庫全書》本。

95. 佚名（編）：《皇宋中興兩朝聖政》（北京：北京圖書館出版社，2007 年 9 月）。

96. 朱熹（1130～1200）（撰），郭齊、尹波（點校）：《朱熹集》（成都：四川教育出版社，1996 年 10 月）。

97. 朱熹、李幼武（？～1172 後）（編），李偉國（校點）：《八朝名臣言行錄》，《三朝名臣言行錄》，載朱杰人、嚴佐之、劉永翔（主編）：《朱子全書》，第十二冊（上海：上海古籍出版社，2010 年 9 月）。

98. 朱熹（編），戴揚本（校點）：《伊洛淵源錄》，載《朱子全書》第十二冊（上海：上海古籍出版社，2010 年 9 月）。

99. 呂祖謙（1137～1181）（編），齊治平（點校）：《宋文鑑》（北京：中華書局，1992 年 3 月）。

100. 彭百川（？～1209 後）：《太平治蹟統類》（揚州：江蘇廣陵古籍刻印社影印適園叢書本，1999 年 12 月）。

101. 趙汝愚（1140～1196）（編），鄧廣銘、陳智超等（整理）：《宋朝諸臣奏議》（上海：上海古籍出版社，1999 年 12 月）。

102. 華岳（？～1221）（撰），吳子勇、蘭書臣（注譯）：《翠微北征錄淺說》（北京：解放軍出版社，1992 年 2 月）。

103. 李心傳（1167～1244）（撰），崔文印（點校）：《舊聞證誤》（與《遊宦紀聞》合本）（北京：中華書局，1981 年 1 月）。

104. 李心傳（撰），徐規（1920～2010）（點校）：《建炎以來朝野雜記》（北京：中華書局，2000 年 7 月）。

105. 李心傳（編撰），胡坤（點校）：《建炎以來繫年要錄》（北京：中華書局，2013 年 12 月）。

106. 林師蒧等（編）《天台續集》，文淵閣《四庫全書》本。

107. 王稱（？～1200 後）：《東都事略》，收入趙鐵寒（1908～1976）主編：《宋史資料萃編第一輯》（臺北：文海出版社，1967 年 1 月）。

108. 徐夢莘（1126～1207）：《三朝北盟會編》（上海：上海古籍出版社影印清光緒三十四年（1908）許涵度刻本，1987 年 10 月）。

109. 樓鑰（1137～1213）：《攻媿集》，《叢書集成初編》本（北京：中華書局，1985 年北京新一版。

110. 陸九淵（1139～1193）（著），鍾哲（點校）：《陸九淵集》（北京：中華書局，1980 年 1 月）。

111. 趙彥衛（1140～1210）（撰），傅根清（點校）：《雲麓漫鈔》（北京：中華書局，1996 年 8 月）。

112. 葉適（1150～1223）（撰），劉公純等（點校）：《葉適集》（北京：中華書局，1961 年 12 月）

113. 林駉（？～1232）：《古今源流至論續集》，文淵閣《四庫全書》本。

114. 李埴（1161～1238）（撰），燕永成（校正）：《皇宋十朝綱要校正》（北京：中華書局，2013 年 6 月）。

115. 陳均（1174～1244）（撰），許沛藻等點校：《皇朝編年綱目備要》（北京：中華書局，2006 年 12 月）。

116. 岳珂（1183～1243）：《寶眞齋法書贊》，文淵閣《四庫全書》本。

117. 吳曾（？～1162 後）：《能改齋漫錄》（上海：上海古籍出版社，1979 年 11 月新一版）。

118. 釋普濟（？～1252 後）（撰），蘇淵雷（1908～1995）（點校）：《五燈會元》（北京：中華書局，1984 年 10 月）。

119. 黃震（1213～1280）（撰），王廷洽（整理）：《黃氏日抄》，收入戴建國（主編）：《全宋筆記》第十編第六至十冊（鄭州：大象出版社，2018 年 4 月）。

120. 黎靖德（1227～1277）（輯），王星賢（點校）：《朱子語類》（北京：中華書局，1986 年 3 月）。

121. 呂中（撰），張其凡（1949～2016）、白曉霞（整理）：《類編皇朝大事記講義》（與《類編皇朝中興大事記講義》合本）（上海：上海人民出版社，2014 年 1 月）。

122. 劉克莊（1187～1268）：《後村集》，文淵閣《四庫全書》本。

123. 劉克莊：《後村詩話》，文淵閣《四庫全書》本。

124. 馬光祖（修）（？～1269 後），周應合（？～1275 後）（纂）：《景定建康志》，，收入王曉波、李勇先、張保見、莊劍（點校）：《宋元珍稀地方志叢刊・甲編》（成都：四川大學出版社，2007 年 6 月）。

125. 不著撰人（編），司義祖（點校）：《宋大詔令集》（北京：中華書局，1962 年 10 月初版，1997 年 12 月二版）。

126. 佚名（撰），汪聖鐸（校點）：《宋史全文》（北京：中華書局，2016 年 1 月）。

127. 王應麟（1223～1296）：《玉海》（上海：上海書店據光緒九年浙江書局刊本影印，1988 年 3 月）。

128. 周密（1232～1298）（撰），黃寶華（整理）：《雲煙過眼錄》，收入戴建國（主編）：《全宋筆記》第八編第一冊（鄭州：大象出版社，2017 年 7 月）。

129. 文天祥（1236～1283）：《文山先生全集》（北京：中國書店，1985 年 3 月）

130. 馬端臨（1254～1323）（著），上海師範大學古籍研究所暨華東師範大學古

籍研究所（點校）：《文獻通考》（北京：中華書局點校本，2011 年 9 月）。

131. 羅璧（？～1280 後）：《識遺》，收入戴建國（主編）：《全宋筆記》第八輯第六冊（鄭州：大象出版社，2017 年 7 月）。

132. 劉應李（？～1307 後）原編，詹有諒（？～1312 後）改編，郭聲波（整理）：《大元混一方輿勝覽》（成都：四川大學出版社，2003 年 8 月）。

133. 脫脫（1314～1355）（纂）：《宋史》（北京：中華書局，1977 年 11 月）。

134. 楊士奇（1364～1444）：《歷代名臣奏議》，文淵閣《四庫全書》本。

135. 李賢（1408～1466）等纂：《明一統志》，文淵閣《四庫全書》本。

136. 何喬新（1427～1502）：《椒邱文集》，文淵閣《四庫全書》本。

137. 王夫之（1619～1692）（撰），舒士彥（點校）：《宋論》（北京：中華書局，1964 年。

138. 徐乾學（1631～1694）（編）：《資治通鑑後編》，文淵閣《四庫全書》本。

139. 丘濬（1421～1495）：《大學衍義補》，文淵閣《四庫全書》本。

140. 陳全之：《蓬窗日錄》，明嘉靖四十四年（1565）刻本。

141. 毛一公（？～1620 後）（撰）：《歷代內侍考》，載《續修四庫全書》（上海：上海古籍出版社據浙江圖書館藏清抄本影印，2002 年），第 517 冊，《史部‧傳記類》，卷十至十二，頁 98～129。

142. 顧炎武（1613～1682）（編）：《求古錄》，載國家圖書館善本金石組（編）：《宋代石刻文獻全編》，第二冊（北京：北京圖書館出版社，2003 年 3 月）。

143. 顧祖禹（1631～1692）（撰），賀次君、施和金（點校）：《讀史方輿紀要》（北京：中華書局，2005 年 3 月）。

144. 王士俊（1683～1750）（纂）：《河南通志》，文淵閣《四庫全書》本。

145. 何焯（1661～1772）（撰），崔高維（校點）：《義門讀書記》（北京：中華書局，1987 年 6 月）。

146. 王昶（1724～1806）（輯）：《金石萃編》，載《宋代石刻文獻全編》，第三冊（北京：北京圖書館出版社，2003 年 3 月）。

147. 武億（1745～1799）：《授堂金石文字續跋》（上海：上海古籍出版社，1995 年據上海辭書出版社圖書館藏清道光二十三年（1843）刻授堂遺書本影印）。

148. 吳鼎新（？～1778 後）修，黃建中纂：《乾隆皋蘭縣志》，清乾隆四十三年（1778）刻本。

149. 愛新覺羅‧弘曆（清高宗）（1711～1799）：《御批續資治通鑑綱目》，文淵閣《四庫全書》本。

150. 穆彰阿（1782～1856）（纂）：《嘉慶大清一統志》，文淵閣《四庫全書》本。

151. 郭聲波（點校）：《宋會要輯稿・蕃夷道釋》（成都：四川大學出版社，2010年10月）。

152. 徐松（1781～1848）（輯），劉琳、刁忠民、舒大剛、尹波等（校點）：《宋會要輯稿》（上海：上海古籍出版社，2014年6月）。

153. 吳廣成（撰），龔世俊等（校注）：《西夏書事校證》（蘭州：甘肅文化出版社，1995年5月）。

154. 陸增祥（1816～1882）（編）：《八瓊室金石補正》，載國家圖書館善本金石組編：《宋代石刻文獻全編》，第一冊（北京：北京圖書館出版社，2003年3月）。

155. 黃以周（1828～1899）等（輯注），顧吉辰（點校）：《續資治通鑑長編拾補》（北京：中華書局，2004年1月）。

156. 徐乃昌（1869～1946）（纂）：《安徽通志稿・金石古物考》，收入國家圖書館善本金石組（編）：《宋代石刻文獻全編》，第二冊。

157. 張維（1890～1950）（纂）：《隴右金石錄》，收入國家圖書館善本金石組（編）：《宋代石刻文獻全編》，第四冊。

158. 陳柏泉（編著）：《江西出土墓誌選編》（南昌：江西教育出版社，1991年4月）。

159. 傅璇琮（1933～2016）（編）：《全宋詩》，（北京：北京大學出版社，1992年7月）。

160. 政協輝縣市委員會文史資料委員會（編）：《百泉翰墨》（輝縣市：政協輝縣市委員會文史資料委員會，1996年）。

161. 劉兆鶴、吳敏霞（編）：《陝西金石文獻匯集・戶縣碑刻》（西安：三秦出版社，2005年1月）。

162. 曾棗莊、劉琳（編）：《全宋文》（上海：上海辭書出版社，2006年8月）。

163. 郭茂育、劉繼保（編著）：《宋代墓誌輯釋》（鄭州：中州古籍出版社，2016年2月）。

164. 趙濟（撰）：〈宋故銀青光祿大夫檢校太子賓客左驍衛將軍兼御史大夫致仕上騎都尉河南郡開國侯食邑一千七百戶林公墓誌銘并序〉（以下簡稱〈林倩墓誌銘〉，載《中華林氏（浙南）源流網・宋朝墓誌》http://www.znls.net

165. 錢長卿：〈宋故職方員外郎任府君妻仁壽縣君馬氏墓誌銘〉，收入李偉國編：《中華石刻數據庫》（2016～2018）http://inscription.ancientbooks.cn/docShike/shikeSearchResult.jspx?column=txt&value=馬申。

（二）專書及博碩士論文

1. 王德毅：《宋史研究論集》（臺北：臺灣商務印書館，1968年11月）。

2. 姜國柱：《張載的哲學思想》（瀋陽：遼寧人民出版社，1982年9月）。

3. 譚其驤（1911～1992）（主編）：《中國歷史地圖集》第六冊《宋遼金時期》（北京：中國地圖出版社，1982 年 10 月）。

4. 宋衍申：《司馬光傳》（北京：北京出版社，1990 年 1 月）。

5. 蔡崇榜：《宋代修史制度研究》（臺北：文津出版社，1991 年 6 月）。

6. 王天順：《宋夏戰史》（銀川：寧夏人民出版社，1993 年 10 月）。

7. 吳以寧：《夢溪筆談辨疑》（上海：上海科學技術文獻出版社，1995 年 1 月）。

8. 鄔錫非（注釋）：《新譯李衛公問對》（臺北：三民書局，1996 年 1 月）。

9. 龔延明：《宋代官制辭典》（北京：中華書局，1997 年 4 月）。

10. 梁庚堯：《宋代社會經濟史論集》（臺北：允晨文化實業股份有限公司，1997 年 4 月）

11. 孔凡禮：《蘇軾年譜》（北京：中華書局，1998 年 2 月）。

12. 李華瑞：《宋夏關係史》（保定：河北人民出版社，1998 年 9 月）。

13. 李昌憲：《司馬光評傳》（南京：南京大學出版社，1998 年 12 月）。

14. 李之亮：《宋川陝大郡守臣易替考》（成都：巴蜀書社，2001 年 5 月）。

15. 孔凡禮：《蘇轍年譜》（北京：學苑出版社，2001 年 6 月）。

16. 陳守忠：《宋史論略》（蘭州：甘肅文化出版社，2001 年 12 月）。

17. 祝啟源（1943～1998）：《祝啟源藏學研究文集》（北京：中國藏學出版社，2002 年 12 月）。

18. 何冠環：《北宋武將研究》（香港：中華書局，2003 年 6 月）。

19. 張雲風（編著）：《中國宦官事略》（臺北：大地出版社，2004 年 9 月）。

20. 趙炳林：《宋代蕃兵研究》（西北師範大學碩士論文，2005 年 4 月）。

21. 湯開建：《黨項西夏史探微》（臺北：允晨文化實業股份有限公司，2005 年 6 月）。

22. 張其凡（1949～2016）（主編）：《北宋中後期政治探索》（香港：華夏文化藝術出版社，2005 年 7 月）。

23. Xiao-bin Ji（冀小斌）, *Politics and Conservatism in Northern Song China: The Career and Thought of Sima Guang（A.D. 1019-1086）*, Hong Kong: The Chinese University Press, 2005.

24. 曾瑞龍（1960～2003）：《拓邊西北——北宋中後期對夏戰爭研究》（香港：中華書局，2006 年 5 月）。

25. 陳守忠：《河隴史地考述》（蘭州：甘肅人民出版社，2007 年 1 月）。

26. 湯開建：《宋金時期安多吐蕃部落史研究》（上海：上海古籍出版社，2007 年 2 月）。

27. 羅家祥：《宋代政治與學術論稿》（香港：華夏文化藝術出版社，2008 年

9 月)。

28. 李裕民：《宋史考論》（北京：科學出版社，2009 年 1 月）。

29. 齊德舜：《唃廝囉家族世系史》，蘭州大學博士論文，2010 年 3 月。

30. 曾瑞龍：《北宋种氏將門之形成》（香港：中華書局，2010 年 5 月）。

31. 沈琛琤：《北宋神宗朝對西北的經略——以戰略決策與信息傳遞爲中心》，西北大學中國古代史碩士論文，2010 年 6 月。

32. 李裕民：《宋人生卒行年考》（北京：中華書局，2010 年 9 月）。

33. 方亞蘭：《呂公著研究》，上海師範大學（人文與傳播學院）古代史碩士論文，2011 年 2 月。

34. 呂卓民：《西北史地論稿》（北京：中國社會科學出版社，2011 年 3 月）。

35. 陳朝陽：《北宋熙豐時期的兩府研究》，首都師範大學中國古代史博士論文，2012 年 4 月。

36. 邱逸：《兵書上的戰車：宋代的孫子兵法研究》（香港：中華書局，2012 年 10 月）。

37. 謝貴安：《宋實錄研究》（上海：上海古籍出版社，2013 年 10 月）。

38. 湯開建：《唐宋元間西北史地叢稿》（北京：商務印書館，2013 年 12 月）。

39. 范學輝：《宋代三衙管軍制度研究》（北京：中華書局，2015 年 4 月）。

40. 方城峰：《北宋晚期的政治體制與政治文化》（北京：北京大學出版社，2015 年 12 月）。

41. 何冠環：《北宋武將研究續編》（新北：花木蘭文化出版社，2016 年 3 月）。

42. 汪聖鐸：《兩宋貨幣史》（修訂版）（北京：社會科學文獻出版社，2016 年 3 月）。

43. 許玲：《宦官與宋神宗哲宗兩朝政治研究》，山東大學歷史文化學院中國古代史碩士論文，2016 年 5 月。

44. 李華瑞：《宋夏史探研集》（北京：科學出版社，2016 年 6 月）。

45. 孫繼民：《中古史研究匯纂》（天津：天津古籍出版社，2016 年 12 月）。

46. 王章偉：《近代社會的形成——宋代的士族與民間信仰》（新北：花木蘭文化出版社，2017 年 3 月）。

47. 田志光：《宋代政治制度史研究》（北京：人民出版社，2017 年 6 月）。

48. 李華瑞：《西夏史探賾》（蘭州：甘肅文化出版社，2017 年 8 月）。

49. 王道鵬：《殊方慕化：宋代西北蕃官的國家認同研究》，西北大學歷史文化學院博士論文，2017 年 10 月。

50. 劉成國：《王安石年譜長編》（北京：中華書局，2018 年 1 月）。

51. 何冠環：《宮闈內外：宋代內臣研究》（新北：花木蘭文化出版社，2018 年 3 月）。

52. 陝西省考古研究院：《藍田呂氏家族墓園》（北京：文物出版社，2018 年 9 月）。

53. 孫家驊、鄒錦良（主編）：《王韶研究文獻集》（南昌：江西高校出版社，2018 年 10 月）。

54. 王可喜（主編）：《王韶家族研究文獻集》（南昌：江西高校出版社，2018 年 10 月）。

（三）期刊論文及論文集論文

1. 羅球慶：〈宋夏戰爭中的蕃部與堡寨〉，《崇基學報》，新刊號第 6 卷第 2 期（1967 年），頁 223～243。

2. 金中樞（1928～2011）：〈車蓋亭詩案研究〉，原載《成功大學歷史學報》，第二期（1975 年 7 月），後收入宋史座談會（編）：《宋史研究集》，第二十輯（臺北：國立編輯館，1990 年 9 月），頁 183～216。

3. 鄧廣銘（1907～1998）：〈論十一世紀七十年代中葉北宋王朝與交阯李朝的戰爭〉（未完成稿），收入《鄧廣銘全集》第七卷（石家莊：河北教育出版社，2005 年 7 月），頁 362～385。

4. 顧吉辰：〈邈川首領董氈編年事輯〉，《西藏研究》，1984 年第 3 期，頁 31～43。

5. 趙一匡：〈宋夏戰爭中蘭州城關堡砦的置建〉，《蘭州學刊》，1986 年 6 期，頁 76～79。

6. 趙一匡：〈宋夏戰爭中北宋在蘭州的軍事措施〉，《蘭州學刊》，1987 年 1 期，頁 79～88。

7. 顧吉辰：〈阿里骨編年事輯〉，《青海師專學報》，1987 年第二期，頁 26～35。

8. 馬力：〈宋哲宗親政時對西夏的開邊和元符新疆界的確立〉，載鄧廣銘、漆俠等（主編）：《宋史研究論文集》（一九八七年年會編刊）（石家莊：河北教育出版社，1989 年 5 月），頁 126～154。

9. 陳亞如：〈《李衛公問對》與《李衛公兵法》〉，載中國歷史文獻研究會（編）：《歷史文獻研究》（北京新一輯）（北京：燕山出版社，1990 年 10 月），頁 287～299。

10. 雍際春：〈論北宋對隴中地區的經濟開發〉，《中國歷史地理論叢》，第三期（1991），頁 97～118。

11. 柳依：〈宋代對吐蕃居地的土地開發〉，《甘肅社會科學》，1991 年第 4 期，頁 85～90。

12. 程光裕：〈讀宋史胡舜陟傳〉，原刊《第二屆國際華學研究會議論文集》，1992 年 5 月，現收入宋史座談會（編）：《宋史研究集》，第二十五輯（臺北：國立編譯館，1995 年 11 月），頁 315～337。

13. 任樹民：〈北宋西北邊防軍中的一支勁旅──蕃兵〉，《西北民族研究》，1993 年第 2 期，頁 108～118。

14. 霍升平、劉學軍：〈論熙河之役〉，《固原師專學報》，第十四卷（總第 46 期），1993 年第 3 期，頁 43～47，103。

15. 江天健：〈北宋對於西北沿邊蕃部的政策〉，原刊《國立新竹師範學院學報》，第六期，1993 年 5 月，現收入宋史座談會（編）：《宋史研究集》，第二十六輯（臺北：國立編譯館，1997 年 2 月），頁 59～130。

16. 李昌憲：〈宋代將兵駐地考述〉，載鄧廣銘、王雲海（1924～2000）等（主編）：《宋史研究論文集》（一九九二年年會編刊）（開封：河南大學出版社，1993 年 12 月），頁 320～340。

17. 高紀春：〈論朱熹對王安石的批判〉，《晉陽學刊》，1994 年第 5 期，頁 71～77。

18. 趙滌賢：〈從宋元豐中靈州永樂兩次戰役宋軍死者人數考〉，《學術月刊》，1994 年第 6 期，頁 82～83。

19. 江天健：〈北宋蕃兵〉，原刊《國立新竹師範學院學報》第八期，1995 年 1 月，現收入宋史座談會（編）：《宋史研究集》第二十七輯（臺北：國立編譯館，1997 年 12 月），頁 177～217。

20. 趙滌賢：〈試論北宋變法派軍事改革的成功〉，《歷史研究》，1997 年第 6 期，頁 142～160。

21. 周偉洲：〈五代至宋陝北的党項及宋夏在陝北的爭奪戰〉，載李范文（主編）：《首屆西夏學國際學術會議論文集》（銀州：寧夏人民出版社，1998 年 11 月），頁 70～85。

22. 李華瑞：〈論宋哲宗元祐時期對西夏的政策〉，《中州學刊》，1998 年第 6 期，頁 145～149。

23. 郭振鐸、張笑梅：〈論宋代儂智高事件和安南李朝與北宋之戰〉，《河南大學學報》，第 39 卷第 5 期（1999 年 9 月），頁 5～9。

24. 梁若愚：〈包順事蹟鉤沉〉，香港中文大學歷史系本科畢業論文（2000 年，未刊稿）。

25. 林樂昌：〈張載答范育書三通與關學學風之特質〉，《中國哲學史》，2002 年第 1 期，頁 71～76。

26. 陳曉平：〈論劉摯及其著作〉，載劉摯（撰），裴汝誠、陳曉平（點校）：《忠肅集》（北京：中華書局，2002 年 9 月），附錄四，頁 676～723。

27. 董秀珍：〈陝北境內宋與西夏緣邊城堡位置考〉，收入姬乃軍（主編）：《延安文博》（西安：陝西旅遊出版社，2003 年 10 月），頁 45。

28. 李華瑞：〈林希與《林希野史》〉，載雲南大學中國經濟史研究所、雲南大學歷史系（編）：《李埏教授九十華誕紀念文集》（昆明：雲南大學出版社，

2003 年 11 月），頁 44～57。

29. 劉建麗、趙炳林：〈略論宋代蕃兵制度〉，《中國邊疆史研究》，第 14 卷第 4 期（2004 年 12 月），頁 30～39。

30. 陳峰：〈論北宋後期文臣與宦官共同統軍體制的流弊〉，載朱瑞熙、王曾瑜、蔡東洲（主編）：《宋史研究論文集》，第十一輯（成都：巴蜀書社，2006 年 8 月），頁 92～108。

31. 黃純艷、王小寧：〈熙寧戰爭與宋越關係〉，《廈門大學學報》，2006 年第 6 期（總 178 期），頁 69～76。

32. 羅煜：〈北宋與西夏關係史中的宦官群體淺析〉，《湖南第一師範學報》，第 7 卷第 3 期（2007 年 9 月），頁 98～101，154。

33. Shui-lung Tsang(曾瑞龍), "Song-Tangut Territorial Dispute over Lanzhou: A Legitimation Issue", in Philip Yuen-sang Leung(梁元生)(ed.), *The Legitimation of New Orders: Case Studies in World History*, Hong Kong: The Chinese University Press, 2007, pp. 53-74.

34. 陳武強：〈宋代蕃兵制度考略〉，《西藏研究》，2008 年第 4 期（8 月），頁 48～55。

35. 張蘊：〈九泉之下的名門望族——陝西藍田北宋呂氏家族墓地〉，《中國文物報》（北京），2009 年 9 月 11 日，第 4 版。

36. 籍勇：〈能力與聲望的偏差：北宋中期招安武將彭孫研究〉，《福建師範大學學報》（哲學社會科學版），2010 年第 4 期（總第 163 期），頁 108～113。

37. 齊德舜：〈《宋史・趙思忠傳》箋證〉，《西藏研究》，2011 年第二期（4 月），頁 28～35。

38. 張蘊、衛峰：〈藍田五里頭：北宋「考古學家」的家族墓地〉，《中國文化遺產》，2010 年 2 期，頁 78～85。

39. 張蘊、劉思哲：〈陝西藍田縣五里頭北宋呂氏家族墓地〉，《考古》，2010 年第 8 期（總 718 期），頁 46～52，另圖版 12～14。

40. 《輝縣網》，2011 年 4 月 27 日，「文物古迹」考古發掘之四——宋代苗授墓，http://bbs.huixian.net/thread-89119-1-1.html

41. 方震華：〈戰爭與政爭的糾葛——北宋永樂城之役的紀事〉，《漢學研究》，第 29 卷第 3 期（2011 年 9 月），頁 125～154。

42. 凌曉：〈關於宋神宗元豐用兵的幾點辨析〉，載李偉國、顧宏義（主編）：《裴汝誠教授八秩慶論文集》（北京：中華書局，2011 年 10 月），頁 381～387。

43. 陳曉平：〈論劉摯及其著作〉，載李偉國、顧宏義（主編）：《裴汝誠教授八秩壽慶論文集》，頁 427～457。

44. 羅家祥：〈北宋晚期的政局演變與武將命運——以王厚軍事活動爲例〉，

《學術研究》，2011 年 11 期，頁 98～106。

45. 齊德舜：〈《宋史・阿里骨傳》箋證〉，《西藏研究》，2012 年第 2 期（2012 年 4 月），頁 28～36。

46. 陳朝陽：〈熙寧末年宋交戰爭考述〉，《中國史研究》，2012 年第 2 期，頁 147～159。

47. 高君智：〈試論北宋經略河湟的漢法政策〉，《青海民族大學學報》（社會科學版），第 38 卷第 3 期（2012 年 7 月），頁 103～105，147。

48. 朱麗霞：〈智緣及其與北宋熙河地區漢藏關係〉，《世界宗教研究》2012 年第 3 期，頁 51～57。

49. 伍伯常：〈蘇緘仕宦生涯考述：兼論北宋文臣參與軍事的歷史現象〉，《中國文化研究所學報》，第 56 期（2013 年 1 月），頁 101～141。

50. 李裕民：〈宋代武將研究的傑作──《攀龍附鳳：北宋潞州上黨李氏外戚將門研究》〉，《學術論叢》，2013 年第 6 期（總一百三十八期），頁 60～64。

51. 齊德舜：〈《宋史・瞎征傳》箋證〉，《西藏研究》，2013 年第 3 期（2013 年 6 月），頁 17～26。

52. 李新貴：〈北宋神宗朝西北邊疆拓邊方向變化研究〉，《軍事歷史研究》，2013 年第 3 期，頁 110～116。

53. 王曾瑜：〈宋徽宗時的諸局所錢物〉，《北京大學學報》（哲學社會科學版），第 51 卷第 2 期（2014 年 3 月），頁 111～124。

54. 王路平：〈宋神宗時期的八陣法與陣圖〉，《長安大學學報》（社會科學版），第 16 卷第 1 期（2014 年 3 月），頁 105～110。

55. 齊德舜：〈《宋史・董氈傳》箋證〉，《西藏研究》，2014 年第 3 期（6 月），頁 25～40。

56. 張蘊：〈古硯遺芳：記藍田北宋呂氏墓出土文物〉，《收藏家》，2014 年 9 期，頁 29～31。

57. 廖寅：〈傳法之外：宋朝與周邊民族戰爭的佛寺僧侶〉，《中國文化研究》2014 年第 4 期，頁 32～41。

58. 雷家聖：〈北宋後期的西北戰爭與軍功世家的興衰──以王韶、种諤家族為例〉，《史學彙刊》，第三十三期（2014 年 12 月），頁 67～92。

59. 聶麗娜：〈高遵裕與元豐四年靈州之戰〉，《寧夏社會科學》，2015 年 1 月，第一期（總 188 期），頁 135～138。

60. 王曾瑜：〈宋徽宗時的宦官群〉，《隋唐遼宋金元史論叢》，2015 年，頁 141～186。

61. 方震華：〈和戰與道德──北宋元祐年間棄地論的分析〉，《漢學研究》，第 33 卷第 1 期（2015 年 3 月），頁 67～91。

62. 張蘊：〈陝西藍田呂氏家族墓園考古：北宋金石學家長眠之地〉，《大眾考古》，2015 年第 2 期，頁 27～33。

63. 鄭煒：〈從棄守湟鄯到繼述開拓——論宋徽宗西北邊策〉，《敦煌學輯刊》，2015 年第 3 期，頁 92～103。

64. Lina Nie(聶麗娜), "A Grand Strategy or a Military Operation? Reconsideration of the Lingzhou Campaign of 1081", *Journal of Song-Yuan Studies*, Vol 45（2015）, pp, 371-385.

65. 汪聖鐸：〈北宋滅亡與宦官——駁北宋無「閹禍」論〉，《銅仁學院學報》，第 18 卷第 1 期（2016 年 1 月），頁 115～126。

66. 張蘊：〈藍田墓地與北宋藏家呂大臨的《考古圖》〉，《美成在久》，2016 年 1 期，頁 6～19。

67. 黃純艷：〈「漢唐舊疆」話語下的宋神宗開邊〉，《歷史研究》，2016 年第 1 期，頁 24～39。

68. 聶麗娜：〈北宋中期宦官官僚化一例：論李憲的拓邊禦夏〉，載蔡崇禧等編：《研宋三集》（香港：香港研宋學會，2016 年 6 月），頁 25～45。

69. 雷家聖：〈試論宋神宗熙寧時期的宋越戰爭〉，載鄧小南、范立舟（主編）：《宋史會議論文集 2014》（北京：中國社會科學出版社，2016 年 7 月），頁 293～321。

70. 張多勇、龐家偉、李振華、魏建斌：〈西夏在馬啣山設置的兩個軍事關隘考察〉，《石河子大學學報》（哲學社會科學版），第 30 卷第 4 期（2016 年 8 月），頁 1～5。

71. 張向耀：〈試述阿里骨抗宋戰爭〉，《蘭臺世界》，2016 年第 4 期，頁 94～96。

72. 彭文良：〈《宋史‧蘇軾傳》補證——以蘇軾、章惇關係為中心〉，《史林》（上海），2016 年第 6 期，頁 43～50。

73. 黃純艷：〈宋神宗開邊的戰爭責任與政治解說——兼談古代東亞國際關係研究中的歷史邏輯與現代話語〉，《廈門大學學報》（哲學社會科學版），2016 年第 6 期（總第 238 期），頁 41～49。

74. 王道鵬：〈神為人用：宋代西北邊臣祠神的塑造與演變〉，載姜錫東（主編）：《宋史研究論叢》，第十九輯（保定：河北大學出版社，2016 年 12 月），頁 548～565。

75. 顧宏義：〈黎靖德事蹟考略〉，載龔延明（主編）：《宋學研究》第一輯（杭州：浙江大學出版社，2017 年 4 月），頁 197～202。

76. 朱義群：〈北宋宰相呂大防研究〉，載李華瑞（編）：《宋遼西夏金史青藍集》（北京：中國社會科學出版社，2017 年 5 月），頁 463～489。

77. 樂玲、張萍：〈GIS 技術支持下的北宋初期絲路要道靈州道復原研究〉，《雲

南大學學報》（社會科學版），2017 年第五期（2017 年 5 月），頁 55～62。

78. 江小濤：〈元豐政局述論〉，載中國社會科學院歷史所編：《隋唐遼宋金元史論叢》，第七輯（上海：上海古籍出版社，2017 年 6 月），頁 136～157。

79. 朱義群：〈「紹述」壓力下的元祐之政——論北宋元祐年間的政治路線及其合理化論述〉，《中國史研究》，2017 年第 3 期（總 155 期）（2017 年 8 月），頁 121～140。

80. 朱義群：〈北宋宰相呂大防的政治生涯析論〉，載姜錫東（主編）：《宋史研究論叢》第二十輯（2017 年上半年刊）（北京：科學出版社，2017 年 9 月），頁 51～77。

81. 張向耀：〈北宋時期唃廝囉政權名將鬼章述略〉，載《邊疆經濟與文化》（黑龍江），2017 年第 9 期（2017 年 9 月），頁 57～58。

82. 王化雨：〈呂公著與元祐政局〉，載姜錫東（主編）：《宋史研究論叢》，第二十一輯（北京：科學出版社，2017 年 12 月），頁 3～23。

83. 張晨光：〈北宋楊畏夫婦墓誌記發覆〉，載《宋史研究論叢》，第二十一輯，頁 221～228。

84. 張曉宇：〈從黃隱事件再論元祐初期政局與黨爭〉，《中國文化研究所學報》，第六十六期（2018 年 1 月），頁 1～20。

85. 曹傑：〈品階管理與内外秩序：宋代內臣寄資制度述論〉，《文史》，2018 年第 1 輯（總第 122 輯）（2018 年 4 月），頁 171～193。

86. 丁義珏：〈宋代御藥院機構與職能考論〉，《中華文史論叢》，2018 年第 2 期（總 130 期）（2018 年 6 月），頁 223～253。

87. 梁思樂：〈北宋後期黨爭與史學——以神宗評價及哲宗繼位問題爲中心〉，載包偉民、曹家齊（主編）：《10～13 世紀中國史國際學術研討會暨中國宋史研究會第十七屆年會宋史研究論文集（2016）》（廣州：中山大學出版社，2018 年 7 月），頁 122～135。

88. 廖寅〈北宋軍事家王韶研究三題〉，載《十至十三世紀西北史地國際學術研討會暨中國宋史研究會第十八屆年會會議論文集》（蘭州：西北師範大學歷史文化學院，2018 年 8 月），第三組：軍事與邊疆，頁 165～178。

89. 雷家聖：〈王韶《平戎策》的理想與現實——北宋經營熙河路的再探討〉，載《十至十三世紀西北史地國際學術研討會暨中國宋史研究會第十八屆年會會議論文集》第三組：軍事與邊疆，頁 179～188。

90. 尚平：〈北宋汝遮城進築中的地理議論（1082～1096）〉，載《十至十三世紀西北史地國際學術研討會暨中國宋史研究會第十八屆年會會議論文集》，第三組：軍事與邊疆，頁 283～298。

91. 林鵠：〈從熙河大捷到永樂慘敗——宋神宗對夏策略之檢討〉，載《遼宋金元軍事史與中華思想通史·遼宋金元軍事思想工作坊論文集》（北京：

中國社會科學院歷史研究所宋遼金元史研究室，2018 年 11 月），頁 77
～88。

92. 雷家聖：〈宋神宗時期的宦官與戰爭——以李憲、王中正爲例〉載《遼宋
金元軍事史與中華思想通史・遼宋金元軍事思想工作坊論文集》，頁 46
～54。

後　記

　　作者在上世紀七十年代修讀業師羅球慶教授的「宋遼金元史」及「宋史專題研究」時，羅老師已多次指出神宗寵信並在元豐四年命其率軍收復蘭州的內臣李憲，實在不容忽視。精研宋夏戰爭的同門亡友曾瑞龍教授，便受到啓發，先後寫過兩篇考論李憲擊破西蕃及開拓蘭州的傑作。我們同門常言及，要研究李憲及他的門人童貫的事蹟，非瑞龍莫屬，我與瑞龍等同門在 2002 年8 月參加在蘭州舉行的第十屆中國宋史年會會議，會後我們登上蘭州舊關城門時，也以此項工作相屬。瑞龍在宋代軍事及宋夏關係的非凡造詣，當能寫出精彩的李憲及童貫傳來，然天道無情，瑞龍竟不幸在翌年五月過早離開。今年八月中旬我們舊地重遊，再訪金城，卻雁行折翼。回顧前塵，能不悵然。

　　去年蒙花木蘭文化事業有限公司總編輯杜潔祥先生與董事長高小娟女史不棄，允諾出版作者的宋代內臣論文集《宮闈內外：宋代內臣研究》，該書剛於今年 3 月出版。作者在去年修訂該論文集的同時，又興起撰寫李憲研究之念。緣起於兩年一度的中國宋史研究會第十八屆年會在今年 8 月中旬在蘭州舉行，作者在去年夏，即擬以李憲收復蘭州爲題，作爲會議宣讀的論文。然在撰寫過程中，發現李憲的史料遠超起初的估計，而牽涉的史事亦甚廣，加上更訪得罕有的史料、李憲大將苗授的〈苗授墓誌銘〉，估量之下，一篇數萬字的論文實不足涵蓋研究所得。於是改變計劃，將李憲研究改寫爲專書。有幸的是，杜先生與高女史隨即應允出版此書稿。

　　作者在撰寫本書的過程中，得蒙家師羅球慶教授與陶晉生院士的關注與鼓勵，羅老師還仔細閱讀本書的前言與結論，訓示需改正改寫的地方。羅老師還不時提醒，囑我不要過勞。

　　羅老師與陶老師雖年過八十，但身體健康，精神甚佳。作者每次往臺北謁見陶老師，都蒙老師賜茶賞飯，以及垂問生活及教研狀況。羅老師每年秋都會從美國回港與我們暢聚，關注我們的生活。師恩浩大，當更努力以報。謹以此小書，芹獻兩位老師，以感謝多年來教導之大恩。

　　值得一記的是，今年八月蘭州之會，見到許多老朋友，他們都關注我的內臣研究，問及本書的進度。與會其間，又認識了不少青年朋友，他們的相關研究都對我修改補充這本書稿大有幫助，特別是我不熟諳的西北軍事地理方面，蒙他們的允許，他們的最新的研究成果可以被本書引用。

　　愛女思齊於今年夏天完成中學課程後，已繼續升學。內子惠玲累年來持家並照顧女兒，勞苦功高，那是作者所銘感的。今番她也願意繼續聆聽我的「宋代李留後」的故事。

　　最後，作者除了以此書呈獻羅、陶兩位恩師外，亦謹以此書，紀念已離我們十五年的瑞龍，希望他在天之靈，能垂顧此一續貂之作。

2018 年 11 月 15 日
謹識於香港惠安苑